리얼리티 쇼크

혼돈의 세계에서 살아남는 법

리얼리티 쇼크

혼돈의 세계에서 살아남는 법

사샤 로보Sascha Lobo 지음

강희진 옮김

진짜 충격이
등장했다

최근 들어 세상이 뭔가 잘못 돌아가고 있다는 생각이 든다면 당신은 매우 정상적인 사람이다. 많은 이들이 그렇게 생각하고 있기 때문이다. 그러한 의문이 자유민주주의 사회 전체를 지배하고 있다. 지금 우리를 둘러싼 세상이 가하는 여러 압박 때문에 모두가 그런 의구심을 품고 있는 듯하다. 정확한 이유는 모르겠지만, 이상하게 계속 불편한 상태를 이제 '리얼리티 쇼크'라 부르고자 한다. 많은 이들의 마음속에 똬리를 튼 그 느낌은 분명 리얼리티 쇼크다.

리얼리티 쇼크를 한 문장으로 정리하자면 '세상이 내가 생각했던 것, 혹은 희망했던 것과는 완전히 다르다는 것을 별안간 깨닫는 상황'이다.

세상은 세계화와 디지털화라는 물결 속에서 엄청난 속도로 변화했고, 그와 더불어 예전에는 미처 볼 수 없었던 세계가 한순간에 모습을 드러냈다. 리얼리티 쇼크는 의식의 변화일 수도 있고, 갑작스러운 깨달음에서 오는 실망, 환상에서 벗어나 현실을 자각할 때 느끼는 절망감일 수도 있다. 리얼리티 쇼크를 못 본 척 무시할 수는 없다. 개별 사회 차원이 아니라 전 지구적 차원에서 일어나는 문제기 때문이다. 그 앞에서는 오랜 세월을 두고 효과가 검증된 대비책도 아무 소용이 없다. 섣불리 기존 분석 기법을 들이댔다가는 금세 한계에 부딪히고 만다. 지금까지 내가 어느 정도는 알고 있다고 자부해온 세상이 완전히 새로운 현실, 초고도로 복잡한 현실로 바뀌는 현상에서 오는 충격 또한 리얼리티 쇼크다. 20세기에서 21세기로 넘어가던 무렵에도 많은 것들이 복잡하게 얽혀 있었고, 여러 새로운 변화가 일어났다. 하지만 그 후 급속도로 진행된 디지털화와 세계화는 이전에 따로 떨어져 있던 것들을 하나의 네트워크로 묶었고, 이전에는 보이지 않던 것들을 수면 위로 밀어 올렸다. 정·재계와 사회 지도층이 현재의 비상 상황을 어느 정도 제어할 수 있을 것이라 기대하기도 쉽지 않다. 요즘 눈에 띄는 거대한 문제 중 범지구적 차원이 아닌 문제, 디지털화와 관련 없는 문제가 거의 없기 때문이다. 세상을 우리가 제어할 수 있을 것이라는 환상은 이미 오래전에

박살 났다. 삶을 구성하는 거의 모든 분야가 같은 상황에 처했
다. 기후변화는 자연을 파괴하고 있고, 대규모 난민은 각국 국민
과 정치계에 새로운 도전을 안겨주고 있으며, 전 세계 극우 열풍
이 진보적 민주주의를 위협하고 있다. 미디어계에 부는 새로운
바람은 여론 지형도를 뒤바꾸고 있고, 대형 디지털 업체들이 시
장을 잠식하고 있다. 그리고 그 모든 변화가 우리의 일상생활 속
깊이 파고들었다. 중대한 사회 이슈들도 단 몇 년 사이에 완전히
달라졌다. 소셜미디어가 선거의 향방을 결정하는가 하면, 인공지
능AI이 노동시장을 송두리째 바꿔놓았다. 디지털 미디어를 이용
해 전 세계적으로 연대하는 청소년 기후 보호단체도 생겨났다.
많은 일이 사라져가는 가운데 많은 현상이 새로이 탄생하고 있
다. 우리는 이제 겨우 그 새로운 세상의 윤곽을 희미하게 파악하
고 있을 뿐이다.

21세기에 일어나는 현상들을 20세기식 해법으로 설명할 수
는 없다. 꽤 오랫동안 그 바닥에서 잔뼈가 굵은, 내로라하는 전
문가들도 더 이상 우리를 둘러싼 세상과 현상들을 설명해내
지 못하고 있거나 엉뚱한 분석만 내놓고 있을 뿐이다. 정치가
들 역시 자신들에게 주어진 소임을 다 해내지 못하고 있다.
2019년 5월 유럽의회 선거가 있기 얼마 전 독일에서 55분짜리
동영상 하나가 큰 인기를 끌었다. '기민당 파괴Zerstörung der CDU'

라는 제목의 동영상이었다. 머리를 알록달록하게 물들인 유튜버 레조Rezo는 그 동영상에서 기민당의 기후정책과 복지정책, 젊은 세대의 관심사를 나 몰라라 하는 태도를 비판하면서 기민당 후보들을 찍지 말자고 호소했다. 해당 동영상은 단 몇 주 만에 1,400만 조회수를 기록했다. 현직 총리의 소속 정당인 기민당은 평소 비판적 언론 보도에 대처를 잘하는 편이지만, 유튜버 한 명과 맞서는 데는 실패하고 말았다. 이후 기민당은 자신들이 소셜미디어의 특성을 제대로 이해하지 못했다고 해명했다. 하지만 사실 그것은 소셜미디어의 문제가 아니라 청년세대가 처한 현실에 관한 문제였다. 청년세대는 이미 기후나 디지털화를 둘러싼 충격적 현실을 비교적 잘 이해했고, 생산적으로 대처해왔다. 결국 독일 내 유럽의회 선거에서 18~24세 유권자 중 기민당을 찍은 이는 12%밖에 되지 않았다. 그 이전 선거에서 지지율은 27%였다.

리얼리티 쇼크란 수십 년 동안 확고하게 믿어왔던 것들을 포기하는 것을 의미한다. 그래야 비로소 우리를 둘러싼 무수한 변화와 복잡한 현실에 맞설 수 있기 때문이다. '당연히 그럴 것'이라는 기본 가설은 더 이상 완벽하지 않다. 그 안에는 빈틈이 너무나도 많고 사실상 아예 틀렸다고 입증됐다. 별안간 깨닫고 수치로 확인한 진실들이 이제껏 세계를 별 무리 없이 돌아가게 해줬던 요인들과 충돌하는 시대다. 여러 방면에서 예기치 않게 등장한 리얼리티 쇼크가 그간 소중히 여겨온 가치들을 무너뜨리거나 파괴하고 있다. 내가 옳다고 믿어왔던 것들, 내 신념과 확신, 내 가치관이 변화의 소용돌이 속에서 마구 흔들리고 있다. 여기에서 조심스럽게 건네고자 하는 중요한 질문이 있다. 우리는 과연 우리의 정치적 견해와 행동이 불러올 결과들을 감당할 수 있을까? 전 세계가 한 덩어리가 되어 돌아가는 현실에서 과거 국수주의적 사회에 적용되던 잣대들을 계속 들이댈 수 있을까?

이 책은 총 10장으로 구성되어 있다. 디지털화와 세계화라는 주제는 책 전체를 관통하는 중대한 화두다. 지금 이 세계는 디지털망으로 촘촘히 연결된다. 무엇이, 어떻게, 얼마나 긴밀하게 연결되어 있는지는 개별 챕터 안에서도 알 수 있지만, 여러 챕터 사이의 연관성에서도 발견할 수 있다. 세계와 각종 사안은 따로 떼어서 생각할 수 없을 정도로 조밀하게 연결되어 있다. 그 모든 사안에 인터넷을 적극적으로 활용한다. 각종 리얼리티 쇼크가 거기에서 비롯되기도 한다. 인터넷망을 활용하면 큰돈이나 시간을 들이지 않고도 일상 속 다양한 문제들에 관한 해답을 찾을 수 있다. 그래서 우리는 검색을 시작한다. 그러다 보면 금세 상상하지 못했던 기이하고 신기한 새 콘텐츠와 마주친다. 누구나 옳다고 믿는 견해, 보편적 확신을 '문화적 공리cultural truism'라 말한다. 모두가 옳다고 하고 그 안에 내포된 맥락이나 배경을 아무도 의심하지 않는, 덮어놓고 진실이라 믿는 바로 그것이 문화적 공리다. 인터넷은 제대로만 활용하면 문화적 공리의 함정에서 벗어나게 해주는 일종의 해독제가 될 수 있다. 하지만 그러려면 매우 꼼꼼히 검색하고 제대로 읽어야 한다. 인터넷에는 너무 많은 정보가 있기 때문에 때에 따라 오히려 독소로 작용할 수도 있다. 물론 리얼리티 쇼크에 대처하기 위해 인터넷의 바다를 열심히 탐사하는 이들도 많다. 각종 음모론이 판치고 안개가 낀 것처럼 흐릿한 세상 속에서 혼자 힘으로 빠져나오기 힘들 때 인터넷이라는 돌파구를 적극 활용하는 것이다.

각 장을 읽을 때마다 독자들이 똑같은 충격을 느끼지는 않을 것이다. 각자 관심 분야가 다르다는 이유도 있겠지만, 특정 분야 전문가들이나 전문가 수준으로 꽤 많은 정보를 꿰뚫고 있는 준전문가들에게는 새로운 내용이 아닐 수도 있다. 하지만 이 책에서는 세부적인 부분보다 전체적인 그림에 초점을 맞췄다. 우선 사회 전반에 걸쳐 일어나는 현상들을 총체적으로 소개하고, 이를 통해 우리가 얼마나 엄청난 시대 변화를 겪고 있는지 함께 깨닫기를 원했다. 삶의 모든 분야는 그 커다란 변화에 직간접적으로 노출되어 있다.

머릿속에 그 변화들이 사례별로 점점이 각인됐을 뿐이다. 어렴풋이 완성된 모자이크를 보여줌으로써 그 점들을 연결하고자 했다.

이 책에는 서구 선진국들의 사례가 많다. 리얼리티 쇼크가 서구 사회의 독점지배력을 무너뜨리는 것과 유럽 중심주의를 붕괴하는 것에 깊은 관련이 있기 때문이다. 사실 유럽에서 이제 막 리얼리티 쇼크라 언급하는 주제 중 몇몇은 어떤 나라에서 진즉에 기정사실이 됐다. 앞서도 말했듯 디지털화와 세계화는 이 책을 관통하는 주요 화두다. 디지털화와 세계화는 서구 사회를 세계의 중심에서 외곽으로 밀어냈다. 식민주의에 대한 논쟁이 괜히 불거지고 있는 게 아니다. 유럽은 지난 세기에 저지른 행동들이 지금까지 영향을 미치고 있다는 사실을 깨달았다. 새 시대를 맞이하고 있지만, 과거사는 아직 완전히 청산하지 못했다. 수십 년이 지난 뒤에야 과거에 저지른 행위의 결과가 가시화되는 경우가 매우 많다는 진실을 외면해서는 안 된다.

총 10장에 걸쳐 현재 이슈가 되고 있는 주제들을 두루 다뤘다. 그러나 다양한 부분에서 논란의 여지가 아직 많이 남아 있다. 왜 중국 대신 인도를 다루지 않았느냐는 의문이 있을 수 있고, 인도에 관한 내용을 왜 책 맨 처음에 배치하지 않았는지 불만인 사람도 있을 것이다. 블록체인 이야기를 포함한 '양자 컴퓨팅quantum computing'이라는 주제는 왜 뺐는지가 의문인 독자들도 있을 듯하다. 난민 통합 문제는 디지털화나 세계화와 직접적 연관은 없는 편인데, 왜 그 주제를 굳이 넣었는지도 논란이 있을 수 있다. 이 책이 완벽하다고 생각하진 않는다. 다만 꼭 다뤘어야 하는데 빼놓은 주제가 있다. 현재 서구 선진국에서 일고 있는 사회적 리얼리티 쇼크 중 어쩌면 가장 큰 문제, 성별 간 갈등 문제다. 이제 더 이상 헤테로 남성이 세상의 중심이 아니며, 그것은 분명 전통적 관념을 타파하는 커다란 리얼리티 쇼크다. 미투운동은 그러한 변화를 예고하는 대충돌이었다. 기나긴 세월을 이어온 여성 인권운동은 미투운동을 계기로 그간 꿈쩍도 하지 않던 가부장적 사회구조를 타파하기 시작했다. 그럼에도 불구하고 이 책에서는 성별 간 갈등 문제를 간단하게만 언급하는 데 이유가 있다. 지난 몇 년간 성별 간 파열음과 관련해 내가 확보한 인식이나 배경지식은 주로 내 아내인 마이케 로보Meike Lobo에게서 얻었다. 생물학자인 아내는 현재 해당 주제를 전반적으로 다룬 책 한 권을 집필 중이고, 아내가 내게 미리 가르쳐준 내용들을 공개하는 것은 상도에 어긋난다고 생각했다. 꼭 다뤄야 할 주제임에도 불구하고 소홀히 취급한 것은 어디까지나 그 때문이니 너그러이 양해해주기 바란다.

이 책을 집필하기 위해 사회학적 지식이 필요할 때 주로 울리히 베크Ulrich Beck의 저서를 참고했다. 특히 《세계의 탈바꿈Die

Metamorphose der Welt》에 나온 다음 문구는 이 책이 주장하는 바를 잘 보여준다.

"우리가 살고 있는 세상은 단순히 변화하는 것이 아니라 탈바꿈 중이다. (…) 현대사회에서 영원히 확고할 줄 알았던 것들이 무너지고 있다."

책을 쓰는 동안에는 자꾸 '과연 이게 옳을까?'라는 의심이 들지만 책 한 권이 완성되면 대개 각 주제 사이의 퍼즐이 맞춰진다. 《세계의 탈바꿈》이 없었다면 훨씬 더 먼 길을 돌아왔을 것이다.

이 책이 현재 일어나고 있는 현상들을 설명하고 해석하는 유일한 책은 아니다. 여기에 제시하는 몇 가지 가설들이 불완전하거나 난해하거나 아예 틀렸다고 생각하는 독자들도 있을 수 있다. 이 책은 어디까지나 현재를 해석하기 위한 체험적 접근일 뿐이다. 여기에 전문가들의 식견이나 학술적 연구와 분석, 필자의 견해가 뒤섞여 있다. 집필하며 리얼리티 쇼크의 패턴을 파악했다고 느끼는 순간, 금세 다시 벽에 부딪치고 만다는 것을 깨달았다. 베크는 "현재 진행 중인 탈바꿈 현상은 무지와 깊은 연관이 있다"고 말했다. 전문가들이 봉착한 위기, 전 세계적 리스크, 눈앞에 닥친 수많은 상황들 사이의 관계를 염두에 두고 한 말일 것이다. 나는 이 책을 순간을 포착한 스냅사진이자 끊임없이 이어지는 탐사 여행의 중간 기착지쯤이라 생각한다. 탐사 여행을 막 나선 참이다. 나를 둘러싼 세상의 변화를 이해하기 위해, 현재를 더 잘 이해하기 위해, 그리고 그 여행에서 깨달은 것을 독자들과 공유하기 위해 이 책을 집필했다.

울리히 베크는 "시간이 이음매에서 벗어났다The time is out of joint" 라는 셰익스피어의 말을 조금 바꾸어 "세상이 이음매에서 벗어 났다"라는 문장으로 자신의 저서를 시작했다. 특유의 우아한 필 체로 그 문구를 현재 상황에 맞게 해석했고, 500년도 넘게 유 효하던 셰익스피어의 말을 인용해 지금 세상이 겪고 있는 대변 혁을 설명했다. 나는 베크의 문구를 다시 한번 뒤집고 싶다. 세 상이 이음매 '안으로' 들어갔다. 이 말을 통해 리얼리티 쇼크를 부정의 영역에서 긍정의 영역으로 전환하고자 한다. 이음매를 뜻하는 독일어 '푸그Fug'는 그림 형제의 사전에서 '적절성, 적당 성'을 의미한다. 지금껏 당연하다고 여겨온 진실들은 무너지고 있지만, 그와 동시에 새로운 적합성 속으로 들어가고 있는 것은 아닐까?

현재를 구분하여 정리하고, 이를 통해 세계를 좀 더 이해하기 위한 시도로 이 책을 봐줬으면 한다. 이 책과 관련된 웹사이트 realitätsschock.de에서 참고문헌 목록과 배경지식 등 여기에 서 다룬 주제의 심화된 설명, 그리고 관련 팟캐스트를 볼 수 있

다. 해당 사이트를 열람하고, 평가나 의견, 비판도 남겨주기 바
란다. 아무쪼록 이 책과 관련된 토론에 많은 독자가 참여한다면
더할 나위 없겠다. 독자들의 성원에 미리 감사드린다.

사샤 로보,

2019년 6월 베를린에서

목차

서문 진짜 충격이 등장했다 5

1st
Shock
───
소셜
미디어

악성 댓글, 집단 공격, 가짜 뉴스, 기쁨과 슬픔의 용광로
▸ 이것은 게임이 아니다 20
▸ 혐오로 무장한 X 폭풍 38
▸ 가짜 뉴스, 음모론, 폭력 48

2nd
Shock
───
중국

세계의 미래를 바꿔 놓을 중국의 현재
▸ 중국 경제의 전환 66
▸ 중국발 거대한 새바람 81
▸ 사이버네틱 사회 88

3rd
Shock
───
인공
지능

노동의 정의를 뒤흔드는 AI와 플랫폼 경제
▸ 대결과 공존 104
▸ AI 시대 언제 올 것인가 111
▸ 기계와의 경쟁 124
▸ 새로운 노동 정의 135

4th
Shock
───
건강

제2의 신체와 새로운 건강 개념
▸ 디지털 기술과 건강검진 148
▸ 아는 것이 위험할 때 167
▸ 개인을 위한 맞춤형 의료 173
▸ 우리는 사이보그다 180

5th
Shock
기후

지구환경을 망치는 인간의 생활 습관
▸ 기후 위기 시대의 도래 190
▸ 기후 보호 선두에 선 청소년 199
▸ 플라스틱 폐기물 공포 208
▸ 소신 있는 고백, 비거니즘 열풍 228

6th
Shock
난민

이민 문제와 디지털 기술의 관계
▸ 드러난 문제는 빙산의 일각 240
▸ 식민지배가 남긴 상흔 249
▸ 어차피 오게 되어 있는 사람들 258

7th
Shock
통합

다른 것에 대한 심각한 오해와 편견
▸ 포용을 밟고 올라선 혐오 270
▸ 인종차별주의와 계층이동 282
▸ 인종차별 아닌 비판이 없다 297
▸ 제5단계 통합 305

8th
Shock
우경화

민주주의의 근간을 뒤흔드는 권위주의의 잔재
▸ 극우가 원하는 것 314
▸ 일곱 가지 숨은 원인 325
▸ 해결책은 무엇인가 353

9th
Shock
경제

플랫폼 자본주의와 감정 경제
▸ 새로운 시장 플랫폼 경제 366
▸ 감정 경제, 관계가 중요한 시대 377
▸ 실시간 데이터 스트림의 힘 391
▸ 가상 경제의 등장 397

10th
Shock
미래

나이 든 이들이 젊은이에게 배워야 할 점
▸ 디지털 독점 현상이 불러온 변화 404
▸ 청소년, 세상을 바꿔나가다 419
▸ 경고를 받아들이는 자세 426

1st Shock
소셜미디어

악성 댓글, 집단 공격, 가짜 뉴스,
기쁨과 슬픔의 용광로

이것은 게임이
아니다

'드라헨로드Drachenlord'는 '용왕'이라는 뜻으로 독일의 25세 이하 청년들 사이에서 꽤 유명한 인물이다. 드라헨로드는 1989년에 태어나 독일 남부 프랑켄Franken의 작은 시골 마을에 사는 라이너 빙클러Rainer Winkler의 온라인 닉네임이다. 빙클러는 돌아가신 부모님이 거주하시던 집에 홀로 살며 유튜브를 비롯한 소셜 미디어에서 드라헨로드라는 닉네임으로 활동한다. 그가 온라인에 동영상을 올리기 시작한 것은 2011년 무렵이었다. 동영상 속에서 빙클러는 컴퓨터게임이나 음악(주로 헤비메탈) 혹은 소소한 일상을 얘기한다. 실제로 빙클러의 콘텐츠는 특별할 것이 전혀 없다. 하지만 남들과 조금 달라 보이는 특징이 몇 가지 있다. 우선 빙클러는 뚱뚱하고, 프랑켄 지방 사투리가 심하다. 자기가 제일 좋아하는 음악 장르인 헤비메탈도 헤비'메들'이라고 발음한다. 말투도 거침이 없다. 매우 고조된 상태로 독특한 견해, 날카

로운 비판, 필터를 거치지 않은 의견들을 마구 토해낸다. 자신의 감정도 날것 그대로 드러낸다. 빙클러는 집단 괴롭힘을 일삼는 '악플러'에 관해서도 과감하게 자신의 의견을 남겼다.

빙클러는 온라인 집단 괴롭힘이라는 새로운 사회 현상의 중심에 서 있다. 그 현상에 참가하는 이들은 대개 젊은 남성으로, 무리 지어 특정 인물을 괴롭히며 그 행위를 '드래곤 게임'이라 부른다. 누군가를 따돌리고 괴롭히는 게 그들에게는 일종의 게임인 것이다. 당하는 사람 입장에서는 절대 게임일 수 없다. 언어폭력과 협박, 신상 털기, 그 외의 각종 공격을 동원해 끊임없이 마녀사냥을 해대는데 즐거울 리가 있겠는가. 하지만 가해자들에게 그 모든 과정은 오락일 뿐이다.

가해자 집단을 흔히 '악플 부대'라 부른다. 악성 댓글 부대의 공격 스펙트럼은 조금 신경 쓰이게 하는 약한 수준에서부터 스스로 삶을 포기하고 싶은 충동을 느끼게 만드는 위험한 수준에 이르기까지 매우 폭넓다. 사춘기를 맞은 청소년들이 또래 친구를 집단으로 괴롭히는 일은 옛날부터 지금까지 늘 있었다. 침팬지, 고릴라, 오랑우탄 같은 유인원 사이에서도 따돌림 현상이 존재한다. 그런데 인터넷이 발달하고 특히 소셜미디어가 등장하면서 상황은 조금 달라졌다. 온라인 발전의 역사는 정보 확산의 역사인 동시에 갈등 고조의 역사라고도 할 수 있다. 인터넷만큼 특정 콘텐츠나 행동 양식, 문명의 이기를 급속도로 유포하고, 확대하고, 강화하는 데 안성맞춤인 미디어는 없기 때문이다.

소셜미디어는 분명 우리에게 리얼리티 쇼크를 안겨주고 있다. 소셜미디어를 통해 문명이라는 보호막이 얼마나 얇은지 깨닫게 됐고, 그와 더불어 우리가 얼마나 무기력한 존재인지를 인정할 수밖에 없게 됐다. 토론과 논쟁이 그 무엇보다 중요한 자유민주주의 사회에서 소셜미디어가 여론 형성에 미치는 영향을 되짚어 보면 절망감은 더더욱 커진다. 소셜미디어는 이전에는 잘 드러나지 않았던 세상의 빈틈과 깊이를 보여줌과 동시에 분야를 막론한 모든 것을 가속화하고 있다. 소셜미디어로 인해 오히려 갈등이 고조되고 있는 것이다. 그런 의미에서 이번 장에서는 소셜미디어가 지닌 긍정적 측면이나 탁월한 장점은 잠시 잊고, 그 속에 내포된 그늘과 문제점들을 집중적으로 들여다보고자 한다.

가짜 뉴스는 집단 괴롭힘과 마찬가지로 근래에 새롭게 등장한 현상이 아니다. 하지만 페이스북을 통해 마구 유통되는 가짜 뉴스들은 인간의 신체와 생명, 그리고 민주주의를 위협하는 요인으로 떠올랐다. 음모론의 역사 역시 언어의 역사만큼이나 유구하다. 하지만 유튜브는 음모론에 엔진을 달아줬고, 소셜미디어는 세간의 이목을 끌고 싶은 테러리스트들에게 엄청난 폭발력을 지닌 폭탄 상자를 선물했다. 사례를 들자면 끝도 없을 만큼 온갖 유해한 주제와 정보들이 소셜미디어를 통해 널리 확산되고 있다. 주로 아이들, 청소년들, 젊은 남성들이 누군가를 표적으로 삼아 수년에 걸쳐 괴롭히고, 지치게 만들고, 폭력적인 토끼몰이식 사냥을 해대고 있다.

라이너 빙클러는 온라인에 등장한 초기부터 공격을 받았다. 처음에는 빙클러의 얼굴을 우스꽝스럽게 합성해서 소셜미디어에 올린 뒤 놀림감으로 삼는 식이었다. 이와 같은 모욕적인 코멘트, 선동적 댓글, 위협적인 콘텐츠에 빙클러는 자신의 유튜브 채널을 통해 불만을 토로하고 자제를 호소했다. 감정적으로 자기변호를 하기도 했다. 온라인상의 가해자들이 노리는 목표가 바로 그것이다. 피해자가 울분을 토하고 감정적으로 치닫는 것을 보며 공격이 통했다고 느끼는 것이다. 빙클러에 대한 공격은 날이 갈수록 심해졌다. 2013년부터 빙클러는 하루도 빠짐없이 악성 댓글 부대로부터 괴롭힘을 당했다. 악플러들은 당연하다는 듯 공격을 계속 이어갔다. 디지털망이 확산하면서 오프라인이 아니어도 집단 괴롭힘이 가능한 환경이 조성됐기 때문이다.

- 실행 편의성(단 몇 번의 클릭과 입력만으로 누군가를 공격할 수 있음)
- 빠른 확산 속도(SNS에 올라온 정보들이 급속도로 전파됨)
- 커뮤니티의 작동 원리(개별 공격이 모여 금세 악플 부대로 확대될 수 있음)

독일 출신의 미디어 연구가이자 팬덤 연구가인 저널리스트 로빈 마이어루흐트Robin Meyer-Lucht는 2009년 '안티팬'에 관해 경고했다. 그는 팬덤이 형성되려면 생산적 활동과 참여가 필요하다는 사실을 꿰뚫어봤고, 디지털 환경의 발전이 안티팬들의 부정적인 행위를 부추긴다고 지적했다. 나아가 "진짜 팬들이 광신도적 열기에 휩싸여 자신을 억제하지 못하듯 (…) 안티팬들도 광기에 휩싸인 채 공격 대상인 사람을 경멸한다"고 지적했다. 현재 온라인에서 흔히 볼 수 있는 광경이다. 소셜미디어를 훑어보면 안티팬들이 올린 적대적 게시물이 사방에 널려 있다. 증오로 똘똘 뭉친 안티팬들도 진짜 팬들이 시간과 열정과 창의력을 쏟아붓는 만큼 똑같이 투자한다. 긍정적이 아니라 부정적인 목적으로 에너지가 활용된다는 차이만 있을 뿐이다.

　빙클러의 안티팬 커뮤니티 이름은 '하이더Haider'다. 프랑켄 지방 억양이 강한 빙클러가 자신을 '싫어하는 사람hater'을 '하이더'라 발음하는 것에 착안하여 안티팬들이 스스로 지은 이름이다. 드라헨로드를 수년간 조직적으로, 점점 더 강력히 공격하는 집단이 존재한다는 사실은 디지털 사회에 위기가 찾아왔음을 알리는 경종과 같다. 빙클러의 사례에서 근거 없는 적대적 혐오에 관해 공권력이나 정치계, 시민사회가 아무것도 하지 않았다는 사실을 알 수 있다. 페이스북이 등장한 지 15년이 넘었고 가입자 수도 어느덧 20억 명을 넘겼지만, 지금도 사회는 많은 부작용 앞에서 울분만 터뜨릴 뿐 효과적으로 대응하지 못하고 있다. 어쩌면 누군가가 그렇게 심하게 당하고 있다는 사실조차 모를 수도 있다. '소셜미디어' 쇼크는 소셜미디어가 사회에 미치는 영향을 대다수가 제대로 알지 못한다는 사실을 알려준다. 그와 같은 미디어를 개발한 디지털 대기업들조차 사회에 미치는 영향력을 정확히 파악하지 못하고 있을 것이다.

2014년에는 누군가가 라이너 빙클러의 여동생에게 전화를 걸어 모욕적 언사를 퍼부으며 위협했다. 그 소식을 들은 빙클러는 분노를 참지 못한 채 동영상 하나를 찍어 올렸다. "나를 공격하고 싶으면 나와 직접 싸우자. 내 동생은 건드리지 말라"는 내용이었다. 그런 다음 카메라를 향해 자신의 주소를 번지까지 정확히 댔다. 시간이 조금 지나고 화가 진정된 빙클러는 해당 동영상을 삭제했다. 하지만 이미 너무 늦었다. 해당 동영상을 이미 저장한 가해자들은 다양한 소셜미디어 플랫폼에 그 동영상을 올렸다. 그들에게 주소는 이미 줄줄 외울 정도가 됐다. 이후 온라인상의 박해가 손에 잡히는 현실 세계로 이동했다. 누군가가 빙클러의 이름을 도용해 옷이나 피자 등을 주문했고, 이웃들은 빙클러를 손가락질하고 욕했으며, 빙클러의 집 앞에는 늘 청소년 무리가 진을 치고 있었다. 빙클러는 방어하기에 급급했고, 그럴수록 집단 괴롭힘의 강도는 심해졌다.

21세기 유튜브형 '몰래카메라 쇼'라고도 할 수 있는 뒤 장난질은 유튜브 콘텐츠 중 매우 높은 클릭 수를 보장한다. 속이는 대상은 친구가 될 수도 있고 아무 생각 없이 거리를 걷던 행인이 될 수도 있다. 해당 콘텐츠의 목표는 그 사람을 완전히 속여서 당황하게 만드는 것이다. 그 모든 과정이 촬영되고, 온라인에 올라온다. 남들이 괴로워하는 영상은 조회수가 대개 높다. 높은 조회수는 유명세와 큰돈을 의미한다. 소셜미디어는 반향을 크게 일으키기에 매우 적합한 미디어고, 그렇기 때문에 놀이의 강도를 둘러싼 경쟁도 점점 더 치열해진다. 함부르크에 사는 어느 독일계 아프간 유튜버가 징역 7개월에 집행유예를 선고받은 적이 있다. 전선이 삐져나온 배낭을 길 가던 행인들 앞에 던진 뒤 고함을 지르며 그 안에 마치 폭탄이 있는 것처럼 연기했기 때문이었다. 영국에서도 이와 유사한 범죄로 징역을 선고받은 이들이 있다. 불법의 영역에 가까운 이러한 장난질의 최고봉은 '스와팅swatting'일 것이다. '미국 경찰특공대swat'에서 비롯된 말로, 거짓 신고 혹은 장난 전화를 뜻한다.

스와팅의 형태는 대개 다음과 같다. 악성 유저 하나가 경찰서나 소방서 등 긴급 센터에 전화를 걸어 있지도 않은 사건을 읊으며 즉각 출동을 유도한다. 그들은 컴퓨터 앞에 앉아 동영상을 라이브로 스트리밍하기 때문에 무장 경찰들이 현관을 두드리고 고함치는 장면과 목소리가 고스란히 녹화되어 업로드된다. 그런 식으로 유튜브나 기타 웹사이트에서 아무것도 모르는 상대방이 꼼짝없이 당하는 장면을 시청할 수 있다. 2017년 12월 캔자스에서는 어느 젊은 남자가 자기 집 현관문을 열자마자 경찰의 총에 맞는 사건도 발생했다. 캘리포니아의 어느 악성 유저가 그 젊은 남자의 집에서 인질극이 벌어지고 있다고 허위신고를 한 것이었다. 해당 유저는 20년 형을 받고 복역 중이다.

라이너 빙클러도 스와팅을 당한 적이 있다. 당시 보고된 바로는 독일 내 최초의 사건이었다. 2015년 7월, 23세의 어떤 남자가 긴급 센터에 전화를 걸었다. 불길을 잡기 위해 대규모 소방대가 즉시 출동했다. 금방이라도 빙클러의 집 안으로 들이닥칠 기세였다. 하지만 소방대는 순간 그 집에 아무런 비상사태도 일어나지 않았다는 사실을 깨달았다. 범인은 빙클러를 괴롭히는 악질 중의 악질 유저였다. 해당 유저는 '긴급전화 남용죄', '공무집행 방해죄', '협박죄' 등의 혐의로 3년 5월의 형을 선고받았다. 스와팅을 비롯한 각종 허위신고를 모방하는 사태를 방지하고자 시범 사례로 좀 더 센 형을 선고한 듯했다. 하지만 장난 전화는 줄기는커녕 오히려 느는 추세다.

빙클러를 향한 스와팅 사건이 전국적으로 보도되면서 그에 대한 대중과 언론의 관심이 높아졌고, 더불어 안티팬들도 세간의 이목을 끌었다. 그런데 안티팬들은 이를 유명세를 드높이는 절호의 기회로 생각했다. 징역이나 벌금 등 각종 처벌은 전혀 효과를 발휘하지 못했다. '들키는 놈이 바보, 잡히는 놈이 잘못'이라는 글이 악플러 사이에서 커다란 공감대를 형성했다. 유튜브의 활용 규모는 매우 광범위하고, 활용 방식도 각자의 관심사나 콘텐츠에 따라 차이가 있다. 그중 일부는 배려라고는 전혀 모르는 태도나 공격적 성향에만 사로잡혀 있다. 주로 할 일이 없고 시간은 많은 젊은 남성들이 그 주역이라고 한다. 그들은 남이 잘못되는 것을 보며 고소해하거나 통쾌해하는 이들, 일정 수위를 넘어서면 더 좋아하는 이들, 혐오를 조장하는 험담을 즐기는 이들이 분명 존재한다는 사실을 잘 알고 있다. 그래서 악성 유저들은 보다 악랄하면서도 정교한 공격술을 개발하고, 그 전술을 적용한 클립들을 자기 유튜브 채널에 주기적으로 올린다. 그런 활동을 통해 심지어 돈도 번다. 유튜브의 어머니라고 할 수 있는 구글도 함께 돈을 번다. 라이너 빙클러를 대상으로 한 집단적 악플이나 각종 장난질은 높은 조회수와 구독자 증가를 보장하는 보증수표고, 이는 다시 유명세와 거대한 수입으로 연결된다. 드라헨로드는 이제 디지털 세계 속 광기에 찬 혐오를 상징하는 하나의 브랜드, 즉 증오 브랜드hate brand가 됐다.

어느 날 한 여성이 수많은 인터넷 유저 앞에서 라이너 빙클러를 눈물 쏟게 만든 목적은 그에게 최대한의 수치심과 모욕감을 안겨주기 위한 것이었다. '딸기1510Erdbeerchen1510'이라는 닉네임을 쓰는 젊고 매력적인 이 여성은 몇 달 동안 빙클러와 교감을 나눴다. 채팅과 DM 등을 통해 둘 사이는 꽤 가까워진 듯했다. 여성은 그에게 수천 명이 라이브 중계를 시청할 때 청혼하라고 부추겼다. 여성이 시키는 대로 한 빙클러는 뜻밖의 상황을 마주했다. 여성이 코웃음을 치며 이렇게 말했다. "넌 내가 평생 만나본 모든 남자 중 제일 뚱뚱하고 멍청한 바보야." 그런 다음 그 여성은 카메라가 돌아가고 있는 내내 완전히 기가 죽은 빙클러를 마음껏 비웃었다. 자신의 계략에 그가 완전히 속아 넘어갔다고 선포한 것이다. 지금도 그 동영상의 복사본이 각종 소셜미디어 플랫폼에 올라온다. 한 사람을 극단적 선택으로 몰아넣을 수도 있는 모욕적 사건이었다. 악플러 중에는 그런 일들을 '어쩌다가 일어날 수도 있는 일'쯤으로 생각하는 이들이 적지 않은 듯하다. 오히려 더 환영할 수도 있다. 악성 유저들의 모든 행위가 단순한 허위에 지나지 않을 수도 있지만, 증오만큼은 진짜다. 악성 유저들은 공격 대상을 실제로 혐오한다. 빙클러 역시 현실에서도 수차례 테러를 당했다.

빙클러의 이웃 주민들은 오래전부터 신경이 곤두서 있다. 안티팬이 몰려오는 것도, 빙클러가 고초를 겪는 것도 모두 빙클러의 책임이라며 그를 탓한다. 빙클러의 집 주변에는 늘 무리를 진 청소년들이 서성댄다. 담벼락에 낙서하는가 하면 술에 취한 채 야밤에 고성을 지르기도 한다. 인근의 이탈리아 레스토랑은 하루에 40~50건의 허위 예약이나 거짓 피자 주문을 받곤 한다.

그런데 그것으로도 부족했는지 2018년 늦여름, 상황이 더 첨예해졌다. 유튜브를 통해 모인 사람들이 툭하면 빙클러의 집 앞으로 향했다. 때로는 100명이 넘기도 했다. 특별한 계획을 짠 안티팬들은 8월 20일에 그 일을 실행하기로 했고, 1만 명이 넘는 이들이 페이스북을 통해 참가하겠다는 의사를 밝혔다. 그날 저녁, 800명에 가까운 젊은 남자와 일부 여성이 빙클러의 마을에 집결했다. 주민이 41명밖에 되지 않는 작은 마을이었다. 모여든 군중은 보수공사가 시급할 정도로 낡은 빙클러의 집을 향해 계란과 폭죽, 돌멩이 등을 던졌다. 테라스 앞 울타리가 부서졌고, 집 앞 풀밭에는 불이 붙었다. 몇 주째 비가 내리지 않은 상태였다. 빙클러의 집 앞에서 수많은 사람이 소요 사태를 벌인 것이다. 집 안에 있던 빙클러는 얼마나 큰 공포심에 사로잡혔을까.

결국 대규모 경찰이 출동했고, 300차례에 걸쳐 해산하라고 경
고했다. 몰려든 사람 중에는 독일에서 먼 함부르크나 오스트리
아, 스위스에서 온 이들도 있었다. 그날의 사태가 전국에 보도됐
고, 나이 많은 어르신들은 난생처음 드라헨로드라는 닉네임을 접
했지만 이내 잊어버렸다.

그 후에도 사냥은 멈추지 않았다. 2019년 3월 네덜란드의 위트
레흐트Utrecht에서 이슬람 테러리스트 한 명이 총기를 무차별적
으로 난사해 여러 명의 목숨을 앗아간 사건이 발생했다. 테러 사
건이 벌어지면 으레 그렇듯 인터넷 부대들은 트위터를 통해 관
련 사진과 동영상을 집중적으로 업로드했다. 대부분 빙클러가
테러리스트인 것처럼 보이게 합성한 조작 게시물이었다. 터키
의 한 방송사는 빙클러 혐오 부대가 던진 미끼를 덥석 물었다.
그가 테러 용의자라는 내용을 사진과 함께 보도한 것이다.

앞서도 말했지만, 빙클러를 혐오하는 안티팬들은 폭력이 동
원된 집단 괴롭힘 행위를 '드래곤 게임'이라 부른다. 안티팬에게
그 모든 행동은 어쩌다가 저지를 수 있는 장난에 불과한 것이다.
댓글을 기준으로 볼 때 안티팬은 세 종류로 구분할 수 있다. 첫
번째는 호기심 많은 수동적 구경꾼이고, 두 번째는 악플을 클릭
해서 확인하는 동시에 직접 악성 댓글을 올리기도 하는 팔로워
다. 핵심은 세 번째인 안티팬 부대다. 이 부대는 자기들끼리의 암
호나 유행어를 만들어내고, 온라인상의 혐오 행위, 오프라인 모
임 등을 조직하며 혐오라는 서브컬처를 널리 퍼뜨리는 데 혁혁

한 공을 세우고 있다. 있지도 않은 소문을 퍼뜨리는가 하면 하지
도 않은 말을 인용하고, 우스꽝스러운 합성 사진을 만들며 혐오
대상을 희화한다. 안티팬들의 드래곤 게임이 빙클러의 암묵적 동
의 하에 끊임없이 이어지는 것이다. 안티팬들은 빙클러의 무대
응 전략을 곡해한다. 사실은 빙클러도 '관심 종자'에 지나지 않
기 때문에 오히려 많은 사람의 시선이 자기에게 집중되는 상황
을 즐기고 있다고 보는 것이다. 안티팬들의 전형적인 자기합리화
다. 이러한 방식이 피해자에게 얼마나 큰 고통을 주는지는 전혀
고려하지 않는다. 시간이 지나면서 빙클러도 입을 열기 시작했
다. "나는 그것이 게임이라 생각해본 적이 단 한 번도 없다. 누군
가의 인생을 놀이의 대상으로 삼는 것, 나는 거기에서 어떤 재미
도 느끼지 못하겠다. 많은 사람이 이곳으로 몰려오고 있다. 목적
은 나를 도저히 참을 수 없는 상황으로 몰아넣고 결국 나로 하여
금 극단적 선택을 하게 만드는 것인 듯하다." 안티팬들은 심지어
빙클러의 돌아가신 부친 묘소도 무참히 공격했다. 무덤을 훼손하
고 그 과정을 촬영하기까지 했다.

각종 미디어에서는 빙클러가 스스로 그러한 상황을 초래했다
고 비난하는 목소리가 커졌다. 그저 스치듯 지나가는 비판도 있
었고, 대놓고 비방하는 의견도 적지 않았다. 동영상을 올리고 라
이브 방송을 한 것부터가 잘못이라는 비판들이었다. 어느 여성
심리학자는 《슈피겔》을 통해 드래곤 게임이 "매우 복잡한 형태
의 갈등"이라 지적하면서 빙클러에게 한동안 인터넷을 하지 말

것을 권했다. 이웃 주민들도 빙클러에게 제발 더 이상 온라인에
동영상을 올리지 말아 달라고 부탁했다. 악플러들이 뭐라 떠들건
무반응으로 대응하라는 조언이었다. 하지만 심리학 전문가의 충
고와 이웃들의 간청, 기타 뉴스와 보도들은 사건의 본질을 깡그
리 무시한 것이다. 모두 먼 옛날의 인터넷과 커뮤니케이션 방식
만 떠올리면서 빙클러가 온라인에 동영상을 올려서 돈을 벌고
있다는 사실은 완전히 외면했다(수많은 인기 유튜브가 그렇듯 빙클
러도 광고 수입으로 생계를 이어가고 있다).

　온라인이 활성화되기 시작할 무렵 '악플러에게 먹이를 주지
말라Don't Feed the Trolls'는 말이 모든 것을 해결하는 비법처럼 통용
되곤 했다. 대꾸하지 않으면 스스로 지쳐서 그만둘 것이라는 기
대에 찬 대비책이었다. 하지만 그 말은 매우 파괴적이라는 특성
과 함께 가해자와 피해자를 뒤바꿔버릴 소지도 내포하고 있다.
온라인상에서 공격을 받은 이들이 심리적 안정을 위해 일시적으
로 인터넷을 끊을 수는 있다. 집에 불이 났을 때 일단 밖으로 뛰
쳐나가는 심리와 비슷하다고 보면 된다. 그러나 그것이 궁극적
인 해결책이 될 수 없고, 모든 사람이 이 방법으로 돌파구를 찾
을 수는 없다. 집 밖으로 뛰쳐나가도 불은 꺼지지 않듯, 인터넷
을 잠시 끊는다고 해서 문제가 완전히 해결되지는 않는다. 게다
가 '인터넷 단식'으로 도리어 피해자에게 책임이 전가될 가능
성도 크다. 집단 괴롭힘 현상이 계속되는 상태에서 만약 피해자
가 다시 인터넷에 접속하면 가해자는 그 모든 책임이 고스란히

피해자에게 돌아가도록 수를 쓰기 때문이다. 인터넷에 접속하지 말고 잠시 신경을 쓰지 말라는 충고는 온라인상의 삶을 포기하는 것과 포기하지 않는 것 사이에 선택지가 있을 때나 통하는 얘기다. 더 이상 그런 시대가 아니다. 25세 이하 사회구성원들에게 인터넷은 선택이 아니라 필수다. '의지만 있다면 그래도 끊을 수 있지 않느냐'는 말은 구시대적 발상에 불과하다. 당장 취업 때문에라도 젊은 세대는 인터넷을 포기할 수 없다. 장차 젊은 세대가 종사하게 될 직업 대부분이 디지털 기기를 능숙하게 다루는 능력과 직결되기 때문이다.

빙클러의 마을에 사는 어느 이웃 주민은 고성을 지르는 안티팬들에게 제발 다른 데로 가달라고 요구했다. 빙클러를 돕는 듯한 태도였다. 하지만 그 이웃은 빙클러네 집을 불태우든 말든 상관없으니 떠나기만 해달라고 요청했다고 한다. 그 이웃은 누구 때문에 자기가 피해를 보고 있다고 생각했을까? 이런 식으로 가해자와 피해자는 손쉽게 뒤바뀐다. 엉뚱한 이에게 책임을 전가하는 행위는 인류가 너무나도 오랫동안 써온 수법이다. 하지만 역사가 길다고 무조건 옳은 것은 아니다. 2018년 빙클러는 어느 지역 신문과의 인터뷰에서 "이렇게 계속 참기만 하다가는 언젠가 완전히 무너질 것 같다"라고 고백했다. 악플러들의 존재에도 불구하고 빙클러는 인터넷에 계속 동영상을 올린다. 이는 참담한 상황을 극복하기 위해 피해자가 취할 수 있는 최후의 수단이자 매우 합법적인 대처 방법이다. 불굴의 의지 때문에 안티팬이 더 모인다 한들, 그것은 빙클러의 책임이 아니다. 책임은 오히려 사회에 있다. 이미 디지털화된 사회 속에서 기술 발전이 어떤 결과를 낳을지 제대로 예측하거나 대처하지 못한 사회가 잘못이다.

　온라인상의 집단 악성 댓글이나 스토킹을 우리는 너무 오래 모른 척해왔다. 피해자가 경찰서에 가서 범죄 현장이 인터넷이라고 말하는 순간, 경찰은 대개 집에 돌아가서 안정을 취하라고 말한다. 소셜미디어가 폭발적으로 확대된 시점으로부터 약 10년이 지난 2017년 3월 독일에서는 스토킹 관련법이 제정됐다. 하지만 온라인상의 피해자들을 안심시키기에는 부족했다. 지금도 경찰, 검찰 그리고 사법부는 온라인에서 스토킹을 당했다면 일단 인터넷을 한동안 사용하지 말라는 충고만 하는 실정이다. 젊은 층 모두가 자신들의 교우 관계를 비롯한 사회적 삶 전체를 온라인에서 실현한다는 사실이 그들 눈에는 보이지 않는 듯하다. 길을 가다가 강도의 습격을 받지 않으려면 집 밖으로 나오지 말라는 충고와 다를 게 하나도 없다. 책임을 져야 할 당국의 무지 때문에 피해자들은 홀로 남겨진다. 젊은 여성, 유색인종, 이성애자가 아닌 성소수자, 눈에 띄는 장애를 지닌 이들, 그 외의 모든 소수 무리가 그로 인해 큰 고통을 겪고 있다. 페이스북은 2004년 설립된 이래 승승장구해왔다. 소셜미디어가 발달하면서 커다란 경제적 성공도 이뤄냈다. 하지만 그 성장과 맞물려 가뜩이나 소외된 계층이 온라인 마녀사냥으로 극단까지 치달았다.

　　문화 트렌드가 바뀌면서 새로운 형태의 괴롭힘이 등장했다. '리벤지 포르노'가 대표적 사례다. '포르노'라는 단어가 포함되어 있지만 리벤지 포르노는 흔히 알고 있는 상업 포르노와 차이가 크다. 진정한 복수revenge와 얼마나 연관성이 있는지도 알 수 없다. 리벤지 포르노란 인터넷에 올라온 젊은 여성의 알몸 사진이나 성관계 동영상을 가리키는 말로 최초 게시자는 주로 헤어진 남자친구다. 이는 새로운 형태의 성추행이라고 볼 수 있다. 해당 사진이나 동영상을 빌미로 협박하는 사례도 적지 않다. 2017년 캘리포니아에서는 보복성 음란물 게시를 금지하는 법률이 제정되기도 했다.

　　디지털 기기에 익숙하지 않은 세대는 악의적으로 여성의 알몸 사진을 온라인에 올리는 행위에 대해 대개 일관된 반응을 보인다. '그런 사진을 애초에 왜 찍거나 찍게 놔뒀느냐'는 것이다. 이는 가해자의 행위에 대한 책임을 피해자에게 떠넘기는 방식이다. 이런 식으로 책임 전가를 하기 전에 디지털 세계에서 성性이 얼마나 큰 비중을 차지하는지부터 고민해봐야 한다. 2018년 미국 청소년들을 대상으로 한 어느 설문조사에서 10대 4명 중 1명은 자신의 알몸 사진을 누군가에게 보낸 적이 있다고 답했다. 몇몇 전문가는 밝혀지지 않은 수치가 훨씬 더 클 것이라는 의견을 내놓기도 했다. 2015년에 실시한 어느 조사에서는 이미 성인 10명 중 8명이 누군가와 매우 은밀한 사생활에 관한 얘기를 나누거나 사진 혹은 동영상을 보낸 적이 있다고 응답했다. 한 가지

확실한 것은 성인 보호자의 무관심 속에서 자란 청소년 사이에
서는 이러한 일들이 비일비재하게 벌어지고 있다는 것이다. 보
호자가 관심이 없기 때문에 모르고 넘어가는 것뿐이다.

　단 한 번의 클릭 실수로 감추고 싶은 사진들이 온라인에 유포
된 아동이나 청소년을 어떻게 대해야 좋을까? 최악의 대응은
"네가 저지른 일은 알아서 해결해" 하며 방치하는 것이다. 최근
가해자가 저지른 행위에 대한 책임을 피해자에게 떠넘기는 것을
가리켜 '피해자 책임 전가victim blaming'라는 전문 용어도 등장했
다. 이는 성추행이나 성폭행을 당한 여성들이 흔히 겪는 2차 피
해다. 라이너 빙클러나 리벤지 포르노 피해자가 겪었던 것처럼
온라인에서 일어난 범죄에 가까운 행위들을 두고 피해자를 더
비난하는 행위는 널리 퍼져 있다. 오프라인에서 벌어진 범죄에
대해서는 결코 피해자에게 책임을 떠넘기지 않을 이들도 온라
인 범죄에 대해서는 매우 모호한 태도를 취하는 것이다. 이는 디
지털 기술의 발달과 함께 나타난 새로운 사회에 어떻게 대처해
야 하는지 모르는 이들이 취하는 전형적인 태도다. 2014년 미국
에서는 십수 명의 여성 유명 인사가 해킹을 당하는 사건이 벌어
졌다. 해당 여성들의 사생활을 찍은 사진들, 때로는 매우 은밀하
게 취급해야 할 사진들까지 모두 인터넷에 올라왔다. 이에 당시
EU 집행위원회 디지털 정책위원장인 귄터 외팅거Günther Oettinger
는 피해자들이 "멍청한 짓을 예방할 능력이 없었기 때문에 당했
다"라고 말했다.

라이너 빙클러는 폭력적이고도 악질인 집단 괴롭힘의 희생양이다. 지금까지 자해나 극단적 선택을 하지 않은 것은 오직 강인한 정신력과 불굴의 의지, 그리고 끈기 덕분이었다. 그런 테러를 당하면 대부분 단 며칠 만에 무너져버릴 것이다. 하지만 빙클러는 몇 년을 잘 버텨왔다. 빙클러가 그만큼 큰 고통을 당해야 했던 이유는 국가가, 사회가 디지털 사회로의 전환에 따라 발생한 각종 문제 앞에서 그릇된 대응책으로 맞섰기 때문이다. 혹은 아예 손을 놓은 채 멍하니 바라보고만 있었기 때문이다. 2019년을 기준으로 사이버폭력을 방지하는 법을 발효시킨 EU 회원국은 거의 없다. 한 세대 전체가 소셜미디어 없이는 살 수 없는 세상이 됐건만 아직도 소셜미디어 부작용에 대처할 만한 적절한 처방전을 찾지 못했다.

혐오로 무장한
X 폭풍

2010년, 현시대를 상징하는 단어 하나가 혜성처럼 떠올랐다. 그것은 사이버 폭력, 스토킹, 대규모 악플 등 SNS에 난무하는 추저분한 댓글이나 현상들을 가리키는 용어 '똥 폭풍shitstorms'이다. 미안하게도 나는 이 단어를 독일에 널리 알리는 데 기여한 바가 있다. 2010년 1월 어느 대형 언론사와 인터뷰를 하는 중에 이 표현을 사용했고, 같은 해 4월에는 꽤 많은 청중들 앞에서 '똥 폭풍 속에서 살아남는 방법'이라는 제목으로 강연했다. 지금도 해당 동영상이 유튜브에 올라와 있다. 강연 당시 나는 2009년 내게 벌어진 일련의 악성 댓글 사건을 언급했다. 그 사건은 나를 향한 대규모 악성 댓글 사태의 처음도, 끝도 아니었다.

경험에 비춰 말하건대 악성 댓글 구덩이 속을 헤엄쳐본 사람이 아니라면 그게 무슨 의미인지, 어떤 느낌인지 조금도 알 수 없다. 비방과 모욕의 중심에 서 있다는 게 어떤 의미인지 체감할 수 없다. 내가 겪은 가장 심한 '혐오 폭풍'은 2009년 여름에 몰아닥쳤다. 어느 업체의 광고에 출연한 이후 수천 명이 나를 욕하기 시작했다. 죽여버리겠다는 협박은 없었지만, 욕하거나 비방하는 이들이 있었다. 악성 댓글에 단골 메뉴처럼 툭하면 살인 협박이 등장하는 요즘과 상황이 조금 달랐다. 그사이 누리꾼의 수가 늘어나면서 악성 댓글의 규모나 강도도 상상할 수 있는 정도를 넘어섰다. 온라인에서 흔히 표적이 되는 주요 공격 대상은 흑인이나 유대인, 장애인, 라이너 빙클러처럼 흔히 '표준 체형'이라고 하는 기준 밖에 있는 이들, 성소수자들, 여성들이다.

인터넷의 폭풍 악성 댓글 문화를 이해하기 위해서는 많은 네티즌의 머리에 깊이 각인된 여성 혐오 사상 '미소지니misogyny' 개념을 반드시 알고 넘어가야 한다. 오프라인에 존재해온 여성 혐오나 증오, 비하 현상과 현재 온라인에서 볼 수 있는 모습이 종이 한 장 차이밖에 나지 않는다. 기존의 여성 혐오 행태가 인터넷 발달과 함께 수면 위로 선명하게 떠올랐고, 소셜미디어 활용이 활발해지면서 한층 더 강화된 것뿐이다.

여성 혐오의 정점을 찍은 것은 '게이머게이트Gamergate' 사건이었다. 온라인 게이머 사이에서는 매우 충격적인 일이었다. 미국에서 시작돼 전 세계로 확산된 게이머게이트 운동은 간단하게 말하자면 여성 혐오주의에 빠진 우파 성향의 젊은 남성들이 벌인 운동이었다. 해당 남성들은 대개 온라인게임 마니아이자 게임 커뮤니티 회원이었다. 게이머게이트 운동에 참가한 이들 중 일부는 극우 성향에 반대하는 대안 우익 세력 알트라이트alt-right가 됐고, 2016년 미국 대선 당시 도널드 트럼프를 지지하기도 했다. 게이머게이트의 발단은 2014년 조이 퀸Zoë Quinn이라는 여성으로부터 이별을 통보받은 젊은 남성이 자신의 블로그에 올린 몇 개의 글이었다. 그 남성은 헤어진 여자친구에게 상처를 주기 위해 조이 퀸이 게임 관련 언론인들과 성관계를 맺었다는 거짓 소문을 퍼뜨렸다. 그러자 퀸이 게임 개발자라는 사실을 알게 된 일군의 남성 게이머들이 연대하기 시작했고, "(게임 관련) 언론의 윤리를 수호하기 위해서"라는 명목으로 퀸을 비방하는 글들을 쉴 틈 없이 올렸다.

퀸의 계정은 해킹당했고, 보호받아야 할 개인정보들과 사진들이 만천하에 공개됐다. 온라인에 온갖 종류의 욕설과 위협이 난무했고, 퀸과 가족을 둘러싼 음모론이 우후죽순으로 불어났다. 게이머게이트 운동에 참가한 남성들은 퀸을 공개적으로 옹호하는 여성들이나 퀸을 변호하는 언론을 향해서도 공격을 퍼부었다. 최소 1만 명 이상의 남성들이 다양한 온라인 커뮤니티와 플랫폼을 통해 여러 개의 소모임을 조직했다. 이후 무차별 공격은 온라인에서 오프라인으로 넘어갔고, 퀸은 결국 자살 직전까지 내몰렸다. 게이머게이트 운동이 무더기 악성 댓글 부대에 미친 영향은 원자폭탄 개발이 정치계에 미친 여파와 비슷한 강도였다. 세상이 그 전과 후로 나뉘는 것이다. 지금도 전 세계 수많은 젊은 남성이 '#GamerGate'라는 해시태그로 대동단결 중이다.

게이머게이트 운동은 온라인에 넘쳐나는 마녀사냥과 극단적 혐오 뒤에 자신과는 다른 이들을 극도로 혐오하는 비이성적 남성이 숨어 있다는 사실을 극명히 보여줬다. 대표 표적은 여성이다. 그들은 전투에 참가한 군인을 연상케 하는 강인함과 투철한 서열문화로 무장했지만 공감 능력은 전혀 갖추지 못한 채 온라인에서 자신의 전투력을 계발하고, 무용담을 쌓아가고 있다.

퀸은 자신의 저서 《크래시 오버라이드Crash Override》에서 비이성적 남성들의 공격을 받은 피해자 역시 똥 폭풍에 참전하고 싶은 유혹을 떨치기 어렵다고 강조했다. 이 거칠고 더러운 폭풍이 공동체의 평화로운 공존을 위협하는 각종 실수에 대한 대응책으로도 활용되고 있는 것이다. 악성 댓글이 집단적 분노를 표출하는 수단으로 작동하고 있다는 것을 증명이라도 하듯 실제로 좌파나 여성운동가, 동물보호 활동가들도 악성 댓글을 달곤 한다. 어떤 집단이든 자신이 받아들일 수 없는 현상에 대해 이처럼 비이성적인 방식으로 감정을 표출할 수 있다.

똥 폭풍은 이미 사회 전반에 걸쳐 널리 나타나는 현상이다. 게이머게이트 운동은 주마등처럼 지나가는 수많은 현상 중 유독 겉으로 심하게 드러난 것이다. 흔히 내가 악성 댓글을 받았는지도 모르고 넘어갈 때가 많다. 심지어 내가 바로 악플러라는 사실조차 모르기도 한다.

이러한 현상은 소셜미디어의 구조와 연관이 있다. 수많은 팔로워를 거느리고 있는 유명 블로거 크리스 피릴로Chris Pirillo는

"트위터는 무언가에 대해 심사숙고하기도 전에 내 생각을 만천하에 알리기에 딱 맞는 곳"이라며 조롱 섞인 코멘트를 남겼다. 이러한 신속성 때문에 트위터는 온라인을 후끈 달구는 각종 현상을 측정하는 바로미터로 작동하고 있다. 전부는 아니더라도 소셜미디어에서 화제가 된 꽤 많은 정보를 트위터가 널리 알리며 일종의 메아리 역할을 하는 것은 사실이다. 트위터는 희소식이든 비보든 온라인에서 국경을 초월한 확대재생산자 역할을 충실히 수행하고 있다. 악성 댓글이 트위터를 통해 빠른 속도로 퍼지지만, 반대로 2013년 터키에서 국가가 무분별하게 진행하려던 게지공원Gezipark 재개발을 둘러싸고 일어난 반정부 시위도 트위터가 없었다면 실현하지 못했을 것이다.

　트위터는 말하고자 하는 단어나 문구 앞에 '#' 기호를 붙이는 이른바 해시태그를 이용해 비슷한 관심사들을 한데 묶는 기능이 있다. 인스타그램이나 페이스북도 이와 유사한 기능이 있다. 특정 키워드 앞에 해시태그를 표시하면 플랫폼 안에서 자동으로 링크가 생성되고, 해시태그를 클릭하면 트위터 전체에 올라온 글 중 해당 키워드와 관련된 글을 보여준다. 이때 내가 그 글을 올린 사람을 팔로잉하고 있는지는 중요하지 않다. 해시태그는 크리스 메시나Chris Messina라는 프로그래머가 2007년 8월에 개발한 것으로, 해시태그가 달린 키워드에 대한 수많은 이들의 다양한 의견을 순식간에 볼 수 있게 해준다. 단 한 번의 클릭만으로 내 관심 분야에서 '좋아요'를 가장 많이 받은 트윗이나 논란이 분분한 글들을 확인할 수 있는 것이다. 관련 글을 확인한 다음 자신도 해시태그를 달아서 직접 토론에 참가할 수 있다. 예를 들어 '#리얼리티쇼크'라는 해시태그를 클릭하면 트위터와 인스타그램에 올라온 이 책에 관한 의견들을 확인하고, 각자의 의견을 올릴 수도 있는 것이다.

해시태그는 온라인에서 여론을 형성하는 구조에 새로운 현상이 나타났다는 것을 깨닫게 했다. 독일의 문화학자 미하엘 제만 Michael Seemann은 '질의 현실query reality'이라는 말로 이 현상을 설명했다. 검색어나 질의어를 검색해야 특정 정보에 대해 알 수 있게됐다는 의미다. 예를 들어 축구 경기에서 주심이 오심으로 상대팀에게 페널티킥 기회를 허용했을 때 수만 건의 비방이 쏟아진다. 하지만 일부러 찾아보지 않는 이상 그 정보를 아는 사람은 많지 않다. SNS 플랫폼에 올라온 글들도 유저가 특정 키워드를 검색해야 비로소 읽을 수 있는 구조로 되어 있다. 참고로 간혹 클릭수가 엄청나게 높아서 굳이 검색하지 않아도 바로 표시되는 경우도 있다.

소셜미디어에서는 언제든지 거대한 분노의 파도가 일 수 있지만, 관심이 없으면 그에 대해 알 수 없다. 키워드를 클릭하거나 내가 어쩌다 팔로잉하게 된 이들이 분노의 주체인 경우에만 해당 정보를 확인할 수 있는 것이다. 같은 소셜미디어 플랫폼에 동시 접속한 친한 친구나 지인이라고 해도, 동일한 글에 악성 댓글을 달고 있으면서도 그 사실을 서로 모를 수 있다.

　집단 분노의 표출이 무조건 부정적인 것은 아니다. 대규모 의사소통 방식은 다양한 의견을 모을 수 있다는 장점이 있다. 따라서 '똥 폭풍'이라는 표현이 완전히 적절하다고 할 수는 없다. 불합리성, 저질스러움, 부적절함 같은 부정적 의미가 포함된 가치 편향적 표현이기 때문이다. 그럼에도 불구하고 해당 표현을 쓰는 이유는 집단적 악플이나 분노의 표출을 이보다 더 적확하게 묘사하는 표현이 없으며, 여타 오해의 소지를 남기지 않기 위해서다. 똥 폭풍은 같은 의견을 지닌 이들이 본인들이 보기에 그릇된 일들을 바로잡고자 시정 조치를 요구하는 행위가 될 수도 있다. 때로는 집단 분노가 새로운 형태의 도덕적 표준을 마련하기도 한다. 소셜미디어 소비자들은 그 안에서 어떤 사안에 대해 어떻게 반응할지를 토론하며 여론을 형성하고, 인내의 한계를 확인하며, 어느 시점부터 세상을 향해 고함쳐야 할지를 결정한다. 문제는 정당한 시정 요구와 집단적 마녀사냥 사이의 경계가 뚜렷하지 않다는 것, 나아가 숲 안에 들어가 있으면 숲 밖에 있는 사람과 완전히 다른 감정 상태에 빠질 수 있다는 점이다.

　서로 다른 가치관을 지닌 집단 사이에 마찰이 일 때도 많다. 소셜미디어 속 분노는 전염과 확산이 빠르다. 특정 의견에 동조하며 함께 분노하는 무리가 있는가 하면, 대체 왜 이렇게 많은 이들이 화를 내느냐며 반박하거나 분노의 대상을 옹호하는 이들도 있다. 혹은 두 번째 집단에 반대하면서도 첫 번째 집단과는 다른 의견을 내는 이들도 있다. SNS에 올라오는 의견은 대개 간단명료하다. 트위터는 심지어 글자 수가 제한되어 있다. 그 때문에 단지 어떤 정보를 알리려던 것뿐인데 특정 요구를 한 것으로 오해받을 소지가 많다. 예를 들어 "고통받는 동물들이 너무 불쌍해서 비건이 되기로 결심함"이라고 내가 쓴 글을 본 누군가는 "그러니까 당신도 어서 비건이 되어야 한다"로 읽을 수 있는 것이다. 고의로 정보를 전달하는 어투를 사용해 누군가에게 무언가를 요구할 수도 있다. 이때 문제는 더 복잡해진다. 소셜미디어는 감정 기반 미디어다. 감정을 자극하고, 강화하고, 개인의 의견을 집단의 의견으로 확대하는 특성이 있다. 의도하지 않아도 찬성이냐, 반대냐 식의 이분법적, 일차원적 질문으로 귀결될 공산이 크다.

토론이 격앙될수록 많은 사람이 압박을 느낀다. 서둘러 자신의 입장을 결정해야만 할 것 같고, 자신의 색깔을 분명하게 밝혀야 할 것 같다고 생각하게 된다. 집단 악플러는 이를 이용해 실제 공격 대상 혹은 가상의 공격 대상을 두고 토론 아닌 토론을 벌이면서 편을 가른다. 이런 식의 '걸러내기'에 반대하는 유저가 많은데도 불구하고 자가 발전력을 지닌 집단 악플러의 힘은 실로 엄청나다. 그 힘을 에너지로 전환할 수만 있다면 지구상에서 에너지 부족 문제는 완전히 사라질 것이다. 아직 사회는 어디까지 허용하고, 어디부터 금지할지 정하지 않았다. 그날이 오기 전까지는 집단 악플러에 대해 홀로 맞설 수밖에 없으나, 이는 계란으로 바위 치기와 같다. 온라인에서 격렬한 토론이 벌어질 때 어떤 댓글이 달리는지 한번 살펴보라. 개중에는 문제의 소지가 매우 많거나 도저히 참을 수 없을 정도로 비열하고 악랄한 댓글도 포함되어 있을 것이다. 정치적으로나 사회적으로 그다지 중요하지 않은 질문 하나만 올려도 온갖 극단적인 평가를 들이대는 '댓글러'가 무수히 많다. 소셜미디어에서 대규모 악성 댓글 공격을 서슴지 않는 이들은 인간이라면 마땅히 지켜야 할 도리나 넘지 말아야 할 선 따위를 중시하지 않는다. 이성은 제쳐두고 날뛰는 것이 악성 댓글 부대의 트레이드마크다. 이렇게 해야 반론의 싹을 자를 수 있기 때문이다. 나의 의견에 논리적으로 반박하는 이들이 있다고 치자. 그들이 아무 말도 할 수 없게 만드는 가장 효과적인 방법은 나도 그 사람 편인 척하다가 갑자기 터무니없고 엉뚱하고 극단적인 방식으로 미쳐 날뛰는 것이다. 이처럼 소셜미디어에서 형성되는 여론은 아직 미성숙한 상태다.

보통 논쟁은 2시간에서 48시간 사이로 지속하다가 시들해진다. 하지만 그 여파가 또 다른 결과를 낳고, 그 결과가 지속될 때도 적지 않다. 공격의 표적이 된 사람은 정신적으로 상당한 피해를 보게 된다. 그런데 온라인 격론이 의외로 긍정적 효과를 낳을 때도 있다. 분노한 대중의 비판 어린 목소리를 들은 당국에 지금껏 해온 일 처리 방식이 옳았는지 되돌아보는 계기를 만들어줄 수도 있다. 실제로 이러한 사례가 적지 않았다.

2019년 3월 미국 텍사스 주에서 긍정적 효과의 대표 사례가 발생했다. 술에 취한 어느 백인 바텐더가 젊은 흑인 여성을 향해 총을 겨눴다. 본인이 보기에 주차를 제대로 하지 않았다는 이유였다. 다행히 총을 쏘지는 않았지만, 바텐더는 그 여성에게 인종차별적 폭언을 퍼붓고 처참할 정도로 두들겨 팼다. 누군가가 그 광경을 고스란히 카메라에 담았다. 거구인 남성이 왜소한 여성의 얼굴을 수차례 내려치는 동영상이었다. 검찰은 해당 남성을 단 세 가지 죄목으로만 기소했고, 남성은 이내 자유의 몸이 됐다. 그러나 해당 동영상이 소셜미디어에 퍼지면서 수많은 사람이 공분을 일으켰고, 트위터를 통해 조직된 시위대가 폭력범을 구속하라고 외치며 거리를 누볐다. 바텐더는 심각한 혐오 및 폭력 범죄로 재고소당했고, 다시 철창신세를 지게 됐다. 물론 아주 흔한 사례는 아니다. 온라인에서 분노한 집단이 이렇게 명명백백한 증거물을 확보하는 경우는 거의 없다. 몇 초짜리 짧은 클립이나 스냅사진은 아쉽지만 사건의 실상을 충분히 알리지 못한다. 소셜미디어에 표시된 자료 출처가 실제로 정확한지 구분하지 못할 때도 많다. 게다가 '키보드 워리어'들은 구체적 팩트나 거시적 맥락을 그다지 중요하게 생각하지 않기 때문에 문제는 더더욱 심각해진다. 악성 댓글 부대가 진짜 위험한 이유는 대다수 사람이 가짜 뉴스와 음모론에 쉽게 속아 넘어가기 때문이다.

가짜 뉴스, 음모론,
폭력

2012년 12월 코네티컷 주의 샌디 훅 초등학교Sandy Hook Elementary School에서 총기 난사 사건이 벌어졌다. 사망자만 26명이었고, 그 중 6~7세 학생이 20명이었다. 희생당한 학생들의 부모가 겪었을 고통은 당사자가 아닌 이상 온전히 느낄 수 없을 것이다. 그런데 그 일이 있고 얼마 지나지 않아 많은 이들이 테러범을 옹호하기 시작했다.

수년에 걸친 이 마녀사냥은 2013년 1월부터 시작됐다. 사냥 대상은 희생당한 아이들의 부모였다. 미국 극우들 사이에서는 초등학생을 향한 대규모 테러가 일어나지도 않았다는 유언비어가 퍼졌다. 극우파들은 숨은 권력 집단이 총기 규제를 강화하기 위해 이 대량 학살 사건을 날조했다고 주장했다(그 외에도 많은 사건, 사실상 모든 테러 사건이 연출된 시나리오라 주장했다). 총기 소지를 금지해야 하는 이유를 전혀 이해하지 못하고, 총기 규제 강화를 둘러싼 논쟁이 거센 것도 총기를 소지하지 않았을 때 발생할 엄청난 피해를 고려하지 않은 때문이라 굳게 믿고 있는 극우파 입장에서는 그야말로 대형 스캔들이었다. 음모론자는 본인이 써 내려간 시나리오에 일말의 의심도 품지 않는다. 이번 사건에서도 음모론자들은 생존자와 유가족들을 '위기 상황극에 출연한 연기자들'이라고 불렀다. 정부 당국으로부터 출연료를 받은 뒤 여론몰이를 위해 어용 언론사들과 인터뷰했다고 비난한 것이다. 그게 전부가 아니었다. 음모론자들은 폭력을 동원하면서까지 유가족들을 무자비하게 조롱하고, 비웃고, 협박했다. 아무리 진실을 말해도 꿈쩍하지 않았다.

2019년 3월 말 샌디 훅 사건으로 딸을 잃은 뒤 법규 강화를 위해 투쟁한 아버지 제레미 리치먼Jeremy Richman이 스스로 생을 마감했다. 학교 총기 난사 사건으로 자녀를 잃은 부모 중 극단적인 선택을 한 사람은 리치먼뿐만이 아니었다.

이와 비슷한 사건이 최근 플로리다 주에서도 일어났다. 2018년 2월 플로리다 주 파크랜드의 마조리 스톤먼 더글러스 고등학교Marjory Stoneman Douglas High School에서 벌어진 총기 사건으로 17명이 사망했다. 더 가슴 아픈 사실은 이때 살아남은 10대 2명마저 사건 발생 며칠 후 스스로 목숨을 끊은 것이다. 그 배경에도 가짜 뉴스와 음모론으로 무장한 극단주의자들의 마녀사냥이 큰 역할을 했다고 알려졌다.

가짜 뉴스와 음모론은 사람을 죽음에 이르게 하는 힘이 있다.

모든 사회적 논쟁에 있어 이 사실부터 직시해야 한다. 아직 사회는 이 지점을 제대로 인식하지 못하고 있고, 그에 대한 담론도 불충분하다. 가짜 뉴스라는 개념조차 통일되지 않았고, 개념에 대한 정의도 규명되지 않았다. 가짜 뉴스는 오래전부터 존재해왔다. 각종 선전과 선동, 거짓말, 의도적 오보, 단순 오보, 여론을 호도하는 사설과 평론, 낡은 정보들, 반박할 만한 증거가 발견됐으나 후속 조치를 취하지 않은 각종 예측과 추측들, 검증할 수 없는 소문들, 근거 없는 위기론, 너무 멀리 가버린 해석들, 주관적으로 여기저기 가위질한 짧은 정보 등 넓은 의미에서 그 모든 것이 가짜 뉴스에 속한다. 게다가 권위주의에 사로잡힌 당국은 가짜 뉴스를 규제 수단으로 활용한다. 그것을 빌미로 언론의 자유를 탄압하는 것이다. 그때는 옳았지만 지금은 옳지 않은, 시간이 흐르면서 어쩔 수 없이 가짜 뉴스가 되어버린 경우도 있다.

이에 반해 특정 가짜 뉴스들은 소셜미디어 덕분에 새로 날개를 달았다. 쓸 만한 정보가 담긴 가짜 뉴스도 더러 있다. 하지만 문제는 가짜 뉴스가 노리는 목적이다. 소셜미디어에서 가짜 뉴스들은 주로 세간의 이목을 끌기 위한 무기로 활용된다. 가짜 뉴스 유포자들은 페이스북이나 유튜브, 트위터 같은 대형 플랫폼들을 능수능란하게 활용하며 보는 이들의 감정을 부추기는 짧은 글들을 양산한다. 얼마나 사실에 근거한 것인지, 혹은 적어도 논리적으로 납득이 가는 주장인지 따위는 중요치 않다. 가짜 뉴스가 겨냥하는 목표는 단 두 가지다. 첫째, 최대한 널리 퍼져야 한다. 둘째, 특정 행위를 유발해야 한다. 여기에서 말하는 '특정 행위'에 '좋아요'나 '공유하기'를 클릭하는 행위도 포함된다. 소셜미디어 속 가짜 뉴스는 클릭 수를 높이고, 특정 행동을 끌어내기 위한 도구인 셈이다.

가짜 뉴스와 음모론 사이에도 밀접한 상관관계가 존재한다. 가짜 뉴스 유포자들은 거짓 정보나 일부러 곡해한 정보들을 모아 일종의 사이비 이데올로기를 형성한다. 음모론이 형성되는 과정도 이와 비슷하다. 특정 사건에 관해 사실과 부합하지 않는 여론이나 소위 전문가들의 의견을 모아 대중을 현혹하고자 의도적으로 연출한다. 개중에는 은밀하게 모임을 만들어 조직적으로 음모론을 유포하는 이들도 있다. 말하자면 음모론은 자신의 사상을 검증하는 일종의 거름망이다. 음모론이 한 번 제기되면 그 이론의 정당성을 입증하는 콘텐츠나 링크들이 '증거'라는 이름을 달고 온라인에 올라온다. '방금 올라온 이 뉴스만 봐도 우리가 옳다는 걸 알겠지?'라는 식이다. 음모론에 반대되는 의견은 빠르게 반박하고, 중립적 정보는 비틀고 꼬아서 결국 음모론을 뒷받침하는 증거로 만들어버린다. 심지어 표적이 된 인물이 침묵하는 것조차도 음모론을 입증하는 증거라 주장한다. 아무런 반론도 펼치지 못하는 것을 보면 분명 큰 잘못을 저질렀음이 틀림없다는 식으로 말이다.

소셜미디어와 음모론은 그야말로 환상의 파트너다. 오랜 세월 찾지 못했던 천생연분이 이제야 맺어진 것이다. 이제 누구나 소셜미디어에 어떤 의견이든 펼칠 수 있는 시대가 왔다. 대놓고 불법을 저지르지만 않으면 된다. 음모론의 내용은 대개 세상을 뒤흔들 만큼 놀라운 대사건들로 보는 이들의 감정까지 자극한다. 긴 세월을 속고 살았다는 생각에 너무나도 당연히 분통을 터뜨리게 된다. 음모론이 제시하는 콘텐츠들이 많은 사람의 공감과 동의 혹은 의혹을 끌어내는 것이 바로 이 때문이다.

요즘은 IT 분야 전문가가 아니어도, 큰돈을 들이지 않아도 웬만한 홈페이지 못지않은 웹사이트를 만들어낼 수 있다. 그런 다음 해당 웹사이트를 만인에게 공개한다. 누구나 글을 올릴 수도 있다. 예컨대 달이 치즈로 되어 있다는 식의 이론도 올라올 수 있다. 이 웹사이트를 페이스북과 연동하면 해당 사이트가 허술하게 급조됐다는 사실을 알아챌 이는 많지 않을 것이다.

소셜미디어에는 팩트에 기반한 뉴스도 올라오고, 주작 글이나 각종 음모론이 올라오기도 한다. 만약 실제로 누군가가 달이 치즈로 되어 있다는 음모론을 제시한다면 이윽고 해당 음모론을 뒷받침하는 각종 최신 뉴스들이 올라올 것이다. 가만히 생각해보면 달이나 치즈와는 전혀 무관한 정보인데도 음모론에 이미 빠져든 독자들은 그 정보가 곧 명백한 증거라 믿어버리게 된다. 달이 치즈로 되어 있을 리가 없다는 증거들은 반대론자들의 음험한 물타기로 치부해버린다.

음모론은 감정이 개입된 이데올로기나 사이비 종교와도 매우 유사해서 반박하기가 쉽지 않다. 음모론이 지어 올리는 생각

의 건물은 네덜란드의 그래픽 아티스트 모우리츠 코르넬리스 에
셔M. C. Escher의 입구는 있지만 출구는 없는 건물 작품을 연상시킨
다. 음모론자들은 사실을 거부하고, 사진과 영상을 조작하며, 학
술 연구 결과들을 제 마음대로 가위질하고, 자신들의 이론을 널
리 유포하기 위해 기존 매체들도 활용하며 일종의 위장술을 펼
친다.

2019년 3월 뉴질랜드 크라이스트처치에서 51명을 살해한 극
우파 테러범은 성명서에서 '대교체'라는 이름의 음모론을 언급
한 바 있다. 당국이 국민을 통제하기 위해 유럽 백인을 유색인종
으로 대체하고 있다는 이론이었다. 해당 이론은 음모론과 파시
즘, 극우 댓글 부대들이 인터넷에서 자기들끼리 주고받는 각종
신조어가 결합하면서 탄생했다. 테러범은 헬멧에 카메라를 장착
한 채 페이스북을 통해 테러 과정을 생중계했다. 그는 이전에 자
신의 범행 계획을 우파 댓글 부대들이 모이는 커뮤니티에 올렸
다. 해당 커뮤니티는 게이머게이트 운동에 뿌리를 둔 곳이었다.
현장에서 촬영한 동영상이나 일부를 편집한 클립들이 범행이 벌
어진 지 몇 시간 만에 페이스북과 유튜브에 올라왔고, 그중 수백
만 건이 삭제됐다.

유튜브와 지구 평면설

음모론자들은 10년째 유튜브를 가장 중대한 플랫폼으로 인식하
고 있다. 아동, 청소년, 청년들은 동영상 공유 서비스인 유튜브에

서 동영상만 감상할 뿐 아니라 음악도 듣고, 떠오르는 모든 주제에 관해 의견도 나누고, 그곳에서 친구를 만나 의기투합하기도 한다. 소셜미디어를 깊이 연구한 기술사회학자 제이넵 투펙치 Zeynep Tufekci는 2018년 3월 유튜브를 "극단주의를 조장하는 최대의 창구"로 지목했다. 실제로 신나치 모임에서 탈퇴한 미국인과 영국인들은 극단주의에 빠지는 데 유튜브가 결정적 역할을 했다고 털어놨다.

테러단체인 이슬람국가 역시 신규 회원을 모집하기 위해 그들만의 고유한 소셜미디어 전략을 개발했다. 해당 전략을 유포하는 장소는 주로 유튜브와 각종 메신저 프로그램이다. 2018년까지 80여 개국에서 4만 명이 넘는 사람이 이슬람국가에 가입하기 위해 시리아로 몰려들었다. 그중 유튜브로 인해 극단주의에 빠지게 된 이들의 비중이 얼마인지는 구체적으로 알려지지 않았다. 하지만 유튜브의 모태라 할 수 있는 구글은 이슬람국가를 선전하는 수천 개의 동영상을 틈날 때마다 삭제해야 했고, 2015년에는 급기야 극단주의를 선동하는 동영상들을 걸러내는 특수 프로그램까지 개발했다. 그의 연구에 따르면 이슬람국가의 선전용 동영상을 최초로 접한 시점부터 가입을 결정하기까지 대개 몇 주가 채 걸리지 않는다고 한다.

2018년 11월 미국 덴버Denver에서 특별한 회의가 개최됐다. 지구가 평평하다고 믿는 지구 평면설 신봉자들이 참가한 학회였다. 참가자들은 정부와 학계, 재계, 언론, 미항공우주국NASA 등이 지구가 평면이라는 사실을 감추기 위해 온갖 수작을 벌이고 있다는 음모론에 빠져 있었다. 회의에 참가한 어느 강연자는 자신이 유튜브 동영상을 통해 지구 평면설을 믿게 됐으며 영상을 통해 비로소 눈을 뜨게 됐다고 고백했다. 자신이 직접 검색어를 두드려서 그 영상을 찾은 것이 아니라 어느 날 갑자기 자동으로 재생됐다고 한다. 이 일화 뒤에는 유튜브를 이용해서 극단주의를 어떻게 조장하는지에 관한 메커니즘이 숨어 있다. 이를 이해하려면 약간의 기술적 지식이 필요하다.

2015년 유튜브는 자동 재생 기능을 기본 메뉴에 포함시켰다. 내가 선택한 동영상이 끝나는 순간, 추천 영상 목록이 화면 아래로 펼쳐지는 것이다. 영상 추천 기능 뒤에는 스스로 학습하는 알고리즘이 숨어 있다. 유튜브에서 추천 프로그램 개발을 담당하다가 해고된 기욤 샤슬로Guillaume Chaslot는 그 숨은 원리를 폭로한 바 있다. 샤슬로에 따르면 가장 중대한 목표는 이용자의 참여를 적극적으로 유도하는 것과 이용자가 유튜브에 머무르는 시간을 연장하는 것이다. 수많은 소셜미디어 광고주에게 이용자의 참여와 시간은 곧 돈이다. 플랫폼의 종류에 따라 차이는 있겠지만 결국 조회수, '좋아요' 수, 댓글 수, 공유 횟수 등이 게시물과 광고의 성공 여부를 판가름하는 잣대가 되는 것이다. 유튜브 채널에서 이름을 널리 알린 유튜버들에게 이용자는 현금인출기나 다름없다.

그런데 이 현금인출기에 문제가 생겼다. 음모론자들이 유튜브

속 디지털 알고리즘을 활용해 백지상태의 이용자를 자기편으로
끌어들이고 있는 것이다. 음모론을 선동하는 동영상을 한 번 본
이들은 대개 지금까지 도저히 이해할 수 없던 세상, 복잡한 세상
의 비밀을 알게 됐다고 말한다. 며칠이고 새로운 관련 동영상들
을 뚫어져라 시청하면서 '좋아요'를 누르고, 해당 링크를 친구나
지인들에게 보내며, 화면 아래 댓글 코너에서 뜻을 같이하는 이
들과 '눈을 뜬 순간'에 대한 경험을 교환한다. 이제 막 음모론에
빠져든 신입 입장에서는 유튜브야말로 뜻이 통하는 동지를 만날
최적의 장인 것이다.

　머신러닝 기술이 적용된 유튜브의 동영상 추천 알고리즘이 목
표대로 잘 진행될 경우 이용자들은 유튜브에 머무르며 관련 동
영상을 계속 시청하고, 그에 대해 의견을 서로 교환한다. 이때 감
정을 자극할수록 성공률은 높아진다. 혐오와 분노, 음모론도 감
정의 일환이다. 유튜버들은 이를 통해 돈을 번다.

　미국의 음모론자 중 가장 악질이면서 유명한 이는 알렉스 존
스Alex Jones일 것이다. 과격 극우주의자인 존스는 샌디 훅 초등학
교 총기 난사 사건을 둘러싼 음모론 유포에 혁혁한 공을 세웠다.
사건이 벌어진 지 얼마 되지 않은 2013년 1월 존스는 음모론을
제기하는 첫 동영상을 올렸고, 그 이후에도 수많은 동영상을 업
로드했다. 제레미 리치먼을 비롯해 하루아침에 자녀를 잃은 부모
와 유가족들은 존스가 올린 동영상들로 인해 가슴 치며 눈물을
흘려야 했다. 유튜브는 2018년 8월이 되어서야 존스의 유튜브

계정을 차단했다. 그가 이미 광고 수입으로 수백만 달러를 벌어들인 뒤였다.

악플 부대와 언론 보도

가짜 뉴스와 음모론은 왓츠앱을 포함한 각종 채팅 앱을 통해 더 큰 힘을 얻고 있다. 채팅 앱들은 페이스북이나 인스타그램보다 차단된 구조라서 해당 프로그램 내 단체 채팅방에서 어떤 내용이 오가는지 알 수 없다. 일대일 채팅방이나 단체 채팅방은 회사 복도나 구내식당에서 만난 동료들끼리 잠시 수다를 떠는 것과 비슷하다고 볼 수 있다. 그만큼 사적인 공간이지만 그와 동시에 새로운 형태의 공격성을 지닌 공간이기도 하다. 현재 수많은 스포츠클럽 회원, 같은 반 친구들, 옛 동료들 등 많은 집단이 단체 채팅방에서 사담을 나눈다. 페이스북의 메신저 앱인 왓츠앱만 해도 현재 이용자 수가 15억 명에 가깝다고 한다. 문제는 왓츠앱이라는 디지털 공간이 링크 공유를 통해 엉뚱한 홈페이지로의 접속을 유도하는 통로로 활용되고 있다는 것이다. 이 영역은 겉으로 잘 드러나지 않기 때문에 문제가 더더욱 심각하다.

인도에서는 폐쇄형 SNS 플랫폼으로 인해 이미 수십 명이 사망했다. 시골 지역에서 왓츠앱으로 가짜 뉴스를 전송받은 이들이 오프라인에서 집결한 뒤 특정인에게 폭력을 가하고 집단 마녀사냥을 한 것이다. 2018년에도 분노로 뭉친 집단이 희생자를 죽을 때까지 때려 30명 이상이 사망했다. 한 번은 3,000명 이상이 모여 수십 명이 넘는 이주노동자를 때려죽인 적도 있다. 그 자리에 모인 이들은 왓츠앱을 통해 아동 방치 사태를 근절하자는 짧은 광고를 시청한 이들이었다. 파키스탄어로 된 조잡한 광고였지만 이주노동자들이 유괴까지 자행하고 있다는 그 광고를 사람들은 믿었다. 2019년 초 왓츠앱은 동영상 대량 전송을 포함한 몇몇 기능을 인도에서는 금지하는 조치를 발표했다. 과연 이런 일들이 가난한 나라나 배우지 못한 사람 사이에서만 일어날까? 이에 대한 반증으로 2018년 독일을 대상으로 한 조사에서 인종차별 조장 포스팅(주로 가짜 뉴스들)과 난민촌 습격 사건들 사이에 연관성이 있다는 연구 결과가 나왔다. 2019년 초 프랑스 파리 경찰청은 실질적인 근거 없이 집시를 공격하기 위해 모여든 군중을 수차례 해산시켜야 했다.

심각한 문제들이 이렇듯 빈번하게 일어나는 SNS 자체에는 아무 책임이 없는 걸까? 2018년 초 UN은 미얀마에 조사팀을 파견했다고 발표했다. 미얀마 내 이슬람계 소수민족인 로힝야족 Rohingya에 대한 공격을 선동하는 글이 페이스북을 통해 대량 올라오고 있다는 보고서를 검토한 뒤 진상조사단을 파견한 것이었다. 2018년 9월에는 이에 관해 법적 책임을 분명히 묻는 보고서가 공개됐다. 해당 보고서에는 미얀마군을 내란과 반인도주의적 범죄 그리고 대량 학살이라는 세 가지 죄목으로 국제사법재판소ICJ에 세워야 한다는 권고가 포함되어 있었다. UN 고위 관계자도 미얀마군이 보인 행태가 "인종청소 분야의 교과서"라며 비판했다. 미얀마에서 자행되고 있는 대량 학살에서도 페이스북이 매우 주효한 수단으로 작용한 것이다.

UN 진상조사단은 2013년 미얀마군이 로힝야족을 추방하기로 한 사실을 밝혀냈다. 미얀마에서 페이스북이 널리 퍼지기 시작한 것도 그 무렵이었다. 우리에게 소셜미디어는 휴대전화 이전에 노트북과 PC를 통해 먼저 퍼져나가기 시작했다. 하지만 동남아의 폐쇄된 나라 미얀마는 그 과정을 생략하고 바로 휴대전화로 넘어갔다. 2015년경부터 휴대전화를 소지하게 된 미얀마인 사이에서 페이스북은 생활필수품이 됐다. 미얀마 주재 BBC 특파원은 "수많은 미얀마인에게 페이스북이 곧 인터넷"이라고 보도했다. 미얀마군은 페이스북 선동 부대를 조직했다. 2018년 말경에는 해당 부대의 인원이 700명에 달했다. 모두 정부 당국이 조작한 뉴스들을 선동 목적으로 유포하는 이들이었다. 미얀마는 1962년 군부가 정권을 장악한 국가다. 2011년 국제사회의 압박 때문에 민간 정부로 교체되기는 했지만, 지금도 군부가 엄청난 영향력을 행사하고 있다.

미얀마 군부는 여론 몰이를 하기 위해 전혀 다른 맥락에서 벌어진 사건을 서슴없이 활용했고, 일부러 더 극적으로 조작한 사진이나 있지도 않은 사건에 관한 유언비어도 퍼뜨렸다. 불교 국가인 미얀마에서 로힝야족 남성 하나가 불교 신도인 여성을 강간 후 살해했다는 뉴스가 급속도로 확산됐다. 로힝야족이 불교도에 대해 신성모독적 발언과 행위를 하고 있고, 유괴나 시신 훼손을 일삼고 있다는 등 국민감정을 자극할 만한 모든 수단을 동원했다. 미얀마에서 인터넷에 접속할 수 있는 사람은 전체 인구의 3분의 1 정도밖에 되지 않는다. 따라서 이 모든 흉흉한 유언비어들은 입소문을 통해 퍼져나갔다. 목표는 대중의 분노를 부추겨서 로힝야족에 대한 탄압과 대규모 학살, 추방 행위가 정당하다는 쪽으로 여론을 몰아가려는 것이었다.

UN 조사관은 미얀마군이 "대량 학살하려는 의도"로 페이스북을 활용하고 있다고 판단했다. 미얀마군의 의도는 성공했다. 국민이 댓글 부대가 유포하는 글들을 곧이곧대로 믿은 것이다. 오랫동안 독재 정권 치하에 있던 미얀마에는 국민이 여론을 형성하는 문화가 제대로 안착해 있지 않다. 특히 시골 지역 주민들에게 스마트폰 속 페이스북은 오락 프로그램이 주로 방영되는 TV를 제외하고는 최초로 접하는 미디어였다. 그만큼 그들은 페이스북에 자기 의견을 적극적으로 표명하는 데 익숙하지 않았다.

시민운동가들은 페이스북 측에 끊임없이 경고했다. 가짜 뉴스가 어떻게 유포되고 있고, 그 결과가 얼마나 참담한지 들여다보라는 내용이었다. 하지만 페이스북은 미얀마 사태와 관련해 거의 아무런 조치도 취하지 않았다. 그들은 더 많은 광고주를 모집하는 것에만 관심을 보였다. 수년 동안 누적되면서 더더욱 첨예해진 혐오감을 페이스북은 외면과 냉담으로 일관했다. UN으로부터 경고를 받고도 한참 뒤에 이 사건과 페이스북의 연관성을 조사할 기관을 조직했다.

2018년 10월《뉴욕타임스》는 '미얀마 군부, 페이스북 포스팅
으로 대량 학살에 불을 붙이다'라는 제목의 기사를 내보냈다. 같
은 해 11월에는 페이스북 측 진상조사단이 결과보고서를 공개했
다. 주동자에 관한 정보와 UN 조사단의 보고서를 입증하는 증거
가 포함된 보고서였다. 페이스북은 그제야 공식 입장을 발표했
다. "우리가 더 큰 노력을 할 수 있고, 해야만 할 것이라는 사실
에 합의를 봤다"는 내용이었다. 이러한 입장 발표는 대개 법적
책임을 피하기 위해 현재형이나 미래형으로 되어 있다. 행여 과
거에 일어난 사건들을 언급했다가는 그것이 곧 자신들의 과오
나 책임을 시인하는 자백이 될 수 있고, 그로 인해 엄청난 배상
금을 물어야 할 수도 있기 때문이다. 위 성명과 더불어 페이스북
은 위험한 콘텐츠를 적발하거나 걸러내기 위해 외국어 전문 인
력도 충분히 확보했다고 발표했다. 수많은 학자와 활동가가
최초의 경고문과 보고서를 낸 2014년 3월부터 5년이 지난 뒤에
야 납득할 만한 조처를 한 것이다. 현재 페이스북은 아일랜드 더
블린에 TF팀을 구성 중이다. 해당 TF팀은 페이스북에 미얀마
어로 올라오는 수백만 건의 글 중 혐오 발언을 적발하는 임무를
전담한다. 사실 '팀'이라고 부를 수도 없다. 그 전담반의 직원은
단 한 명이기 때문이다.

그런 의미에서 페이스북은 거짓 뉴스에 선동된 이들이 저지
른 폭력과 탄압의 동조자라 할 수 있다. 2018년 페이스북은 광고
수입으로 550억 달러를 벌었다. 더 충격적인 사실은 페이스북이

창립 이래 지금까지 자사가 보유한 인력과 에너지, 자본을 오로지 완벽한 광고 플랫폼으로 발돋움하는 데만 투자했다는 것이다. 그 과정에서 잡음이 일 경우, 페이스북은 대외협력팀이나 홍보팀에 문제 해결을 일임해버렸다. 자신들의 잘못으로 벌어진 사태에 관심을 보이는 시늉만 한 것이다.

구조적으로 소셜미디어에 결함이 있다는 사실을 낱낱이 밝힌 사람은 여태껏 거의 없었다. 온라인에 플랫폼을 구축한 뒤 선동적이면서 파괴적인 콘텐츠는 무엇이고, 원래의 취지대로 일상을 소통하는 콘텐츠는 무엇인지 구분하려는 노력을 전혀 하지 않는 것은 분명 큰 문제다. 페이스북이 수년간 당국과 긴밀한 관계를 유지하면서 전 세계를 압박하고 있는 것도 석연찮은 일이다. 페이스북이라는 기업이 페이스북이라는 소셜미디어를 제대로 이해하지 못한 것이 어쩌면 가장 심각한 문제일지도 모른다. 그러나 사실 미얀마에서 발생한 탄압과 폭력, 학살로 인해 기록적 매출을 달성한 페이스북이 문제의 핵심이라고 지적하기에 인간이 저지른 행위야말로 비난받아 마땅했다.

소셜미디어는 인간의 세계관 형성에 생각보다 깊이 관여한다. 소셜미디어로 인해 사회와 사회 구성원들의 행동이 달라진다. 거시적, 정치적 영역에서나 미시적, 개인적 영역에서나 큰 변화가 일어나는 것이다. 지금까지 우리는 소셜미디어가 불러올 충격과 영향을 수박 겉핥기식으로만 이해해왔다. 독일 사회학자 니클라스 루만Niklas Luhmann은 "우리가 사회에 대해, 우리가 사는 세계에 대해 알고 있는 모든 것은 매스미디어를 통해 알게 된 것"이라고 말했다. 하지만 21세기형 소셜미디어는 "우리는 우리가 사는 세상에 대해 많은 것을 알고 있지는 않다"라고 말하고 있다.

2nd Shock
중국

세계의 미래를 바꿔 놓을
중국의 현재

중국 경제의
전환

―――――――

2018년 11월 중국판 인스타그램이라 할 수 있는 웨이보微博에 심상찮은 이력서 하나가 올라왔다. 무려 15쪽 분량의 그 문서에는 예컨대 본인이 "풍부하고 광범위하며 다채로운 경험을 보유하고 있다"는 내용과 함께 싫은 걸 싫다고 단호하게 거절하거나 힘든 상황에서 순발력 있게 대처하는 능력도 있다고 기재되어 있었다. "누가 나를 꾸짖거나 나무라도 기분이 바로 정상으로 돌아오고 다시 공부에 집중할 수 있다"고도 했다. 이력서 제목 아래에는 "실패도 두려워하지 않는다"고 적혀 있었다. 이미 가본 국가를 표시한 세계지도 이미지를 첨부했고, 중국어판이나 영어판으로 읽은 1만 권의 책 제목이 나열되어 있었다.

이력서의 주인공은 다섯 살 소년이다. 소년의 부모는 '타이거 부모tiger parents'다. 자녀 곁을 맴돌며 자녀의 생활에 과하게 간섭하는 '헬리콥터 부모'보다 조금 더 극성인 부모라 생각하면 된다. 중국 어린이에게 다채로운 이력서는 경쟁률이 높은 영재교육 유치원 입학을 둘러싼 전쟁에서 승리하기 위해 꼭 필요한 총알이다. '영재교육 유치원'이라는 말만으로도 끔찍하다는 이들도 있을 듯하다(적어도 나는 그런 느낌이 들었다). 다섯 살 아이가 이미 풍부한 경험을 보유하고 있다는 말에 나는 더욱더 어지러워졌다. 아이의 이력서는 일례에 지나지 않지만, 이 일화를 바탕으로 중국이라는 나라와 중국이 앞으로 가고자 하는 길, 야심과 뚜렷한 목표 의식, 나아가 집요한 발전 욕구를 어느 정도 예측해볼 수 있다. 물론 중국 전체가 그렇다는 뜻은 아니다. 중국 사회는 언론 보도를 통해 접하는 것보다 훨씬 더 다양하고 복잡하다. 우선 인구수부터 압도적이다. 남미와 미국, EU와 일본을 모두 합한 것보다 중국 인구가 더 많다. 중국 대도시에 거주하면서 상대적으로 엘리트 계급에 속하는 이들, 하지만 계급의 사다리에서 더 높은 곳으로 올라가고 싶어 하는 이들의 성공과 인정을 향한 욕구는 우리가 상상하는 것 이상이다.

21세기를 사는 중국인에게 계층이동의 꿈을 실현하느냐 마느냐는 유치원 시절에 결정된다. 좋은 유치원에 입학했다는 말은 좋은 초등학교에 진학할 수 있다는 것을 의미하고, 좋은 초등학교는 공부 잘 시키는 중등학교 진학을, 공부 잘 시키는 중등학교는 명문 대학 진학을, 명문 대학 졸업장은 그럴싸한 곳에 취업할 기회를, 그 기회는 다시 부와 명예, 권력을 거머쥘 기회를 뜻한다. 앞서 언급한 다섯 살 아이의 부모는 분명 확실한 길을 원했

을 것이다. 2015년 12월 31일까지 중국은 '한 자녀 정책'을 펼쳤
다. 행여나 둘째가 태어날 경우, 큰 손해를 감수해야 했다. 수십
년간 지속된 해당 정책은 중국 사회에 심각한 부작용을 초래했
다. 그중 하나는 수많은 부모가 어떤 대가를 지불하더라도 '둘도
없이 하나뿐인 자식'에게 미래를 위한 최상의 토대를 마련해주
겠다는 야심을 품은 것이다. 다섯 살 아이의 부모는 아들 이력서
에 약간의 '양념'을 친 듯하다. 다섯 살이 되기까지 책을 1만 권
읽으려면 책 한 권당 독서 시간을 평균 4시간 반으로 잡았을 때,
태어나자마자부터 책을 읽기 시작해야 한다. 그것도 잠들지 않고
휴식도 없이 말이다.

지금도 중국 대부분 가정에 자녀는 한 명밖에 없다. 그 아이
들은 자본주의와 성적 만능주의에 깊이 물든 채 성장할 수밖
에 없었을 것이다. "공부 열심히 해, 일 열심히 해, 그러면 부자
가 될 거야. 적어도 굶어 죽진 않을 거야"식의 교육을 받고 자랐
을 것이다. 실제로 놀라우리만치 많은 이들이 이러한 성과 만능
주의에 물들어 있다. 그 와중에 중국 경제는 사상 유례가 없을 정
도로 큰 성공을 거두고 있다. 전 세계 부유한 사람의 순위나 빈
곤에서 탈출한 국민의 비율 면에서도 그렇다. 2018년 《포브스》
의 발표에 따르면 중국 억만장자 수는 373명에 달한다. 억만장
자 명단에 585명이 이름을 올린 미국에 이어 2위를 기록한 것
이다. 게다가 수억 명이 극심한 빈곤에서 해방됐다. 20세기 중
반만 해도 중국은 기근 국가였다. 1981년 세계은행은 중국 국민

88.3%가 극빈층에 속한다고 발표했다. 같은 해 서구 언론은 중국인 2,600만 명이 아사 위기에 놓여 있다고 보도했다. 그 이후 2018년 중국의 극빈층 비율은 1%도 되지 않았다.

중국 경제는 돈을 벌고자 시골에서 도시로 이사 온 저임금 노동자들에게 의존하고 있다. 그들 모두가 빈곤에서 벗어난 것은 아니지만 중산층의 수가 가파르게 늘고 있는 것만은 분명하다. 그 중산층의 규모가 1억 명을 훨씬 넘는다. 한 자녀 정책이 알게 모르게 중국의 경제성장에 기여한 것도 부인할 수는 없다. 오랜 기간 참담한 빈곤에 시달리던 나라인 만큼 중국에서는 절약이 커다란 미덕이었다. 그런데 현재 40세 이하 수많은 무남독녀 외동딸, 외동아들들은 집단적 소비 열풍에 휩싸여 있다. 그 대규모 소비는 내수 진작으로 이어진다. 내수만으로도 중국 경제는 충분한 성장잠재력을 지닌다. 그만큼 중국은 광활한 대륙이다. 그 광활한 영토와 넘치는 인구수, 목표 의식이 뚜렷한 성장 전략, 끈기, 근면성 덕분에 중국은 이제 세계경제를 이끄는 성장 동력으로 발돋움했다. 물론 아직은 미국 경제가 더 위력이 있지만, 어디까지나 '아직'이다.

미래 디지털 세계의 중심

중국의 강한 경제력과 눈부신 성장 속도는 수십 년 전부터 세계가 인지하고 있었다. 자동차, 대형 공작기계, 스마트폰 등 다양한 분야에서 중국은 세계 최대 혹은 제2의 시장이 됐다. 다국적 기업은 점점 더 중국인들의 수요에 발맞추고 있다. 중국인의 취향과 일치하지 않는 자동차는 아예 생산조차 되지 않는다. 애플 아이폰을 비롯한 스마트폰 시장 전체도 마찬가지다. 중국은 시장 규모만으로 글로벌화된 세계경제를 압도한다. 이제 '중국에서 통해야 결국 성공할 수 있다'가 불문율이 됐으며 문화산업도 예외가 아니다. 할리우드는 중국 관객들이 외면할 영화에 결코 거액을 투자하지 않는다.

이 시점에 서구 사회가 잘 모르는 것이 하나 있다. 바로 중국이 얼마나 빠른 속도로 디지털화되고 있는지다. 2019년 중국의 스마트폰 보유자 수는 EU와 미국의 보유자 증가율을 합친 것만큼 크게 늘었다. 더 인상적인 것은 모바일 인터넷이 중국 사회를 매우 짧은 기간 안에 바꿔놓았다는 것이다. 2011년 중국에서는 '왓츠앱'의 복제판이라고 할 수 있는 위챗微信이 등장했다. 이제 중국인들은 위챗을 이용해 택시를 부르고, 관공서 업무를 디지털로 해결하며, 부동산까지 구입한다. 위챗으로 해결하지 못할 일이 거의 없다고 해도 과언이 아니다. 스마트폰이 지갑을 완전히 대체하면서 최근 지갑을 가지고 다니지 않는 중국인들이 매우 많아졌다. 2019년 초 위챗에 한 달 평균 10억 명이 접속했다. 전 세계 인스타그램 이용자에 맞먹는 수치다.

중국의 디지털 혁명 강도와 폭이 서구 세계보다 빠르게 성장하고 있다는 사실은 위챗이라는 플랫폼이 지닌 특별한 기능 하나만으로도 충분히 알 수 있다. 그것은 온라인 송금 기능이다.

2014년부터 중국은 그들만의 독특한 전통 중 하나인 '빨간 봉투 red envelope' 전통을 위챗을 통해 디지털로도 실현할 수 있게 됐다. 행운을 비는 용돈이라 할 수 있는 빨간 봉투에 각각의 액수가 적힌 아이콘을 추가해서 가족이나 친구, 지인 등에게 보낼 수 있게 된 것이다. 디지털 머니라 할 수 있는 페이팔Paypal의 2018년 총 송금 거래 횟수는 100억 건이었다. 위챗의 빨간 봉투 거래 횟수는 2019년 초 설 연휴 기간에만 1,000억 건이었다. 2014년 온라인 송금 서비스를 시행한 이후 단 몇 년 사이에 중국에서는 스마트폰이나 스마트워치를 통한 결제가 사회 전체를 지배하는 트렌드가 됐다. 시내 중심가가 아닌 외딴 지역에서 어쩌면 무허가 영업을 하는 중일지도 모를 이동식 푸드트럭에서도 현금보다는 스마트폰 결제가 더 자주 이뤄진다. 거리의 악사들조차 악기 케이스를 거리에 놓아두는 대신 위챗이나 알리페이Alipay 계좌로 돈을 받는다. 참고로 위챗과 알리페이는 중국인이 가장 애용하는 결제 수단이다.

　중국의 디지털 결제 액수는 2017년 중반에 이미 현금 결제액을 앞질렀다. 디지털 결제액을 미국과 비교해보면 이 수치는 더더욱 흥미로워진다. 2018년 미국 내 스마트폰을 이용한 결제액 총액은 2,000억 달러를 밑돌았다. 같은 해 중국의 모바일 결제 총액은 20조 달러였다. 이는 미국의 100배가 넘은 액수이자 인구수로 나누어도 25배에 달하는 수치다. 유럽은 다양한 결제 수단과 방식이 난립해서 통계를 내기 어려운 편이지만, 어느 전

문 컨설팅 회사의 분석에 따르면 2018년 유럽 대륙 전체의 전자
결제 총액이 2억 달러에 못 미친다고 한다. 중국의 10만 분의 1
수준이다. 이를 시간으로 따지면 중국인들이 스마트폰으로 5분
동안 결제하는 금액이 유럽인들이 1년 동안 결제하는 액수에 맞
먹는다는 얘기다.

　중국과 기타 서구 세계와의 차이가 점점 더 극단적으로 벌어
지고 있는 원인은 중국이 외부 네트워크와의 접속을 차단하고
있다는 점에서 찾을 수도 있지만 '언어 장벽' 때문이기도 하다.
중국은 지역별 사투리가 매우 강하다. '사용 빈도 10대 중국어 사
투리'가 정리되어 있을 정도다. 하지만 이들은 모두 같은 문자를
이용한다. 그에 반해 유럽인 중에는 영어를 못하는 이들도 있다.
20세기는 문화적으로나 경제적으로나 미국의 시대였다. 그 흐름
에 따라 유럽인들이 대서양 너머에 있는 나라 미국에 집중하는
사이, 미국이 아닌 다른 대륙에서 새로운 힘이 역동적으로 꿈틀
대고 있었다.

　서구 세계의 거상은 아마존으로 굳어지는 추세다. 아마존은
공격적이고 효율적인 마케팅으로 세계 시장을 휩쓸었다. 중국
에는 알리바바Alibaba라는 중국판 아마존이 따로 있다. 회원 수가
5억 명이 넘는 인터넷 쇼핑계의 큰손이다. 2017년 아마존은 회
원들을 대상으로 '프라임데이'라는 빅세일 행사를 단행했다. 결
과는 대성공이었다. 단 하루, 24시간 만에 10억 달러 이상의 매
출을 기록했다. 같은 해 알리바바도 '광군절光棍節' 행사를 진행했

다. 이는 독신을 상징하는 숫자 1이 4번 겹치는 11월 11일에 벌인 특별 할인 행사였다. 알리바바는 행사 개시 2분 만에 아마존이 하루 걸려 달성한 매출액에 도달했다. 24시간이 지난 뒤 총매출액은 250억 달러였다. 이 액수는 아프리카의 카메룬, 중동의 시리아, 동유럽의 불가리아 1년 국가 예산을 합친 금액이다.

중국의 일상에 스며든 디지털 기술에 관한 내용을 더 깊이 파고들수록 엄청난 체급 차이를 느끼게 된다. 규모도 규모지만, 선진국이라고 하는 국가들을 훨씬 뛰어넘는 그 수치들에 입이 벌어질 따름이다. 모바일 결제부터 인터넷망, 소셜미디어에 이르기까지 중국은 총체적으로 한참 앞선다. 소셜미디어에서 특정 상품을 광고해서 돈을 버는 소위 '인플루언서' 인터넷 스타들도 전 세계 어느 나라보다 중국에 더 많다. 중국에서는 그들을 '인터넷 유명 인물'이라는 뜻의 '왕훙網紅'이라 부른다. 중국 청소년들을 대상으로 장래 희망을 물었더니 54%가 왕훙이라 답했다. 2017년 패션 분야의 인플루언서인 베키 리黎貝卡는 한 대에 4만 5,000달러나 하는 미니 쿠퍼 100대를 4분 만에 매진시켰다. 결제 수단은 무엇이었을까? 당연히 위챗이다!

전 세계 사람의 대부분은 구글, 페이스북, 애플, 트위터를 비롯한 각종 테크놀로지 대기업의 본사가 있는 캘리포니아야말로 지구라는 행성의 온라인 심장부라 믿고 있다. 현재의 디지털 세계가 캘리포니아 주 실리콘밸리에서 탄생한 것은 사실이다. 하지만 미래의 디지털 세계는 중국이 지배할 것이다. 수 킬로미터에

달하는 스마트폰 조립 공장들이 중국에 빼곡히 들어선다는 의미
가 아니다. 중국은 미래의 네트워크 세상을 좌우하는 플랫폼이자
디지털 대국이 될 것이다. 그 대국에 귀속되지 않을 국가는 없다.
온라인에서 중국의 승승장구는 오래전부터 세계 온라인 관련 기
업들의 전략에 영향을 미치고 있다. 마크 저커버그Mark Zuckerberg
가 구상한 왓츠앱과 페이스북 메신저도 위챗의 성공을 본뜬 부
분이 많다.

　셀카 사진이나 동영상 편집용 앱인 스냅챗은 미국 청소년들
사이에서 공전의 히트를 기록했다. 하지만 스냅챗보다 더 큰 인
기를 얻은 편집용 앱이 있다. 중국의 센스타임SenseTime이 그 주인
공이다. 중국의 인공지능 사업을 주도하는 스타트업 센스타임은
안면 인식 분야에 집중하는 기업으로 2018년 4월 무려 12억 달
러 투자를 유치했다. 급속도로 발전하는 중국의 인터넷 기술은
그야말로 전 세계를 바짝 긴장하게 만들고 있다. 2018년 초 짧
은 동영상 편집 프로그램인 중국의 틱톡Tiktok이 전 세계 애플 앱
스토어 다운로드 수 부문에서 1위를 차지했다. 2019년 초 틱톡
을 사용한 적이 있는 유저의 수가 5억 5,000만 명에 달했고, 이
수치는 트위터 유저에 맞먹고, 스냅챗의 2배에 해당하는 수치
다. 중국인을 제외하고 틱톡 계정으로 가장 큰 이득을 본 이는
모델로 활동했던 독일의 쌍둥이 자매 '리사와 레나Lisa and Lena'
였다. 둘은 3,000만 명이 넘는 팔로워를 보유하고 있었지만
2019년 4월 보안상의 이유로 계정을 없앴다. (실제로 틱톡 앱에서

아동 성애자와 관련한 문제가 빈번하게 발생했으며, 아동 유저의 비중도 꽤 높은 편이다.)

인터넷 세상에서 커나가는 중국을 외면하기는 실로 힘들어졌다. 투자자들도 중국의 온라인 파워에 마치 도취된 듯 끌려가고 있다. 대기업들은 모기업 산하의 기술 관련 계열사들에게 중국 모델을 따라할 것을 강요한다. 밀레니엄 전환기 때 전 세계가 실리콘밸리를 모방하기 바빴다면, 이제 온 세상이 '디지털 차이나'를 모범으로 삼아 자신들의 비즈니스모델과 트렌드, 디자인을 조율한다. 디지털 헤게모니라고 하는 온라인 세계의 패권이 중국의 품으로 넘어가고 있다. 캘리포니아의 실리콘밸리가 지금 인터넷 세상에 미치는 영향력도 중국의 손아귀로 넘어갈 것이다.

디지털 기술이 발전하면서 일종의 디지털 이데올로기도 발달한다. 중국의 디지털 이데올로기는 유럽의 계몽주의 사상이나 미국의 자유주의 사상과 지극히 동떨어져 있다. 실리콘밸리에서 탄생한 디지털 이데올로기에도 단점이 많았다는 사실은 이미 잘 알려져 있다. 하지만 중국의 디지털 세계는 프라이버시나 개인정보보호, 의사 표현의 자유 등 헌법에 근거한 각종 규제가 거의 적용되지 않고 있다는 점에서 그야말로 독특하다. 중국의 디지털 이데올로기 속에는 경제적, 사회적으로 극단적 효율을 추구해야 한다는 사상이 포함되어 있다. 실리콘밸리의 디지털 대기업들은 그러한 중국의 방식에 극렬히 반발한다. 실시간으로 채무자의 위치를 알려주는 앱 '노뢰지도老赖地图'를 보면 그 기업들이 왜 그렇게 반발하는지 알 수 있다. 해당 앱은 제때 빚을 갚지 않은 채무자의 위치와 프로필 사진, 이름, 그리고 빚을 지게 된 원인까지 스마트폰을 통해 공개한다. 위챗 프로그램에 포함된 노뢰지도 앱을 설치하면 악성 채무자가 일정 반경 이내로 들어올 때 경고음이 울린다. 경고음을 듣고 그 악성 채무자에게 사회적, 집단적 압박을 가하라는 뜻이다. 채무자는 집 밖으로 나가 길거리를 돌아다니는 것만으로 손가락질을 받게 되고, 누군가 신고하면 언제 잡혀갈지 모르는 신세가 되며, 디지털 기술로 자동화된 사회 속에서 불특정 다수에게 모욕을 당하게 되는 시스템이다.

이는 꽤 극단적 사례다. 하지만 이를 통해 중국의 앱 개발자들이 세계시민이라면 중시해야 할 가치들을 얼마나 무시하고 있는지 알 수 있다. 사실 중국 입장에서는 그 가치들을 일일이 신경 쓸 필요도 없다. 이미 최첨단 기술로 세계를 주도하고 있기 때문이다. 중국의 기술 대기업들이 일부러 중국식 디지털 이데올로기를 구현하고자 세심하게 주의를 기울이는 것도 아니다. 중국인의 사업가적 DNA가 시키는 대로만 하면 중국식 디지털 이념은 자동으로 실현된다. 구글, 페이스북, 애플이 굳이 애쓰지 않아도 자연스럽게 실리콘밸리의 이데올로기를 구현했듯이 말이다. 영국의 사회학자 리처드 바브룩Richard Barbrook과 앤디 캐머런Andy Cameron은 1996년에 이미 〈캘리포니아 이데올로기The Californian Ideology〉라는 논문을 발표한 바 있다. 바브룩과 캐머런은 해당 논문에서 캘리포니아 이데올로기라는 새로운 믿음은 샌프란시스코의 문화적 보헤미안주의와 실리콘밸리의 최첨단 산업이 융합되면서 탄생한 것으로, 이는 히피족의 신자유주의를 의미한다고 분석했다.

때로는 감시용 기술이 쉽게 퍼지기도 한다. 세계 최대 규모의 자전거 공유 앱 모바이크Mobike도 그러했다. 모바이크는 현재 전 세계에 걸쳐 약 1,000만 대의 자전거를 보유하고 있다. 해당 앱을 설치한 이용자들은 길을 가다가 모바이크 소속 자전거가 보이면 간단한 절차를 거쳐 마음껏 이용하다가 시내 어디에든 다시 반납한다. 2018년 초 모바이크 앱이 유럽에 도입됐을 당시 개인의 일거수일투족을 사찰하는 수단이 아니냐는 우려가 제기됐다. 모바이크가 중국의 '사회 신용 체계social credit system'를 본뜬 것이 아니냐는 목소리도 나왔다. 모바이크 앱 사용자들은 대여한 자전거를 반납할 때 제대로 세워두지 않으면 감점을 당하고, 모든 수칙을 잘 엄수한 경우에는 가산점을 받는다. 모바이크는 자전거의 이동 경로 등을 추적해서 개별 이용객의 사용 유형이나 패턴도 파악했다. 심지어 앱이 설치된 스마트폰의 이용 행태도 분석할 수 있었다. 물론 모바이크라는 앱 하나만으로 중국 당국이 국민의 사생활까지 훤히 들여다볼 수는 없다. 하지만 중장기적으로 볼 때 이러한 앱들이 우리 생활에 미묘한 영향을 끼칠 수 있다는 사실을 간과해서는 안 된다.

중국 기업뿐만 아니라 국민 역시 개인정보보호의 필요성을 크게 느끼지 않는다. 그 덕분에 중국은 여타 국가와 비교되지 않을 정도로 방대한 양의 정보를 수집할 수 있었다. 2018년 여름, 독일과 중국의 정부 자문단이 만난 바 있다. 그 자리에서 중국 국무원 총리 리커창李克強은 "우리에겐 방대한 양의 데이터가 있다. 여러분에게 꼭 필요한 데이터들이다"라고 말했다. 정중한 협박처럼 들린다며 기분 나빠할 사람도 있을 수 있지만 리커창의 말이 옳았다. 방대한 양의 데이터는 잘만 활용하면 엄청난 가치를 창출해낼 수 있다. 중국 당국이 매초 수집하는 어마어마한 양의 행동 양식 데이터들을 활용하면 고객의 새로운 요구를 파악하고, 신제품을 개발하며, 새로운 마케팅 전략을 짤 수 있다. 예컨대 부유층 젊은 여성들은 SNS에서 어떤 흥밋거리를 가장 선호하는지, 어떤 게임 광고 문구가 가장 클릭 수가 높은지, 어떤 상황에서 누가 얼마짜리, 어떤 제품을 구입하는지 등을 모두 파악할 수 있기 때문이다. 하지만 유럽에서는 각종 규제 때문에 소비자들의 구매 행태와 관련된 모든 정보를 파악할 수 없다.

중국은 이와 같이 알게 모르게, 하지만 효율적으로 전 세계 디지털 미래에 영향을 미치고 있다. AI 분야에서도 눈부신 발전을 이룩하겠다는 중국 지도부의 호언장담이 실현된다면 영향력은 더더욱 증대될 것이다. 많은 선진국이 앞다투어 AI 개발에 열을 올리고 있지만, 사실 세계 최고 지위를 둘러싼 경쟁의 진정한 참가자는 미국과 중국, 두 국가로 좁혀져 있다. 중국이라는 거대한 싸움꾼은 정부 당국과 막대한 양의 자본, 그리고 몇몇 대기업으로 이뤄져 있다. 10억이 넘는 인구가 세계 최대 내수 시장을 구성하고 있다는 것 또한 중요한 사실이다. 기술 선점을 위한 전쟁은 물리적 전쟁이 아니라 경제적 전쟁이다. 그런 의미에서 독일과 중국의 자본을 비교해보자.

2018년 가을 독일 연방정부는 2009년부터 2015년까지 7년 동안 AI 개발 전략 분야에 30억 유로를 지원하겠다고 선포했다. 큰돈임이 분명하지만 중국과 비교하면 어떨까? 중국 북부에 톈진天津이라는 항구도시가 있다. 톈진은 인구 1,300만 명에 중국에서 23번째로 큰 도시다. 톈진 시도 2018년 AI와 관련된 사업계획을 발표했다. 시 당국이 투자계의 큰손들과 힘을 합쳐 AI 과학산업기금을 조성했다는 내용이었다. 독일 정부와 톈진 시 당국의 목표는 거의 일치했다. 장차 AI 산업을 이끌어갈 중심지로 각 지역을 개발하겠다는 것이었다. 항구도시 톈진은 이를 위해 3년간 120억 유로를 투자하기로 했다. 독일보다 기간은 반 이상 짧은데 투입되는 자금은 4배에 달한다. 게다가 톈진 시의 사례는 수백 건에 달하는 중국 AI 산업 장려정책 중 하나일 뿐이다.

앞서 말한 것처럼 중국 권위주의 체제는 기술이 발전하는 데 유리하게 작동했다. 기술 개발 정책의 추진 속도나 강도를 정부 당국이 결정할 수 있는 것이다. 2017년 7월 중국 국무원은 '차세대 인공지능 발전계획'을 발표했다. 그 중심에는 과감한 교육정책이 자리 잡고 있었으며, 2030년까지 중국을 AI 중심지로 만들겠다는 전략을 포함했다. 1년 뒤인 2018년 7월, 100개학교에서 시범적으로 '인공지능' 과목을 가르치기 시작했다. 시범학교에는 초중등학교는 물론이고 유치원도 포함되어 있었다. 서구 SNS에는 갓 출판된 중국 교과서 사진들이 올라왔다. 중국 아이들은 글을 읽기도 전에 그 책으로 AI 기술을 배운다. 독일은 무선랜WLAN이 설치된 학교가 전국에 몇 개인지조차 제대로 파악하지 못하고 있다. 연방 주별로는 몇몇 수치가 나와 있는데, 이미 모두가 예상하듯 그 내용은 초라하기 짝이 없다. 2016년 슐레스비히홀슈타인 주 내 초중등학교 중 '충분히 빠른 속도의 인터넷망을 보유하고 있는' 학교는 29.7%밖에 되지 않았다. 2017년 니더작센 주의 학교 중 한 반 학생들이 동시에 인터넷을 사용할 수 있는 시설이 갖춰져 있다고 답한 학교는 6%밖에 되지 않았다. 중국은 단 1년 만에 AI라는 과목을 모든 학교에 도입했다. 수업에 필요한 교재와 지도교사도 모두 갖췄다. 독일은 학교 디지털화 대책을 마련하고, 결의하고, 실현하는 데 거의 10년이 걸렸다. 이 대책이 정확히 어떤 것인지에 대해서는 아직 누구도 확실하게 알지 못한다. 교수학습 방식에 대해서는 더더욱 모른다. 속전속결만이 무조건 답이라고는 할 수 없고, '민주적 절차에 따른 느림'이 더 좋을 때도 많다. 법치국가의 기본 원칙을 훼손하지 않으려고 하다 보면 어쩔 수 없이 느리게 가기 마련이다. 그럼에도 중국의 발전 속도와 과감한 결단력에 은밀한 부러움과 시기심이 드는 것은 어쩔 수 없다.

중국발 거대한
새바람

―――――――

중국의 발전에 대한 시기심을 누그러뜨리고 나면 중국이 일으키고 있는 변화의 강풍이 얼마나 강한 회오리인지 서서히 눈에 들어온다. 디지털 기술을 기반으로 한 중국의 발전은 전 세계에 커다란 리얼리티 쇼크를 안겼다.

이전까지는 대다수가 '민주주의와 시장경제가 결합하면 부富를 이룬다'고 믿어왔다. 이것이야말로 사회의 근간이 되는, 언제 어디서든 통하는 등식이라 생각해왔다. 20세기에는 자유가 가장 많이 보장되는 나라가 경제적으로도 가장 부유한 나라였다. 스위스나 뉴질랜드처럼 비교적 규모가 작은 국가, 독일이나 프랑스 같은 중급 규모의 국가, 미국 같은 큰 국가 등 크기를 불문하고 그 법칙은 통했다. 자유로운 경제와 사회, 민주주의와 국민복지가 서로 보완하며 발전한다는 믿음도 공고했다(중동의 석유 부자 국가들은 이 기본 법칙에 완전히 일치되지는 않지만). 서구 민주주의

사회를 관통하는 자유주의는 경제발전의 보증 수표였다. 헌법이 보장하는 자유와 기업 발전도 서로 톱니바퀴처럼 맞물려 있었다. 그런데 중국이 갑자기 지금까지 믿어온 것과 정반대의 모델을 제시했다. '권위주의적 지도층과 디지털자본주의가 결합하면 풍요를 얻는다'는 등식을 툭 던진 것이다. 그 등식이 전 세계 반민주주의자들의 마음을 사로잡고 있다.

자유민주주의가 지닌 매력은 자연히 줄어드는 중이다. 독재와 경제발전을 결합시킨 중국식 모델은 이제 히트 상품이 됐다. 헌법 기본 가치 정도는 희생되어도 좋다는 식으로 디지털 기술 발전에 모든 역량을 집중시킨 경제모델을 추종하는 이들이 그만큼 늘고 있다는 뜻이다.

중국은 자국에서 당연한 검열과 감시, 통제 기술들을 이미 오래전부터 다른 나라로 수출하고 있다. 대표 고객은 중동 국가다. 중동의 지도자들은 어느덧 10년이 다 되어가는 반정부 시위운동 '아랍의 봄' 물결이 다시 일 것을 지금도 두려워하고 있다. 미국의 국방 싱크탱크 신미국안보센터CNAS 소속의 카라 프레더릭 Kara Frederick은 어느 뉴스 사이트와의 인터뷰에서 "베이징이 권위주의적 지배 도구들을 관심 있어 하는 나라에 팔고 있다는 사실은 비밀도 아니다. (…) 압제적 정권 유지를 위한 성공 전략을 교환하고 있는 것"이라고 비판했다. 프레더릭은 "그 권위주의적 지배 도구들은 디지털 기술 발달에서 비롯된 것"이라고도 지적했다. 이 말을 뒷받침이라도 하듯 중국의 소수민족 중 수백만에 달하는 위구르족이 무슬림이라는 이유로 강제수용소에 갇혀 탄압받고 있다.

많은 사람이 자유민주주의야말로 탄압받는 이들에게 반드시 필요한, 검증된 처방이라 믿어왔다. 자유민주주의가 더 큰 자유와 부를 보장해주리라 생각한 것이다. 그런데 그 믿음이 와르르 무너졌다. 2011년부터 2014년에 이르는 3년 동안 중국은 20세기 전체를 통틀어 미국이 쓴 것보다 더 많은 콘크리트를 사용하면서 골목 곳곳까지 폭발적으로 개발했다. 중국에 일종의 '개발낙관주의' 바람이 일고 있다. 1950년대 미국이나 유럽이 비슷한 상황에서 경제발전에 오히려 강한 의심을 품었던 것과 대비되는 현상이다.

유럽과 미국은 현재 안팎으로 시달리고 있다. 안으로는 극렬 극우주의자들 때문에 사회 분위기가 뒤숭숭하고, 밖으로는 러시아의 블라디미르 푸틴Vladimir Putin 대통령이나 헝가리의 빅토르 오르반 총리를 비롯한 극우 독재자들 때문에 불안해한다. 하지만 중국인들은 비교적 담담하다.

패러다임이 이렇게 급격히 전환된 것은 언제부터일까? 20세기 말만 하더라도 미국이 전 세계 1위 패권국이었다. 당시 중국은 21세기 디지털 시대에는 그와 대등한 지위를 차지하려고 대공세를 펼치는 중이었다. 그런데 어느 날 갑자기 미국의 시대가 저물어버렸다. 2001년 9월 11일, 그날의 비극은 미국을 깊은 수렁으로 빠뜨렸다. 절대 무너지지 않을 것 같던 미국이 대량 살상

테러로 순식간에 함락했다. 많은 이들이 어쩌면 개인의 자유보
다 더 소중한 가치가 있을지 모른다고 생각하기 시작했다. 국가
가 국민을 보호해줄 것이라는 믿음도 무너졌다. 서방 동맹국에
대한 신뢰도 붕괴됐다. 푸틴, 에르도안, 김정은 등 권위주의 정권
이나 독재 정권과 가깝게 지내던 도널드 트럼프가 대통령에 당
선된 이후부터 미국은 확실히 불안해졌다. 이제 중국이 미국의
빈자리를 채우고 있다. 중국은 '일대일로-帶-路'라는 이름의 인
프라 개발 프로젝트에 착수했다. 천문학적 액수를 투자해 중국과
아시아를 유럽, 아프리카와 연결하는 '신新실크로드'를 개발하겠
다는 것이다. 실제로 일대일로 프로젝트는 중국의 경제발전과 세
력 확장에 크게 기여하고 있다.

중국은 해당 프로젝트의 일환으로 아프리카에 매우 큰 공을
들이고 있는데, 아프리카 지식인들 사이에서는 벌써 '식민지
2.0'이라는 우려 섞인 말이 나오고 있다. 독립 여론조사 기관인
아프로바로미터 Afrobarometer가 진행한 설문에 따르면 중국의 영
향력에 대해 '긍정적' 혹은 '매우 긍정적'이라 답한 아프리카인
응답자 비율이 60%가 넘었다. 2018년 9월 중국은 무상원조를
포함해 총 600억 달러를 아프리카에 지원하고, 2000년 이후
중국에서 이미 차관을 들인 국가에 추가로 1,000억 달러 이상
을 투자하겠다고 선언했다. 그 덕분에 아프리카의 총 국가 부
채는 약 15%가 증가했다. 사실 아프리카만큼 엄청난 성장잠재
력을 지닌 시장은 없다. 중국은 그 사실을 간파하고 공격적으

로 뛰어든 것이다. 본래 자본투자 뒤에 다양한 차원의 애착 관계가 형성되기 마련이다. 케냐는 2020년부터 초등학생들에게 중국어를 가르치기로 결정했다.

케냐의 법학과 교수 마카우 무투아Makau Mutua는 중국을 "케냐의 독립을 위협하는 가장 큰 위험 요인"으로 지목했다. 나아가 정부의 지원을 등에 업은 중국 대기업들이 세계 곳곳에서 어떤 식으로 사업을 확장하는지 알렸다. 무투아 교수의 말에 따르면 중국은 가령 공항 건설 같은 대규모 공사를 수주한다. 그 공항이 얼마나 큰 성공을 거둘지 최대한 부풀려 홍보하고, 건축에 필요한 돈도 빌려준다. 대규모 공사 입찰에서 최종적으로 선택되는 것은 당연히 중국 기업들이다. 드디어 공사가 완료되고, 중국이라는 이름값에 어울리는 웅장한 인프라가 갖춰진다. 그런데 그 시설이 원래 벌어들일 것으로 기대했던 돈이 당최 들어오지 않는다. 그래서 부채를 갚을 능력이 없는 해당 국가는 위기에 빠진다. 이게 중국의 투자 시스템이다.

에콰도르를 예로 들어보자. 에콰도르는 중국과 대규모 댐 건설 계약을 맺었다. '코카 코도 싱클레어Coca Codo Sinclair'라는 이름의 수력발전소가 포함된 대규모 공사 계약이었다. 에콰도르 정부와 중국은 이를 통해 에너지 문제를 해결할 수 있다고 장담했다. 문제는 해당 댐이 활화산과 지진대 바로 옆에 위치한다는 것이었다. 댐이 완성된 뒤 2년이 채 지나지 않아 수천 군데에 균열이 발생했다. 모래와 재가 걸핏하면 저수지를 틀어막았다. 우려를 표하던 전문가들의 목소리는 모두 묵살됐다. 그사이 부실 공사의 원인이 밝혀져 전 부통령과 전 에너지부 장관 등 수많은 고위직 간부들이 줄줄이 뇌물 수수 혐의로 철창신세를 지고 있다. 댐과 수력발전소, 그 주변의 기반시설들을 짓는 데 무려 200억 달러가 들었다. 수익은 전혀 기대에 못 미쳤다. 그렇다고 중국이 부채를 탕감해줄 리 없다.

당국의 경솔한 계약 체결로 에콰도르는 전체 석유 채굴량의 80%를 헐값에 중국으로 넘겨야 한다. 중국에 제공해야 할 원유량을 채우기 위해 심지어 보호구역으로 지정된 우림에서도 석유를 채굴해야 하는 형편이다.

지금까지 세계화와 디지털화, AI 기술 분야 개발을 중국처럼 공격적으로 밀어붙이고, 이를 통해 큰 성공을 끌어낸 나라는 없다. 중국도 언젠가는 커다란 위기에 봉착할 것이라 점치는 이들의 말처럼 실제로 큰 고비를 마주하게 될 수 있다. 하지만 위기를 맞이해도 중국의 우세가 크게 뒤집히지는 않을 것이다. 다소 이상하게 들릴 수도 있으나 중국이 위기에 처하면 중국 외 나머지 국가가 중장기적으로 더 큰 고통을 겪게 될 확률이 높다. 중국 기업들은 상상하지 못할 정도로 촘촘한 네트워크와 달라진 상황에 빨리 대응할 체계를 갖추고 있다. 중국의 인터넷 기술과 권위주의적 지배체제는 놀라우리만치 성공 지향적이다. 중국의 디지털망과 디지털 기술 발전은 세계의 패권을 장악하려는 중국의 야심을 이끄는 견인차 역할을 하고 있다. 그들은 우리가 막연히 상상하는 것보다 훨씬 더 큰 힘을 지녔다. 그런 의미에서 '인터넷'이라는 키워드를 빼면 중국이 세계에 미치고 있는 엄청난 영향력을 제대로 이해할 수 없다.

사이버네틱
사회

_____

중국은 1978년에 착수한 개혁개방정책을 엄청난 속도로 추진했다. 사회주의 시장경제에 민영화라는 중대한 요소를 추가한 것이다. 이 공식 발표로 사실상 중국 당국은 새로운 사회질서를 창출한 것이나 다름없었다. 중국 경제를 두고 '국가자본주의'라고 말하는 이들도 있다.

하지만 이 표현은 현실을 완전히 반영하고 있지 않다. 특히 디지털화된 사회에서 정계가 주도하는 단 한 종류의 시장경제만으로는 발전을 꾀할 수 없다. 기업이나 기업가가 차지하는 역할 역시 원대한 세계관을 구성하는 하나의 단면일 뿐이다. 여기에서 말하는 세계관이란 정치, 사회, 문화, 일상생활 등 모든 분야에 관여하는 기본적인 체제를 뜻한다. 중국은 지금 AI로 통제되는 '사이버네틱 사회cybernetic society'를 향해 나아가고 있다. 그 점을 이해해야 중국의 계획을 읽을 수 있다.

'사이버네틱'이라는 말속에는 '통제술'이라는 뜻이 포함되어 있다. 기계나 기술 혹은 사회 구조를 일종의 제어회로로 활용하는 것이다. 이때 각종 측정값을 이용해 모든 과정을 최적화한다. 주변에서도 이와 관련된 사례들을 금방 찾을 수 있다. 각 가정에서 사용하는 보일러에 딸린 온도계나 자동온도조절 장치가 좋은 예다. 온도계는 실내 온도를 측정하고 그 값을 자동온도조절 장치에 전달한다. 그러면 장치는 주인이 미리 설정한 온도, 즉 목표 수치와 현재 수치를 비교한 뒤 그 차이에 따라 보일러를 더 가동하거나 대기 시간을 늘린다. 자동 측정 방식에 따라 기기를 조작하는 것이다. 눈치챈 독자도 있겠지만, 통제술의 기원은 제2차 세계대전 때 미국의 수학자 노버트 위너Norbert Wiener가 만든 작품에 있다. 당시 위너는 나치의 전투기들을 좀 더 정확히 타격할 수 있는 자동화 무기체계를 개발하는 업무를 담당했다.

오늘날 '디지털 네트워크와 관계가 있다'는 뜻으로 사용하는 '사이버'라는 말은 '사이버네틱스'에서 기인한 말이다. 1960년대부터 해당 분야 전문가들은 제어회로를 통한 통제 시스템을 사회에서 일어나는 각종 현실에도 적용할 수 있다고 믿기 시작했다. 사이버네틱 기술을 이용해 사회를 보다 생산적으로 통제하기 위한 방법을 연구하는 정치 학파도 대거 등장했다. 1960년대부터 신호등이 자동제어시스템으로 작동된 것도 사이버네틱 기술이 남긴 유산이라 할 수 있다.

사이버네틱 만능주의는 사회에서 일어나는 모든 일을 끊임없이 측정하고, 이를 통해 수집한 데이터로 일종의 패턴을 파악하고, 그 패턴을 바탕으로 행동 양식을 통제할 수 있다는 믿음에서 출발했다. 누군가는 일거수일투족을 감시하겠다는 의미라며 화를 낼 수도 있지만, 사용하기에 따라 방대한 양의 데이터는 득이 될 수도 있고, 독이 될 수도 있다. '중국' 하면 감시나 통제 혹은 검열부터 떠올리는 사람이 많으나 사이버네틱스는 비단 정치적 목적에만 이용되는 것이 아니다. 독재자들이 저항 세력의 싹을 자르거나 뿌리를 뽑을 목적으로만 이용하는 것도 아니다. 이는 사이버네틱스의 다양한 용도 중 하나일 뿐이다.

사이버네틱 기술을 이용하면 사회 전체와 시민 모두를 샅샅이 파악할 수 있다. 독일물리학회 산하에 '사회경제시스템 속의 물리학'이라는 부서를 만든 디르크 헬빙Dirk Helbing은 2016년 발표한 어느 논문에서 "독재자가 좋은 뜻으로 빅데이터를 활용해 최고의 세상을 만들 수 있을까?"라는 질문을 제기한 뒤 "놀랍게도 그 대답은 '부정적'"이라고 스스로 답한다. 그 이유를 다음과 같이 설명했다. 얼핏 봐도 사이버네틱 기술을 이용한 통제는 자유로운 사회, 개방적인 사회와 어울리지 않는다. 다시 보고 또 봐도 결론은 마찬가지다. 통제와 조작과의 거리가 너무 가깝기 때문에 자유민주주의 사회 체계에는 부합되지 않는 기술이기 때문이다.

지금까지 중국을 포함한 많은 국가나 사람들이 사이버네틱스를 가장하여 사회를 통제하려는 비열한 시도를 해왔다. 사이버네틱 기술에서 원대한 비전을 찾던 기술만능주의자는 실망하겠지만, 21세기를 살아가는 인류는 너무도 다양하고, 사회 구성원의 행동 패턴은 더더욱 다양하다. 측정 기술이 제아무리 발달해도 인간 군상의 단면만 반영하고 분석하는 것이지, 현실의 전부를 담아낼 수는 없다. 수많은 사람의 수없이 다양한 행동 양식을 단편적으로 파악할 뿐이다. 전문가들도 사이버네틱스를 활용한다고 사회 전체를 주무를 수는 없다는 것을 잘 알 것이다. 그런데도 의지를 굽히지 않는 이들이 있다. 사이버네틱 기술 관점에서 보자면 그들은 디지털화와 더불어 나타난 다음의 세 가지 현상이 주목할 만하다고 느낄 것이다.

- 첫째, 예전에는 측정할 수 없던 것들을 이제 측정할 수 있게 돕는 센서와 프로세서들이 곳곳에 설치됐다. 해당 장비들은 보행자들이 걷는 속도나 안면 인식, 나아가 스마트워치 착용자들의 활력징후vital signs까지 모두 파악할 수 있다.
- 둘째, 모두가 사용하는 스마트폰 덕분에 데이터 수집이 용이해졌고, 그렇게 수집된 데이터를 한곳에 모아 분석하고, 그 결과를 바탕으로 다양한 조치를 실행할 수 있다.
- 셋째, 연인이나 배우자 구하기부터 업무 처리, 각종 의사소통, 여가 활동, 생활 계획에 이르기까지 개개인의 사회 활동이나 상호작용에 해당하는 많은 부분이 디지털 세상으로 이동했다.

　이 세 가지 현상 때문에 삶에서 디지털과 조금이라도 연결되는 부분들이 알아서 사이버네틱 기술을 이용한 측정 행위, 데이터 수집 행위 속으로 들어간다. 중국 정부가 예의주시한 것도 바로 그 부분이다. 중국 당국은 국민의 모든 행동 패턴과 심지어 사고 패턴까지 측정하고 분석하며, 나아가 통제할 수 있는 사회를 만들기 위한 기초를 다지고 있다. 사이버네틱 사회는 사찰, 감시, 통제와 불가분의 관계에 놓인다. 국민 개개인의 성향과 삶이 규제와 감시라는 그물에 실시간으로 걸리게 되는 것이다. 누가 어떤 행동을 하든 그에 대한 일종의 값이 매겨지고, 그 값은 어딘가로 전송되며, 전송된 값은 평가를 받고, 평가된 값은 다시금 사회 구성원 개개인에게 영향을 미칠 것이다.

　심지어 머릿속도 염탐이 가능하다. 2018년 말 중국은 교육과 관련된 실험을 했다. 10~17세 사이의 학생 1만 명이 3주 동안 미국 스타트업 브레인코BrainCo.가 만든 '포커스 에듀Focus EDU'라는 헤어밴드를 착용했다. 하버드 연구팀이 개발한 해당 헤어밴드는 센서가 장착된 것으로, 학생들의 뇌전도를 통해 주의력을 관찰하는 기기였다. 교사들은 모니터로 언제든지 누가 얼마큼 집중하고 있는지를 파악하고, 집중도가 떨어진 학생에게 처벌을 가할 수 있었다. 이것이 바로 중국 사회가 추구하는 디지털 현실이다. 중국 지도부는 이러한 기술을 통해 모든 것을 측정하고, 그것을 바탕으로 모든 것을 최적화할 수 있다고 믿는 듯하다. 발터 폰데어 포겔바이데Walther von der Vogelweide가 13세기에 남긴 '생각은 자유

롭다'라는 말만이 유일한 피난처일까? 설사 그렇다고 해도 그 피
난처가 얼마나 오랫동안 안전할까?

앞서 모바이크 앱과 관련해 중국의 사회 신용 체계라는 제도를
언급한 바 있다. 중국은 해당 제도를 2017년부터 단계적으로 도입
했다. 2021년에는 전국에 적용하겠다고 했다. 사회 신용 체계 역
시 수준이 높지 않은 사이버네틱 기술에 기초한 제도다. 당국은 이
제도가 적용되는 모든 이에게 처음에는 동일한 점수를 부여한다.
이후 디지털 기술을 활용해 측정 가능한 행동을 할 때마다 점수를
깎거나 더한다. 그러다가 점수가 일정 하한선 아래로 내려가면 예
를 들어 비행기 표를 더 이상 구입할 수 없게 된다. 고속열차도 탑
승하지 못한다.

실제 이 방식으로 2018년 한 해에만 최대 2,300만 명이 낮은 점
수 때문에 불이익을 당해야 했다. 현재 중국은 다양한 지역에서
이와 유사한 시스템들을 테스트 중이다. 그런 다음 최종적으로
온 국민에게 적용되는 시스템을 선정할 계획이다.

이와 같은 국가의 감시나 검열에 관한 중국인들의 불만은 의
외로 많지 않다. 국가가 불만조차 표출하지 못하게 탄압하기 때
문이 아니다. 베를린자유대학에서 중국학을 가르치는 게니아 코
스트카Genia Kostka 교수는 2,000명이 넘는 중국인에게 사회보장
체계에 대한 의견을 물었다. 응답자의 80%가 '긍정적으로 생각
한다'고 답했다. 코스트카 교수는 권위주의 체제에 짓눌려 나온
결과라고 보기에는 수치가 너무 높다고 판단했다. 베이징에 거주

하며 중국 통신원으로 활동하는 양시판楊希璠은 사회보장 체계에 대한 긍정적 인식이 중국 현대사와 관련이 있다고 분석하면서 "다수의 중국인이 실제로 높은 투명성과 분명한 법규를 갖춘 시민사회를 갈망하고 있다. 하지만 잘 돌아가는 독재 정권하에 사는 것이 제대로 작동하지 않는 정권하에 사는 것보다는 낫지 않느냐고 말하는 이들이 많은 것도 사실"이라고 설명했다.

그런데 중국이 자본주의를 향해 박차를 가하는 과정에서 시장경제에서나 드러나던 부작용들이 자주 발생하기 시작했다. 각종 술수를 동원한 탈세나 물품 매매 사기, 엄청난 규모의 부패 스캔들이 떼 지어 일어난 것이다. 지난 30년간 중국 경제는 눈부신 성장을 이룩했지만 시민사회의 구성원으로서 응당 지녀야 할 책임 의식은 그에 발맞추지 못했다. 평범한 중국 시민들은 부패한 관리들이 자기 입맛대로 국가정책을 결정하는 상황, 사회 곳곳에서 극심한 불공정이 일어나는 상황을 목도해야 했다. 그런 의미에서 사회보장 체계에 대한 중국인들의 신뢰는 결국 어느 정도 공정한 사회, 최소한의 납득은 가능한 사회에 대한 희망에서 싹튼 것이라 할 수 있다. 사회보장 체계가 지닌 문제를 지적하기보다는 사회보장 체계가 현재 자신들이 일상에서 흔히 겪는 차별과 불공평을 해결해줄 것이라 믿는 것이다.

국가가 내 모든 생활을 엿본다는 것은 그야말로 공포 영화에나 등장할 법한 시나리오다. 사회보장 체계라는 수단을 통해 사이버네틱 사회를 구축하겠다는 중국의 야심이 극단적 '감시 이상향'과 연계되어 있다는 사실은 부정할 수 없다. 하지만 여기서 분명히 짚고 넘어가야 할 것은 사회보장 체계를 통한 중국 사회의 변화를 뒷받침하는 가장 든든한 토대는 권위주의적 공산주의가 아니라 디지털 기술이다. 중국의 사이버네틱 사회는 지금까지 유례를 찾아볼 수 없는 강한 추진력으로 커나가고 있다. 이와 같은 변화를 이끄는 기반은 인간의 행동 양식을 디지털로 측정하는 장비들이다. 많은 선진국도 경제적 이익이나 안전상의 이유로 유사한 기술을 활용한다.

캐나다의 두 연방 주에서는 몇 년 전부터 리스크 기반 추적용 데이터베이스Risk-driven Tracking Database, RTD를 활용하고 있다. 경찰, 보건 당국, 청소년 담당국 등 주요 기관들이 위험 요인과 관련된 데이터를 한데 모은 뒤 정신질환자나 약물남용자 등의 사회적 행동 양식을 예측하고 파악하는 것이다. RTD를 이용하면 특정 동네에서 위험이 발생할 확률을 예측할 수 있다. 범위를 한 가정이나 개인으로 좁힐 수도 있다. 분석 결과 '위험 분자'로 지목된 이에게는 정부가 면접을 요청한다. 캐나다 당국은 지금도 어떻게 하면 개인정보보호 규정을 준수하고 개개인의 사생활을 보호하는 가운데 RTD 프로그램을 널리 확대할 것인지를 두고 고심 중이다. 캐나다 정부도 권위주의적 정부라 할 수 있을까? 만약 그렇다면 캐나다 정부는 그 데이터베이스를 이용해 어떤 일들을 꾀할까? 차라리 모르고 지나가는 편이 더 나은 일들을 꾸미고 있을까?

21세기 자유민주주의 사회의 구성원들이 흔히 하는 착각이 있다. 민주정권은 사회보장 체계 같은 감시체계를 활용하지 않을 것이라는 믿음이 바로 그것이다. 현실은 정반대다. 실리콘밸리의 대기업들이 정부를 부추겨서 국민을 염탐하게 만드는 것이 아니다. 정부는 자발적으로 감시망을 점점 더 촘촘하게 짜고 있고, 행정 당국의 권한을 끊임없이 확대하는 중이다. 게다가 정계뿐 아니라 사회도 점점 더 시장 중심으로 돌아가고 있다. 그로 인해 유럽 사회 또한 삼엄한 감시하에 놓이게 됐다. 그런데 유럽인들도 그러한 감시 체제를 싫어하지만은 않는다. 2018년 봄, 베를린에서 실시한 어느 조사에 응답한 사람의 75% 이상이 CCTV를 더 많이 설치해주기를 바랐다. 프랑스, 오스트리아, 이탈리아, 벨기에, 네덜란드의 수치도 그와 비슷했다. 그 응답자들이 원하는 바는 기술이 마법처럼 사회의 모든 문제를 해결해주기를 바라는 중국인의 희망과 거의 일치했다.

전철역을 비롯한 공공장소에 CCTV를 설치하는 것쯤을 상상하면 오산이다. 안면 인식이나 프로파일링 기술, 자동화된 신원 추적시스템 같은 기술은 일찍부터 널리 활용됐다. 2018년 중국은 얼굴이 아니라 걸음걸이로 개인의 신원을 확인하는 기술을 소개했다. 사람의 걸음걸이는 지문만큼이나 고유하다고 한다. 그리고 보행 패턴은 후드티셔츠나 선글라스로 가릴 수도 없다.

영국은 CCTV의 왕국이다. 도시의 길목마다 설치되어 있는 카메라가 거리에서 일어나는 모든 일을 실시간으로 녹화한다.

2019년 1월 유럽 민주주의 국가에서도 얼마나 포괄적인 감시가 이뤄지고 있는지를 잘 보여주는 사례가 발생했다. 런던 경찰은 도심에 위치한 어느 보행자 전용도로에 고도의 안면 인식시스템 장비를 설치했다. 범죄 용의자를 색출하기 위해서였다. 카메라 앞에서 누군가가 얼굴을 가리면 경찰이 즉시 다가가 신분증을 확인했다. 거부하는 사람에게는 90파운드의 벌금을 매겼다. 공권력이 요구하면 언제 어디서나 자신의 신원을 입증해야 하는 것이 바로 서구 감시 사회가 국민을 압박하는 방식이다.

그런가 하면 네덜란드는 '예측 치안 유지 predictive policing' 분야의 챔피언이다. 디지털 장비를 이용해 범죄를 예측하는 것이다. 네덜란드 경찰은 CAS Crime Anticipation System 라 불리는 범죄 예측 시스템을 활용한다. CAS 장비는 125제곱미터당 한 대씩 설치되어 있다. 해당 장비에서 수집된 데이터를 분석하다가 의심 가는 상황이 발생하면 그 즉시 경찰을 파견한다. 범죄가 일어나기도 전에 경찰이 먼저 출동하는 것이다. CAS는 촬영된 사진이나 동영상, 모바일 전송 데이터, 차량 번호판 감시 등을 통해 기존 범죄와 관련된 데이터를 수집한 뒤 다음 범죄가 일어날 확률이 높은 곳을 추출한다. 보스턴 시는 군중의 움직임도 특정 알고리즘을 이용해 분석한다. 노상 폭력 사태나 공공질서를 심각하게 저해하는 사태를 미연에 방지하기 위해서다.

법 없이도 살 시민의 입장에서는 미래지향적이고 효율적인 제도라는 생각이 들 것이다. 중국이 사회보장 체계를 도입할 때도 이와 똑같은 상황이었다. 대부분 중국인은 해당 제도에 단점보다는 장점이 더 많고, 그로 인해 피해를 보는 이들은 어차피 나쁜 사람들이며, 자기와는 무관한 일이라 믿었다.

유럽 국가의 대국민 감시와 검열이 중국만큼 극으로 치닫지 않은 이유는 어디까지나 느려터진 기술 발전 속도와 시민들의 저항, 진보주의적 정책들 때문이지, 결코 정부 당국의 의지가 부족해서가 아니다. 서구 사회가 여건상 국민들의 기본권을 재빠르게 축소할 수 없다는 것도 감시와 검열이 철저해지지 않은 이유라면 이유일 수 있다. 중국에서는 기술적으로 가능하기만 하다면 금세 현실이 된다. 유럽은 기술적으로 가능하더라도 일단 머리를 맞대고 고민한다. 그렇게 신중해 보이던 와중에 몇 년 전 에드워드 스노든Edward Snowden이 미국 국가안보국NSA의 기밀을 폭로했다. 국가 정보기관이 무차별하게 개인정보를 수집해왔다는 내용이었다. 결국 서구인들도 의외로 인권이나 시민권에 얼마나 무관심한지를 알려주는 사건이었다.

중국이 사회보장 체계를 개발할 때 모델로 삼은 것은 하필이면 독일의 '슈파Schufa'였다. '슈파 홀딩 주식회사'는 일종의 민간 신용평가기관으로, 1927년 창립 이래 사실상 모든 국민의 신용 등급을 평가해왔다고 할 수 있다. 여러 선진국에 슈파와 비슷한 개인신용등급 평가 기관이나 제도가 있다. 신용이야말로 비즈니스의 기본이기 때문이다. 프로파일링도 중앙 정부가 드러내놓고 사찰을 하는 것이 아니라 은밀한 내사를 통해 뒷조사하는 식으로 흔히 일어나고 있다.

유럽의 경우, 수사 기관이나 기술 분야 대기업들, 은행, 세무서, 광고업체 등의 프로필이 거의 모든 이의 삶에 영향을 미친다. 예를 들어 독일에서는 슈파 점수가 너무 낮으면 휴대전화 구매 계약을 체결할 수도, 월셋집을 구할 수도, 신용카드를 보유할 수도 없다. 슈파가 중국의 권리 제한 도구인 사회보장 체계와 동일하지는 않지만 국민의 행동 양식을 분석한 데이터가 세계 곳곳에서 활용되고 있는 것이 현실이다. 행동 양식을 분석해서 미래를 예측하고, 최종적으로 국민의 생각과 태도에 영향을 미치는 것이다.

언젠가부터 서구 사회에 '넛지nudge 학파'라는 정치학 연구 모임들이 생겨나기 시작했다. 노벨경제학상을 수상한 리처드 탈러Richard Thaler는 2000년대 초 사회를 이끌 '넛지'라는 콘셉트를 제시했다. 쉽게 말해 넛지는 단순함과 편리함을 제공함으로써 사람들이 올바른 행동을 하도록 만드는 기술이라 할 수 있다. 중국이 사회보장 체계로 도달하려는 목표 지점을 서구 사회는 넛징을 통해 도달하고자 했다. 실제로 선택의 기회를 조금만 영리하게 제시하면 국민의 결정에 커다란 영향력을 미칠 수 있다. 이 법칙은 디지털 환경이나 현실 세계에서 모두 적용된다.

무언가를 결정하는 작업은 피곤하다. 그래서 사람들은 대개 편리성이라는 축복 앞에 무릎 꿇는다. 새로운 전자기기나 소프트웨어를 살 때 많은 이들이 미리 세팅된 기계를 구입하거나 누군가가 자기 대신 세팅해주기를 바란다. 그러고는 그 세팅에 이내 적응한다. 넛지의 위험이 바로 그 안에 숨어 있다. 두서너 난관, 심지어 열 개 정도의 난관은 의지만 있다면 극복할 수 있다. 세팅된 상태를 거스를 수 있는 것이다. 하지만 100번의 물결을 거스를 수 있는 사람은 많지 않다.

넛징 기술이 데이터 분석 기술과 만나면 개인의 자유는 급격히 축소된다. 일상 속 모든 사안에서 밀려오는 물결을 거스르기에는 시간과 에너지가 부족하기 때문이다. 넛징에 데이터 분석이 더해지면 사회를 조작할 수 있다. 사회가 지금처럼 빠르게 복잡해질수록 '넛징과 데이터 분석의 결합'이 힘을 펼치기 좋아진다. 기본을 설정한 사람이 결국 대중의 행동 양식도 설정할 수 있게 되는 것이다. 현재 미국, 영국, 프랑스, 스칸디나비아, 독일에서 강력한 넛징 프로젝트들이 진행 중이다. EU도 자체적으로 넛징 프로젝트를 시행하고 있다.

중장기적 관점에서 볼 때 넛징 기술은 사회를 크게 변화시킬 것이다. 사회가 개인을 평가하는 점수 제도가 있든 없든 사회는 변화할 것이다. 오늘날 꽤 많은 대기업이 입사지원자들의 SNS 프로필을 검토하고 있다. 해당 지원자가 '불만 분자'인지 아닌지를 판단하려는 것이다. 잠재적 불만 분자들은 심사 목록에서 제외한다. 왜 배제했는지 지원자들에게 분명히 알려주지도 않는다. 이런 과정은 소리소문없이 이뤄지고 있다.

법과 합법 사이에 회색지대 혹은 진회색지대가 존재하는 나라도 많다. 중국과 달리 내가 하는 행위에 점수가 매겨지지 않는다고 해서 안심할 일이 아니다. 중국의 사회보장 체계를 끔찍하다며 비웃기 전에 우리 사회도 덜 권위적이기는 하지만 결국 비슷한 방향으로 나아가고 있다는 사실을 깨달아야 한다. 유럽인들이 중국인들보다 나은 점은 딱 한 가지밖에 없다. 지금의 디지털 사회를 사이버네틱 사회로 바꿀지 말지를 결정할 권한이 아직은 국민에게 있다는 것이다.

3rd Shock

인공지능

노동의 정의를 뒤흔드는 AI와
플랫폼 경제

대결과
공존

————————

2016년 3월 AI가 다시 한번 인간과 한판 대결을 벌였다. AI와 인간 사이의 최초 맞대결은 IBM의 슈퍼컴퓨터 딥블루Deep Blue가 체스 챔피언과 맞붙은 것이었다. 왓슨Watson이 미국의 어느 퀴즈 쇼에서 우승하는 기염도 토했다. 이후 구글 자회사 딥마인드Deep Mind가 개발한 인공지능 바둑 프로그램 '알파고'가 등장했다. 역사가 매우 긴 바둑은 체스보다 기본 규칙이 단순한 편이지만, 돌을 놓을 방법이 무한대에 가깝기 때문에 더 복잡하다고도 할 수 있다. 따라서 많은 이들은 긴 세월이 지나는 동안 누적된 바둑의 모든 수를 기계로 계산할 수 없고, 컴퓨터가 세계 최정상의 프로 바둑기사를 이기는 일 따위는 없을 것이라 믿었다.

그러나 2016년 3월 대국에서 알파고는 세계 바둑 챔피언 이세돌 9단을 4 대 1로 꺾었다. 그때까지 우리는 인간과 기계가 대결을 펼칠 때 컴퓨터가 주어진 상황을 보며 한 걸음씩 전진하는 것만 봤다. 당시 알파고 개발팀은 전과 다르게 AI 기술을 기반으로 300만 개가 넘는 맞대결 기록을 모두 입력했다. 대부분 과거 챔피언들끼리 맞붙은 대국의 기록들이었다. 머신러닝 방식의 소프트웨어 알파고는 역사상 가장 효과적이었던 대국, 가장 영리했던 대국, 인간의 한계 안에서 최고의 수준을 보여준 대국들에서 핵심 정보를 쏙쏙 뽑아냈고, 이로써 현직 세계 최강의 바둑 고수를 이기고 만 것이다. 구글의 사례를 통해 복잡한 인공지능 기술을 좀 더 면밀히 살펴볼 수 있다. 구글 자회사 딥마인드는 바둑계의 고수를 초빙해 소프트웨어 개발팀에 컴퓨터가 바둑돌을 특정 위치에 놓은 이유를 설명하게 했다. 사실 바둑의 규칙은 간단명료하기 때문에 기계언어로도 쉽게 번역할 수 있다. 다시 말해 기본 규칙을 입력하는 것만으로 AI가 실전에서 사람과 맞붙어 이긴다는 보장이 없다는 뜻이다. 이에 따라 딥마인드 측은 2016년부터 매우 중대한 기술들을 개발하기 시작했다.

2017년 10월 19일, 알파고 개발팀은 세계 최고의 학술지로 손꼽히는《네이처》에 기사를 발표했다. AI 기술이 새로운 전환점을 맞이했다는 사실을 입증하면서 AI가 노동의 미래, 우리 사회의 미래까지 뒤흔들 것을 예고하는 글이었다. 그들은 AI와 AI를 대결시키겠다고 선포했다. 알파고에 이어 '알파고 제로'라는 소프트웨어 개발에 착수한 것이다. 커다란 기대와 투자에 힘입어 해당 프로젝트는 나날이 발전했고, 지금껏 보지 못한 신기술들을 연이어 실현했다. 알파고는 기본적으로 인간의 경험을 활용하는 방식이다. 세계 최고의 바둑 고수들의 경험에서 최고의 기술만을 집약한 뒤 대결에 임하는 방식인 것이다. 하지만 알파고 제로는 이름이 암시하듯 인간이 만들어낸 데이터를 전혀 필요로 하지 않는다. 바둑 고수들의 맞대결을 단 한 건도 분석하지 않은 것이다. AI가 AI끼리 맞붙는다는 점에서 알파고 제로의 접근 방식은 알파고와 완전히 다르다. 알파고 제로는 애초부터 인간끼리의 대국이나 인간과 컴퓨터와의 대국이 아닌 자기들끼리의 싸움에서 새로운 것을 학습하는 방식으로 프로그래밍되어 있는 것이다. 개발팀은 알파고 제로와 알파고를 맞붙여봤다.

그 결과, 알파고 제로가 100 대 0으로 압승을 거뒀다.

AI의 여명

알파고 제로의 압도적 승리는 우리에게 AI라는 리얼리티 쇼크를 안겼다. 알파고 제로의 승리를 확인한 순간 모두가 우리의 경험, 지성, 지식이 생각했던 것보다 훨씬 더 미미하다는 사실을 깨달았다. 소크라테스가 살아 있었다면 아마 2017년 10월의 사건을 목격하고 "나는 내가 바둑에 대해 아무것도 알지 못하다는 사실을 알고 있다"라고 말하지 않았을까? 바둑의 역사는 무려 4,300년에 달한다. 게다가 인간이 개발한 게임인데도 아직 바둑에서 백전백승할 수 있는 완벽한 묘수를 찾아내지 못했다. 그런데 기계가 스스로 학습한 지식이 인간의 경험에 기초한 지식을 100 대 0으로 격파해버렸다. 그 참담한 기록을 보면 인간이 자신들의 지식과 능력을 얼마나 오판하고 있는지, 혹은 과대평가하고 있는지를 알 수 있다. 더 큰 문제는 이제 막 변화의 시작점에 들어섰을 뿐이라는 것이다. AI나 로봇을 이용한 기술 개발은 이제 막 시작됐다.

인간의 경험은 스스로 생각하는 것보다 훨씬 더 가치가 없다고 판명됐다. 문외한에게 바둑은 그저 많고 많은 게임 중 하나에 불과하겠지만, 바둑 대국에서 승리하는 것과 인간의 지능은 매우 높은 상관관계를 지닌다. 바둑은 돌을 어디에 얹고 집을 몇 개나 짓느냐에 따라 승패가 갈리는 게임인데, 승리로 가는 길이 무한하기 때문에 둘 중 좀 더 똑똑한 사람이 게임의 승자가 되는 것이다. 그런데 승리까지 정답이 없는 무한한 길의 갈래를 인간의 머리로는 모두 다 계산할 수 없다. 연산이 불가능해질 때 인간은 경험과 본능을 결합해 창의적 방법을 생각해내곤 한다. 적어도 지금까지는 그랬다. 그런데 이제 기계가 인간보다 뛰어나다는 사실이 입증됐다. 기계가 자기만의 창의력과 본능을 개발해 인간의 계산능력을 초월한 것이다. 개발팀 소속의 어느 직원은 알파고 제로가 "인간이 인식할 수 있는 능력의 한계를 뛰어넘었다"고 말했다. 바둑 전문가들은 지금껏 볼 수 없었던 새로운 전략과 길을 보았다며 감탄을 금치 못했다. 인간은 자신들이 개발한 게임인 만큼 바둑에 관해 모르는 게 없다고 믿어왔으나 이제 새로운 세상이 열렸다.

철학은 수천 년 전부터 인간에게 모든 것을 꿰뚫고 있다는 자만에 빠지지 말라고 가르쳤다. 그럼에도 대부분 스스로 능력을 과대평가해왔다. 21세기에 AI가 우리의 실체를 낱낱이 드러내고 있다. 그리스 철학자 플라톤의 말을 빌려 지금 상황을 다음과 같이 말할 수 있다. 이제 막 기계가 플라톤의 동굴에서 빠져나가고 있다. 우리는 아직도 그 동굴 안에 갇혀 있다. 그 속에서 우리는 동굴 벽에 살짝 비친 그림자가 만들어낸 세상을 보며 그것이 현실이라 믿는다.

미래의 노동시장에 가장 큰 영향을 미칠 요인은 몇 번이나 강조했듯 디지털 기술의 발전이다. 그리고 앞으로 한동안 디지털 기술 발전을 이끌 주역은 바로 인공지능 기술이다. AI와 미래 노동시장의 관계를 이해하려면 인공지능에 관한 사회적 접근이 전제되어야 한다. AI에 대한 여론 분석에서부터 출발해야 하는 것이다. 기술 발전을 둘러싼 토론을 통해 우리가 기술 발전에 거는 기대가 무엇이고, 어떤 규제를 마련할 것인지가 규명된다. 나아가 대세 여론은 투자를 결정하는 자금 흐름의 향방에도 영향을 미친다. 어떤 분야에 특정 형태의 자동화 기술을 도입할 것인지는 몇몇 경제지표나 기술 혁신에 의해서만 결정하지 않는다. 특정 기술에 대한 사회 수용도 커다란 영향을 미친다. 요즘 많은 스타트업이 시장에 신기술을 출시하고 있다. 스타트업의 판매 실적이 높다는 말은 곧 커다란 혁신이 이뤄지고 있다는 것을 뜻한다. 하지만 스타트업도 결국 공론화의 장에서 결정된 유행과 트렌드를 따를 수밖에 없다. 그래야 투자를 받을 수 있기 때문이다. 위험을 즐기는 적극적인 투자자들은 돈이라는 털을 뒤집어쓴 한 무리의 이리떼라 할 수 있다. 이리떼에 합류한 이상 무리의 흐름에서 독단적으로 이탈하기는 쉽지 않다.

　사회에는 AI를 과대평가하는 이들도 있고 과소평가하는 이들도 있다. 이는 모순이 아니라 AI의 진정한 의미를 제대로 파악하는 이들이 그다지 많지 않기 때문에 발생하는 차이다. AI라는 개념은 학술적으로 정확히 규명되지 않았고, 저작권 보호를 받지도 않는다. 그 때문에 재미있는 일들이 벌어지기도 했다. 2019년 초 런던의 어느 투자회사가 유럽 내 2,830개의 스타트업을 조사했다. 조사 대상 스타트업 모두가 자신들의 비즈니스모델에 AI 기술이 포함되어 있다고 주장했다. 런던 투자사는 그중 40%가 AI와 무관하다는 사실을 밝혀냈다. 말만으로도 더 큰 성공, 더 밝은 미래를 보장받을 수 있을 것 같아서 AI라는 말을 사업계획서에 포함시킨 것이다. 실제로 2018년 AI 기술을 개발 중이라 말한 스타트업이 그렇지 않은 스타트업보다 벤처투자가들로부터 평균 15% 더 지원받았다.

　인공지능은 머신러닝을 통한 패턴인식 기술pattern recognition이다. 즉 AI가 한편으로는 방대한 양의 각종 데이터 속에서 인간은 도저히 파악할 수 없는 패턴들을 인식하고, 다른 한편으로는 시간이 지나면서 성능이 더 향상된다는 것이다. 1990년대 어느 인공지능학회에서 이미지 검색이나 개개인의 사회적 지위에 따른 뉴스 선호도 등을 주제로 한 강연과 발표가 대거 쏟아졌다. 그로부터 몇 년 뒤 구글 이미지 검색 기능이 등장했고, 페이스북은 뉴스피드news feed 기능을 추가했다. 신기술을 제시하는 것이야말로 AI의 전문 분야다. AI는 막 도달한 목표를 금세 평범한 것으로 만들어버린다. 목표를 달성한 순간의 환희도 금방 시든다. 2011년 왓슨이 퀴즈쇼에서 우승했을 때만 해도 그 소식이 신문 헤드라인들을 도배했다. 그러나 이제 우리는 거실 소파에 널브러진 채 아마존이 개발한 인공지능 플랫폼 스마트 스피커 알렉사Alexa가 원하는 답을 즉시 내놓지 않으면 위키백과 검색에 왜 이렇게 시간이 오래 걸리느냐며 짜증을 낸다. 인공지능 학계가 어제 개발한 기술보다 더 낡은 기술은 없는 세상이 된 것이다.

AI는 알아챌 틈도 없이 일상에 스며든다. 지나가는 사람을 붙잡고 AI 기술이 포함된 제품을 마지막으로 사용한 게 언제냐고 물어보면 대부분 어리둥절한 표정을 지으며 "아직 한 번도 써본 적이 없다. 나는 구글 직원이 아니다"라는 식의 대답이 돌아온다. "어제" 혹은 "조금 전"이라고 대답하는 이는 거의 없다. 하지만 사실 그들 대부분 어제 혹은 방금 전에 AI 기술이 포함된 기기를 이용했을 것이다. 2018년 12월 페이스북 인공지능팀의 수석 과학자는 "SNS에서 AI를 제외하면 먼지만 남을 것"이라 말했다. 페이스북 회원들은 이미 AI 기능을 활용하고 있다는 뜻이다. AI 기술이 없으면 스마트폰이나 스마트 스피커의 언어 인식 기능도 거의 작동하지 않는다. 2019년 초 아마존은 지금까지 1억 개가 넘는 '아마존 에코Amazon Echo'를 판매했다고 발표했다. 결론적으로 대부분은 현재 하루에도 몇 번씩 AI 기능이 포함된 기기들을 활용하고 있다.

AI 시대
언제 올 것인가

―――――――

AI가 경제나 노동에 미칠 영향을 논할 때면 금세 불안해진다. 3년 뒤가 될지, 10년 뒤가 될지 아무도 모르지만 그 영역에까지 AI의 영향력이 커진 다음에는 실로 위험한 상황이 도래할 것이다. 모두가 같은 걱정을 품게 되면서 오늘날 곳곳에 비관주의가 만연해졌다. 적어도 지금의 디지털 기술은 수많은 국가에서 일자리 창출의 원동력으로 작동하고 있기 때문이다. 그런데 2018년 여름, 세계적인 경영컨설팅업체 맥킨지McKinsey는 앞으로 전 세계 일자리가 30% 줄어들 것이라고 전망했다. 8억 명의 밥줄이 끊긴다는 뜻이다. 2019년 1월 중국의 AI 분야 거대 투자가 리카이푸李開復도 앞으로 15년 이내에 전체 일자리의 40%가 줄어들 것이라고 예언했다. 물론 새로운 일자리가 생겨나겠지만, 그 일자리들은 대개 고도의 전문 지식과 기술이 필요한 자리들로 이제 막 해고된 저학력 노동자와는 무관할 것이라 강조했다. 리카이푸나 맥킨지의 발표 뒤에 모종의 저의가 있을 확률도 배제할 수는 없다. 불안한 미래에 대한 경고가 때로 제품을 홍보하는 데 가장 효과적이기 때문이다. 기업컨설팅업체의 대량 해고 경고를 비용 절감의 기회로 이해하는 대기업도 없지 않다.

그러나 그만한 통찰력을 지니지 않은 언론이나 정치계는 대량 해고를 예고하는 빨강 신호등이 켜졌다는 뉴스들을 곧이곧대로 믿는다. 마땅히 경계해야 할 태도다. 미래에 대한 어두운 전망은 오래전부터 진행 중이던 변화를 직시할 눈을 가려버리기 때문이다. AI는 훗날 언젠가 다가오는 것이 아니다. 이미 삶 전반에 함께하고 있으며 노동계에도 눈에 보일 정도로 영향을 미치고 있다. AI 기술과 로봇공학은 예전보다 훨씬 더 공격적으로 산업 자동화를 이끌고 있다. 그로 인해 우리가 겪을 변화의 강도는 AI가 없던 시절 자동화 물결이 노동시장에 미친 영향과 비슷할 것이다.

보통 AI가 노동계에 미치는 가장 강력한 여파는 대량 실직일 것이라고 생각한다. 사실 그보다 우리가 익히 알고 있는 자본주의의 부작용을 한층 더 강화하는 데 큰 힘이 실릴 것이다. 우리는 지금 저 멀리 수평선을 바라보며 다음 쓰나미가 언제 또 덮쳐올지 걱정하고 있다. 하지만 우리 몸은 이미 허리까지 바닷물에 잠겨 있다. 인공지능 때문에 10~20년 뒤에 어떤 위기가 닥칠지 걱정하는 데 바빠 현재를 돌아볼 여유가 없다. 대부분 선진국은 소득 양극화 현상에 빠져 있다. 수십 년 전부터 고액 연봉자와 저액 연봉자 사이의 간격이 점점 더 벌어졌다. 가진 사람은 점점 더 많이 가지고, 없는 사람은 빈곤으로 더 깊이 빠지는 중이다. 고용 문제도 심각하다. 예컨대 미국에서는 20세기에서 21세기로 넘어오던 시기에 생산성과 직원 수가 정비례하지 않는다는 사실이 입증됐다. 산업계의 자동화와 세계화, 그리고 다수 산업 분야들이 값싼 노동력을 확보할 수 있는 아시아로 공장을 이전하면서 벌어진 현상일 것이다.

유럽에서도 그와 비슷한 변화가 있었다. 경제는 분명 성장하는데 중위소득은 좀체 오르지 않는 것이다. 독일이나 프랑스에서 노동집약적 산업 분야 종사자의 임금이 생산성 증가율에 발맞추지 못한다는 비판이 일기도 했지만, 이는 높은 실업률 문제에 묻히고 말았다. 실업률이 높아진 데도 세계화가 원인 중 하나였으며 신자유주의도 일조했다. 신자유주의는 1980년대에 대두되어 처음에는 보수파에, 나중에는 토니 블레어나 게르하르트 슈뢰더 같은 지도자에게 큰 영향을 준 경제이론이다.

몇몇 산업 분야에서는 생산성 증대와 일자리 수가 비례하지 않는 문제를 넘어서 임금마저도 가파르게 하락하고 있다. 1963년 서독에서 법학과 교수로 재직하던 사람의 평균 월급은 매달 공장에서 갓 출시된 폭스바겐 '딱정벌레차'를 살 수 있을 만큼 높았다(정확히 따지면 1년에 11대였다). 지금은 대학 조교수가 세후 연봉으로 1년에 딱정벌레차 한 대를 구입할 수 있는 수준이다. 단 한 푼도 지출하지 않고 월급을 착실히 모았을 때 이야기다. 미국의 밀레니얼 세대는 SNS에 수많은 푸념 글을 올린다. 50년 전만 하더라도 공장노동자가 월급을 아껴 모으면 서른 살에 주택을 마련할 수 있었는데, 밀레니얼 세대는 대학을 졸업하는 순간에 이미 거대한 숫자의 빚을 떠안은 채 사회생활을 시작해야 한다는 내용으로 말이다.

인공지능은 가뜩이나 열악한 노동 현실을 공략하고 있다. 모든 일자리를 한 방에 날려버릴 괴물 로봇의 모습으로 나타나지도, 전지전능한 슈퍼 천재 기업주 형태로 등장하지도 않을 것이다. 처음에는 이미 널리 사용하고 있는 소프트웨어가 그저 조금 발전한 형태로 모습을 드러낼 것이다. 그런 다음 좀 더 발전한 형태의 AI 기술들이 물 흐르듯 차례대로 우리의 일터를 점령할 것이다. 현재 사람이 처리하는 일들을 하나씩 잠식하고, 나중에는 인간의 기능 전체를 집어삼킬 것이다. 소프트웨어가 아닌 다른 분야까지 장악해나가는 AI의 영향력을 눈치조차 채지 못할 수 있다. 그런 가운데 빈부격차는 극심해질 것이다. 기업은 성장하고, 새로운 프로젝트를 도맡을 새로운 직원도 뽑을 것이다. AI 전문가로 구성된 그 새로운 팀은 엄청난 연봉을 받고, 나머지 직원들과 단순노동자들은 예전과 마찬가지로 살아가거나 예전만 못한 생활수준에 만족해야 할 것이다.

독일 기업이었다가 중국에 매각된 대표적 로봇 업체 쿠카KUKA의 행보는 매우 흥미롭다. 2016년 7월 쿠카는 지적장애를 지닌 노동자들이 근무하는 공장에 산업용 로봇을 납품하겠다고 발표했다. 이를 통해 해당 지역 내 자동차 분야 하청업체들을 지원하겠다는 것이었다. 이로써 인공지능과 로봇공학이 지닌 장점이 부각됐다. AI 덕분에 예전에는 고학력, 고임금 노동자가 필요하던 곳에 이제 그보다 학력이 낮고 전문성이 떨어지는 직원들을 배치할 수 있게 된 것이다.

앞으로는 흔히 간과해온 노동계의 문제점, 즉 굳이 고학력 인력이 필요하지 않은 곳에서도 고학력만을 찾는 문제가 수면 위로 더 선명하게 떠오를 것이다. AI와 로봇공학이 추구하는 자동화 전략은 간단하다. 기계가 똑똑해질수록 기계를 다루는 노동자, 기계를 이용해서 제품을 생산하는 노동자의 전문성은 떨어져도 된다는 사실이다. 이것이야말로 AI가 노동계와 사회에 미치는 중대한 여파일 수 있다. AI는 인간으로 하여금 기계를 이용하게 할 뿐 아니라 기계와 경쟁하게 만들기도 한다. 그리고 AI는 끊임없이 진화하고 있다.

이미 알고리즘이 지배하는 업무시스템 탓에 쥐꼬리만 한 임금을 받고 일하게 된 사람이 많다. 전 세계 택배 기사들은 대부분 밤낮없이 일한다. 여기에도 AI가 관여하고 있다. 온라인 상거래가 발달하면서 물류 분야도 급성장했기 때문이다. 21세기형 컨베이어벨트는 부품이나 제품만 이동하는 곳이 아니다. 알고리즘으로 조절되는 서비스가 그 위를 그야말로 물 흐르듯 이동하고 있다. 예컨대 택배 기사들이 그 서비스를 제공하는 주역이다. 따라서 물류 분야 뒤에 숨은 세계를 자세히 살펴볼 필요가 있다. 지

금부터 세계적인 물류시스템의 원천인 아마존을 좀 더 파헤쳐보
자. 미리 말하지만, 아마존은 경제적 약자를 등에 업은 디지털 기
업이다. 온라인 쇼핑 분야의 공룡 기업 대부분이 아마존과 비슷
한 상황에 놓여 있을 것이다.

디지털 세계가 지향하는 효율 극대화

온라인 쇼핑 분야의 대형 기업들은 완벽한 데이터에 기초한 물
류시스템을 갖추고 있다. 해당 업체들은 2005년부터 자체적인
물류 인프라를 갖추기 시작했다. 2017년 연간 사업보고서만 보
면 아마존이 온라인 쇼핑몰이 아니라 물류업체가 아닌지 의심이
들 정도다. 아마존의 CEO 제프 베이조스Jeff Bezos는 건드리는 사
업마다 고효율을 창출해내는 '미다스의 손'이다. 압도적 효율을
자랑하는 아마존의 알고리즘 역시 사실상 베이조스의 작품이었
다. 아마존은 2018년 배송비로만 280억 달러를 지출했다. 당연
히 이 비용을 줄이고 싶었을 것이다. 아마존은 AI를 이용해 인건
비를 대폭 줄이는 데 집중했으며, 판매부터 배송에 이르는 모든
거래 과정에 '효율성 극대화' 원칙을 적용했다.

2017년 이후 '아마존 물건 배송 중'이라는 문구를 단 트럭이
눈에 자주 띄는 것도 그 때문이다. 그 트럭 안에는 당연히 아마존
에서 출고된 택배 상자들만 들어 있다. 아마존은 같은 도시에서
들어온 주문에 대한 '1시간 배송 보장' 정책도 펼치고 있다. 자체
적으로 구축한 물류시스템 안에서 그 문제를 거뜬히 해결할 수

있는 것이다. 소형 온라인 업체들도 그러한 서비스를 제공할 수 있을까? 쉽지 않을 것이다. 데이터를 완벽하게 관리해야만 제공할 수 있는 수준의 서비스이기 때문이다. 아마존은 물류업계에 새로운 트렌드를 제시했다. 자사의 배송 구조보다 큰돈을 요구하는 외부 배송 업체는 즉시 배제하고 다른 업체로 갈아타는 것이다. 2017년 아마존은 50억 개의 상자를 출고했다. 경쟁업체에 커다란 압박으로 작용하기 충분한 물량이었다. 경쟁업체들은 자신들도 물류비용을 낮추지 않으면 살아남을 수 없다는 위기감을 느꼈다. 최종적으로 그 부담을 감당해야 하는 사람은 배송시스템이라는 고리의 맨 마지막에 있는 사람, 바로 택배 기사다. AI가 택배 기사의 노동에 미치는 영향을 이해하기 위해 물류의 경제학을 조금 더 깊이 알 필요가 있다.

다국적 회계 컨설팅기업인 프라이스워터하우스쿠퍼스Price Waterhouse Coopers는 2018년 물류 시장 동향을 조명한 뒤 수익 최대화로 가는 두 개의 핵심 요인을 지목했다. 첫 번째 요인은 '동선 밀도route density'다. 배송 트럭이 한 차례 순회할 때 몇 개의 상자를 배달할 수 있는지가 관건이라는 뜻이다. 두 번째 요인은 '회당 하차량drop size'으로 배송 트럭이 어느 지점에 한 번 정지해서 내려놓을 수 있는 박스의 개수다. 이 두 가지 요인이 택배업체의 성패를 결정한다. 얼핏 듣기에는 어려운 것이 없어 보이지만, 그 뒤에는 그야말로 복잡한 산술이 숨어 있다.

수학계에는 '순회 외판원 문제travelling salesman problem'라는 난제

가 있다. 여기에서 외판원이 택배 기사라고 가정해보자. 택배 기사는 어느 순서로 배송지를 거쳐야 출발점이 곧 종착점이 될 수 있을지를 고민해야 한다. 단, 이때 같은 지점을 두 번 지나서는 안 되고, 동선은 최대한 단축해야 한다. 도시에 사는 입장에서는 그다지 곤란한 과제가 아닐 수도 있다. 몇몇 지점을 머리에 그린 뒤 그 순서대로 돌면 문제가 해결되기 때문이다. 하지만 물동량이 엄청난 택배업체 입장에서는 그보다 더 복잡하고 어려운 과제가 없다. 이 과제를 풀어야만 비용을 절감할 수 있다. 이 고차원 방정식을 푸는 이는 살아남고, 그렇지 않으면 업계에서 물러나게 될 확률이 높다.

아마존의 AI 기술은 바로 이 분야에서 다양한 방식으로 빛을 발한다. 첫째, 해당 기술은 어디에 사는 고객이, 언제, 무엇을 주문할지를 미리 분석한다. 예측이 정확할수록 가장 가까운 물류센터에 보내놓을 물건과 수량을 정확히 파악할 수 있다. 고객이 주문도 하기 전에 물건부터 갖다 놓는 것이다. 점쟁이 놀음 같은 얘기지만 실제로 AI가 이런 방식으로 돌아가고 있다. 학습 가능한 패턴인식시스템이 주문 예상 물품이나 해당 물품의 주문량을 미리 감지하는 것이다. 이를테면 AI는 '한파가 몰아칠 때 하노버 시민들은 얼마나 많은 면양말을 주문할까?' 같은 질문들을 분석한다. 그렇게 하지 않으면 물건이 준비되지 않거나 비용을 감당할 수 없어서 24시간 배송 보장 시스템을 유지할 수가 없다. 고객들은 대부분 최대한 빠른 배송을 원한다. 아마존은 고객의 그러한 욕구를 충족시키고, 그와 동시에 물류 시장 전체에 자신들과 똑같은 시스템을 구축하지 않으면 살아남을 수 없다는 위협의 메시지를 던지고 있다.

물류센터에서 고객의 집까지 이동 경로를 단축하는 분야에서 AI는 더더욱 가치를 드러낸다. 동선 짜기는 결코 단순한 작업이 아니다. 생각하는 것보다 훨씬 더 다양한 데이터들이 동선 짜기에 투입된다. 예컨대 미국의 택배 물류회사 UPS는 1970년대에 배송 트럭이 좌회전을 할 때 사고가 가장 잦다는 사실을 발견했다. 좌회전 시 대기시간이 길다는 사실도 감안했다. 반대 방향에서 오는 차들에게 우선 통행권이 있기 때문에 좌회전을 하려면 그만큼 더 오래 기다려야 하는 것이다. 지금도 미국 내 UPS 배송 트럭들은 좌회전을 거의 하지 않는다.

사실 동선 짜기는 그 자체로 학문의 한 갈래라 할 수 있다. 물동량을 생각하면 수십 억 달러의 가치를 지닌 학문에 가깝다. 그 분야도 이제 AI가 지휘봉을 넘겨받았다. 자율주행차량으로 전환하기 위한 데이터들도 대량으로 수집되고 있다. 그렇다고 택배 기사들이 당장 대량 해고되는 사태는 발생하지 않을 것이다. 하지만 택배 기사들은 분명 점점 더 기계와 힘든 싸움을 해야 할 것이고, 높은 임금을 요구하면 결국 퇴출될지도 모른다.

택배 기사의 운행 동선을 분 단위로 조정하는 기술도 개발됐다. 정체 구간이 잦으면 돈과 시간이 허공에 날아가기 때문이다. 그래서 소프트웨어가 택배 기사에게 언제, 어디에서, 어떻게, 무엇을 배송하는 것이 가장 효율적인지를 알려준다. 오늘날 아마존 소속 대부분 택배 기사들의 상사는 사람이 아니라 AI다. 기계 상사는 인간보다 무자비하다.

아마존에서 일하는 택배 기사 중 정직원은 거의 없다. 대부분이 하청업체 소속이다. 아마존은 협력업체에 다양한 조건을 제시하고 약속한다. 연방 주마다 다른 최저임금도 지불하겠다고 약속한다. 하지만 결국 단위 시간당 배송량이 관건이 된다. 충분한 물량을 배송하지 못한 하청업체는 더 이상 아마존의 '러브콜'을 받지 못한다. 심한 경우, 배송업체가 매일 바뀌기도 한다. 아마존 배송업체 관련 일을 한 스코틀랜드의 어느 남성은 택배 기사들이 운행 중 페트병에 소변을 보는 일이 빈번하다고 내부고발을 하기도 했다. 택배 기사에게 휴식 시간은 사치다. 아침 7시부터 밤 10시까지 일하는데도 쉴 틈이 전혀 없다. 아마존은 택배 기사의 운행 경로와 배송 상황을 실시간으로 확인한다. 이를 통해 효율성을 측정하고 개선하는 것이다. 물론 거기에도 AI가 개입된다. 하청업체들을 이용해 비용을 절감하는 구조는 물류뿐 아니라 다른 모든 산업 분야에서도 관찰할 수 있다. 하청업체 직원들은 할당량을 채우기 위해 초과근무를 할 수밖에 없지만, 정당한 임금은 받지 못한다.

아마존은 '플렉스Flex'라는 독자적인 배송 플랫폼도 개발했다. 그때그때 아마존의 물건을 배송해주는 이들을 한시적으로 고용하는 것이다. 이러한 '플랫폼 경제platform economy'는 제값을 제대로 받지 못하게 될 위험을 다분히 내포하고 있다. 대부분 나라의 법과 규제들이 20세기 상황에 맞춰져 있기 때문이다. 노동시장과 다양한 일자리 모델이 만나는 구조가 바람직하지 않다는 말은 아니다. 자영업과 정규직을 결합한 복합 일자리 모델이 탄생하는 것도 나쁘지 않은 현상이다. 그러나 현재 상황에서 그 모델들이 노동자의 부담으로 이어질 위험이 높은 것은 부인할 수 없다. 이러한 현실을 감안해 2018년 12월 뉴욕 시는 우버 택시 기사들에게 적용되는 최저임금을 법으로 강제했다. 극도의 효율성만 추구하는 노동 플랫폼은 기업에 얽매인 직원과 홀로 일하는 자영업자 사이에 놓인 회색지대를 무자비하게 활용하고 있다. 제대로 된 규제도 마련하지 않은 채 시작된 플랫폼 자본주의는 노동자들을 야수처럼 물어뜯는다. 디지털화라는 효율성 제고 기계는 노동이라는 자원에 정확히 조준점을 맞추고, AI는 이 기계에 끊임없이 실탄을 공급하고 있다.

2018년 가을, 미국의 경영자들을 대상으로 한 교육용 비디오가 유출돼 큰 파문이 일었다. 해당 동영상에서 아마존이 노동권에 관해 어떤 철학을 지니고 있는지가 적나라하게 드러났기 때문이다. 아마존은 미국 경영자들에게 노동자들과 협상할 때 "노조는 거짓말과 속임수를 일삼는 쥐새끼들"이라는 말을 하라고 가르쳤다. 아마존 물류창고 직원들은 택배 기사들보다 더 심한 푸대접을 받는다. 2018년 12월 뉴욕의 물류창고 직원들은 아마존 직원들에게 노조를 설립할 것을 권했다. 여론을 향해서도 "그

자들은 당신을 로봇처럼 대하고 있다. (…) 그자들이 걱정하는 것은 오로지 실적뿐이다"라고 외쳤다. 물류 노동자들은 쉬는 시간 없는 12시간 교대 근무 시스템이 너무 가혹하다고 호소했고, 도저히 달성할 수 없는 할당량과 보안 검사가 이뤄지는 동안 무임금으로 기다리는 시간이 너무 길다며 불만을 토로했다. 그런 가운데 2019년 4월에는 아마존이 AI 기반의 소프트웨어를 이용해 물류창고 직원들을 감시해왔다는 내용의 문서가 유출됐다. AI는 직원별 생산성을 산출했고, 일정 이하의 점수를 받은 직원들은 해고하라고 권했다. 아마존은 2018년 8월과 9월 사이, 한 물류창고에서 일하던 직원 300명을 해고한 사실을 시인했다.

택배 기사나 물류창고 직원이 느끼는 중압감은 디지털 기술의 발달 및 무인화와 연계해서 고찰해야만 한다. 아마존 소속 노동자들은 기계와의 쉴 틈 없는 경쟁에 노출되어 있다. 아마존은 세계 최대의 '물류 로봇 군단'을 보유한 기업이다. 배송용 드론 개발에 착수했고, 2018년에는 도심을 누비는 '무인 로봇 배송시스템'의 시대를 열었다. 2018년 3월에는 물류창고에서 일하는 자동화 로봇을 개발하는 스타트업 '키바Kiva'를 인수했다. 현재 키바는 '아마존 로보틱스'라는 이름의 자회사가 됐고, 로봇을 투입해 전 세계 물류창고를 자동화하는 작업에 전념하고 있다.

아마존 택배 기사나 물류창고 직원들은 기계가 언제든지 자신을 대체할 수 있다는 위협에 시달리고 있다. 인공지능 기술과 로봇공학은 점점 더 많은 노동자를 기계와의 경쟁으로 내몰 것이다. 인간의 노동력이 점점 더 기계와의 승산 없는 싸움에 내몰리다가 결국 기계가 모두를 대체하는 사태가 일어날지도 모를 일이다. 그것이 현재 우리가 목도하고, 예측하고 있는 현실이다. AI와 로봇공학이 점점 더 많은 산업계와 다양한 일자리들을 장악하고 있다. 앞서도 말했지만 자동화가 진전된다고 해서 모두가 당장 일자리를 잃는 것은 아니다. 하지만 확실히 예전보다 가난해질 것이다. 적어도 많이 배우지 못한 이들은 분명 수입이 줄어들 것이다. 대체 가능성은 계속해서 높아질 것이기 때문이다. 지금도 우리는 각종 수치를 보며 불안감에 휩싸여 있다. 10년 뒤 어떤 분야가 완전하게 자동화되고, 어떤 일자리가 퇴출당할 것인가를 논하며 떨고 있다. 그사이 자동화로 인해 새로운 노동자 계층이 늘어나고 있다. 불안정한 고용 상태에 있는 무산계급 노동자proletariat가 실시간으로 급증하고 있는 것이다.

기계와의
전쟁

AI와 로봇이 더 많은 과제를 처리할수록 인간과 기계의 경쟁은 극으로 치닫게 되어 있다. 두 기술은 전 세계에 과잉학력over-qualification 현상을 낳고 있다. 대학에서 사회학을 전공한 뒤 택시 운전사로 일하는 사례는 20세기부터 귀가 닳도록 들어왔다. 그럼에도 불구하고 과잉학력 문제는 크게 부각되지 않았다. 기존의 노동시장 지표들로는 잘 파악되지 않기 때문이다. 2014년 독일의 노동시장 및 일자리 연구소가 실시한 조사에 따르면 경제활동인구 6명 중 1명이 과잉학력이었다고 한다. 700만 명이 지나치게 고급 인력이었다는 뜻이다. 오스트리아에서도 해당 수치를 정기적으로 파악하고 있는데, 1994년에서 2015년 사이에 과잉학력자의 비율이 12%에서 20% 수준으로 올랐다고 한다. 영국의 상황은 더 심각하다. 특히 대학을 졸업한 지 5년이 안 된 이들의 통계는 비참한 수준이다. 2001년부터 2013년 사이, 대졸 5년 차

이하 취업자들의 과잉학력 비율은 37%에서 47%로 대폭 올랐다. 대학을 졸업한 뒤 장기간 경제활동을 해온 이들의 과잉학력 비율도 27%에서 34%로 상승했다. 2013년 실시한 어느 조사에서는 미국 내 대졸 노동자의 절반이 자신의 학력에 비해 단순한 업종에 종사하고 있는 것으로 드러났다.

여간해선 공론화되지 않는 이 문제의 원인은 비교적 간단하다. 자기가 배운 것을 십분 활용하고자 하는 이들은 적은 데 비해 어떤 일이든 닥치는 대로 하겠다는 지원자가 너무 많은 것이다. 물론 수입도 기대했던 것보다 훨씬 적겠지만 손가락만 빨고 있는 것보다는 낫다고 생각하는 것이다. 1990년대 이후 이러한 현상이 꾸준히 확대되어 왔다. 오래전부터 만연한 자본주의의 부작용이라 할 수 있다. 게다가 AI라는 괴물이 등장했다. AI는 "내가 더 효율적일 것"이라고 속삭이며 수많은 기업을 꼬드기고 있다. 그 꾐에 넘어가는 기업은 많다. 자율주행차량의 개발은 수많은 사례 중 하나일 뿐이다.

AI는 학술 분야도 공격적으로 파고든다. 아직 밀어붙이는 강도가 거세진 않지만 몇몇 학자는 이맛살을 찌푸리며 우려를 표명하고 있다. 모하메드 알쿠라이시Mohammed AlQuraishi도 그중 한 명이다. 유전학 박사이자 시스템 생물학자, 머신러닝 분야의 전문가인 알쿠라이시는 10년째 '단백질 접힘 예측 모델링protein folding prediction modelling'이라는 중대한 미래 연구에 집중하고 있다. 이름만 들어도 어렵게 느껴지는 이 개념이 삶과 죽음을 결정한다.

단백질 접힘 예측 기술은 주로 제약 분야에서 필요로 한다. 요즘은 신약을 개발할 때 시험관에 각종 화학물질을 넣어 흔드는 대신 컴퓨터를 이용한 가상 시뮬레이션을 더 자주 활용한다. 모든 생명체의 근간이 되는 단백질은 단백질 접힘이라는 현상 때문에 극도로 복잡하게 구성된다. 단백질을 만드는 원료라 할 수 있는 아미노산은 3차원 형태의 구조로 이루어져 있는데 그 형태가 단백질의 효능을 결정한다. 즉 특정 형태의 아미노산에는 항암 효과가 있고, 그와 다른 형태의 아미노산은 사람을 즉시 죽음에 이르게 할 수도 있는 것이다. 이를 두고 과학자들 사이에 경쟁이 벌어지고 있다. 정확한 단백질 구조를 예측해서 각각의 단백질 덩어리의 효능을 미리 분석하는 사람이 승자가 되는 게임이 시작된 것이다. 실제로 캘리포니아에서는 2년에 한 번씩 단백질 구조를 예측하는 대회Critical Assessment of Structure Prediction, CASP가 개최된다. 2018년 12월 대회에서 알쿠라이시에 대적할 만한 특별한 경쟁자가 등장했다. 알파고의 인공지능 여동생인 '알파폴드AlphaFold'가 그 주인공이다. 알파폴드는 지금까지 해당 분야 그 어떤 전문가도 상상치 못한 기술을 선보이며 우승 트로피를 거머쥐었다. 참가자들 모두 알파폴드의 업적에 놀라 입을 다물지 못했다. 알쿠라이시는 자신이 오랫동안 운영해온 블로그에 "AI가 나를 뛰어넘었다는 사실을 인정한다. 나는 쓸모없는 사람이 된 기분이다"라고 적었다. 감탄과 회한이 교차하는 자기성찰, 패배에 대한 우울감, 어쩔 수 없는 항복, 피할 수 없는 현실을 긍정적으로 받아들이는 자세, 이 모든 것이 포함된 복잡한 감정이었다. 어느 인터뷰에서 알쿠라이시는 "지금껏 직업에 귀천이 있다고 생각하는 사람이 많았다. 머리를 쓰는 일자리들은 가장 나중에 교체되고, 단순 기계공은 맨 먼저 교체되리라고들 생각했다. 그런데 지금은 모든 것이 완전히 불분명해졌다"라고 밝혔다. 깊은 통찰과 불안이 뒤섞인 발언이었다.

최근 들어 직종별로 갖춰야 할 자질들이 급변하고 있다. 프리랜서나 자영업자는 변화의 물결에 비교적 익숙한 편일 수 있으나 고정된 직장에 소속된 이들, 늘 같은 분야에만 종사해온 이들로서는 커다란 도전이 아닐 수 없다. 이미 많은 일터에서 지능형 기계와 인간이 노동을 적절히 분담하고 있지만, 서로 충돌하지 않고 조화를 이루며 올바른 가치를 창출해나가는 방법은 아직 개발되지 않았다. 21세기 초반은 인간에게 불리한 시점이다. 예측 가능성이 보장되지 않을뿐더러 그러한 상황에서 근무 환경은 널뛰듯 변화하고 확대되고 있기 때문이다.

최고 경영자의 위기

AI가 불러올 다양한 변화 중 전문가가 아닌 일반 대중도 관심을 가질 만한 부분이 있다. AI가 몇 년 안에 노동뿐 아니라 기업의 구조 자체를 완전히 뒤집어놓을 수도 있다는 점이다. 바야흐로 AI가 의사결정도 할 수 있는 시대가 왔다. 지금까지는 기업 전체의 경영에 큰 영향을 미칠 전략과 관련해 결정을 내릴 때 기업

경영진의 감각과 두뇌를 동원했다. 그런데 지금의 기업들은 사내외적으로 수많은 데이터를 수집한다. 배송자의 작업 능력부터 사내에서의 업무 처리 과정, 고객들의 반응 양식 등 모든 것이 데이터화된다. 그 데이터를 신속하고 정확하게 분석하는 작업을 '비즈니스 인텔리전스Business Intelligence, BI'라 부른다. 이름 있는 대기업들은 오래전부터 BI 기술을 활용해왔다. 책임자들이 데이터 분석 결과를 바탕으로 올바른 판단을 하도록 돕는 시스템이 구축되어 있는 것이다. 이 시스템을 통해 경영자들은 다양한 결정을 내린다. 새로운 모델을 출시해야 할지, 그에 따른 비용은 얼마쯤일지, 아시아 시장 정복에 나설지, 이번 광고의 실적이 왜 좋지 않았는지, 그렇다면 어떤 점을 개선해야 할지까지 말이다.

그 과정에서 기업의 현재 실적과 과거 실적, 경쟁업체, 시장에 관한 데이터를 수집한다. 산업군에 따라 일기예보나 특정 국가의 정치 상황 관련 데이터가 필요할 때도 있다. 그 데이터들을 손에 쥔 경영자의 상상력에는 한계가 없다. 디지털 기술이 예컨대 3년 뒤 터키의 딸기 수확량까지 비교적 정확하게 예측해주기 때문이다. 무턱대고 딸기를 예로 든 것이 아니다. 터키는 연간 딸기 수확량이 30만 톤으로, 세계 2위의 딸기 생산국이다. 그런데 만약 터키의 정치 상황이 불안해진다면 어떨까? 터키에 갑자기 병충해가 들끓거나 터키 날씨에서 이상 징후를 발견한다면 수확량이나 딸기 가격은 요동칠 게 틀림없다. 전 세계에 딸기잼을 수출하는 업체는 그런 데이터를 결코 무시할 수 없고, 어떤 결정을 내리든 고심에 고심을 거듭하게 될 것이다.

데이터들을 종합해 중대한 결정을 내리는 기업 최고 경영진에게 인공지능 소프트웨어는 충실한 비서 역할을 한다. 어느 결정이 가장 큰 성공을 보장할지 경영진에게 미리 충고해주는 것이다. 충고의 방법 중 하나는 시뮬레이션이다. 다양한 시나리오를 가동해본 뒤 각각의 시나리오 속에 담긴 기회와 리스크를 평가한다. 시뮬레이션 작업이 마무리되면 AI는 분야별 최선의 선택을 통보하거나 최선에 가까운 선택지 몇 개를 제시한다.

앞으로 몇 년 내에 대기업 간부들 사이에서는 AI를 이용해 판단하는 방식이 관행이 될 전망이다. 현재 기업 자문단들이 하고 있는 일을 AI가 떠맡게 된다는 뜻이다. 사람에게 자문을 얻고 중대한 결정을 내릴 때 어마어마한 책임감과 중압감이 뒤따른다. 만약 고액의 자문료를 받는 어느 컨설턴트가 통계 수치가 빼곡히 적힌 종이를 내밀면서 이번에는 딸기잼 대신 산딸기잼을 생산해야 한다고 충고한다면 어떨까? 선택의 기로에 선 경영진은 난관에 빠진다. 까딱 잘못 했다가는 자신이 모든 책임을 뒤집어쓰게 된다. 그래도 딸기잼을 고집하려면 자문단을 설득할 만큼의 납득이 되는 근거를 제시해야 하고, 큰 손실이 있을지도 모르는 리스크를 감수해야 한다. 어쩌면 자신의 목이 날아갈지도 모른다. 하지만 컴퓨터가 분석한 통계는 사람보다 데이터가 방대하고 객관적이다. 경영진으로서는 데이터를 거스르는 결정을 내리기가 더 힘들어질 수도 있지만 사실상 이미 많은 CEO가 그

길을 따르고 있다. AI는 경영진뿐 아니라 일반 사원들의 결정 과
정에도 크게 관여한다.

　오늘날 각종 펀드 투자사에서는 AI가 직원들에게 전달조차 하
지 않고 스스로 투자 결정을 내린다. 광고대행사의 업무도 AI가
일부를 담당한다. 온라인 광고 캠페인을 적절하게 조율하거나 광
고의 모티브를 스스로 결정하는 것이다. AI에 일정 예산과 목표
를 할당하면 AI는 주어진 상황에서 다양한 광고 문구나 이미지
를 결합한 온라인 광고를 시뮬레이션한 뒤 최상의 옵션을 추출
한다. 마치 거대한 블랙홀처럼 AI는 모든 결정을 자기 안으로 빨
아들인다. 그러고는 가장 똑똑하고 효과적인 결정을 내민다.

　작은 것들이 모여 커다란 변화를 이끌어낼 때도 많다. 예를 들
어 어떤 회사가 소프트웨어 하나를 업데이트하고 다른 회사들도
똑같은 과정을 거치면 이를 통해 큰 변화가 창출된다. AI는 경제
계와 노동계를 종횡무진 질주하기 시작했다. 아직은 '견제와 균
형'이라는 법칙이 제대로 구축되지 않았다. 한계점도 많고 납득
되지 않는 지점도 적지 않다. AI가 지닌 결정적 결함도 서서히 수
면 위로 떠오르고 있다. 그러나 몇몇 AI 소프트웨어는 단 한 건의
결정을 내리기 위해 무려 10만 개의 요인을 동원한다. 이 과정을
거친 분석을 의심하는 근거를 몇 마디로 정리할 수 있는 이는 없
다. 그렇다 보니 지금까지 AI가 내린 결정의 이유를 거의 의심하
지 않았지만 그 분석을 무턱대고 맹신하는 태도는 분명 위험하
다. 소프트웨어가 오판할 개연성이 전혀 없는 것은 아니다. AI가

포함된 소프트웨어에 오류가 있을 가능성은 더욱더 높다. 투명성
이 100% 보장된다 하더라도 인간의 머리로는 도저히 따라갈 수
없는 복잡한 데이터 처리 방식을 내포하고 있기 때문이다.

사회는 점점 더 디지털화되어 가고 있다. 그 분야 전문가들도
자신이 일상적으로 하는 업무가 어떤 맥락으로 엮여 있는지 파
악하지 못할 정도로 복잡해지고 있다. 페이스북 뉴스피드 담당
자에게 왜 어떤 게시물은 뜨고, 어떤 게시물은 뜨지 않는지 물어
본다면 "잘 모른다. 유저의 데이터를 분석한 AI가 그렇게 결정한
것"이라는 대답이 돌아올 확률이 높다. 사회에 큰 영향을 미치고
있는 거대 기업이나 기관도 그런 방식으로 결정을 내린다면 어
떨까? 어느 대규모 보험사가 오로지 AI에 의존해서 가입시킬 고
객과 거절할 고객을 결정한다면 어떨까? 은행이나 신용평가사가
AI 기술로 신용불량자와 마음껏 돈을 빌려도 되는 사람을 판단
한다면? AI 소프트웨어는 분명 새로운 종류의 차별을 초래할 소
지가 있다. 그럼에도 불구하고 AI는 장차 노동시장에서 더 큰 활
약을 펼칠 것이고, 지금 우리가 생각하는 '노동'의 개념을 완전히
뒤바꿔놓을 것이다.

창의력과 공감 능력

다가올 AI 시대에 어떻게 대비해야 할까? 대개 기계는 창의적이
지 않기 때문에 창의력이 많이 요구되는 직업은 자동화 시대에
도 살아남을 것이라고 생각한다. 이는 창의력이라는 개념의 가치

를 지나치게 과대평가하는 것이다. 대기업들은 걸핏하면 야심차게 '창의력으로 승부하겠다'라는 홍보 문구를 던지곤 하지만, 사실 창의력이 늘 좋기만 한 것은 아니다.

강력한 서열 구조를 지닌 20세기 대기업에게 창의력은 오히려 불안감의 원천이자 질서를 파괴하는 요인일 수 있다. 특히 경제적 맥락에서 볼 때 창의력은 파괴적 성격을 다분히 포함한다. 창의력에서 시작된 모든 변화는 일정 규모 이상의 기업들에게 잠재적인 권력 이동을 의미한다. 근면과 성실이 승진을 보장하고 자리를 보전하게 해준다고 믿는 이들 입장에서는 나 아닌 누군가가 창의력을 발휘하는 상황이 유쾌하지는 않을 것이다. 다행히도 창의력을 현실화하기까지 수많은 난관을 극복해야 한다. 예를 들어 진정한 창의성이 수십 년째 명맥을 이어온 품질경영시스템 국제규격 ISO 9001에 위배될 수 있고, UN이 설정한 열일곱 가지 개발 목표인 SDGs Sustainable Development Goals와도 충돌할 수 있다. 예컨대 창의적인 말단 직원이 있다면 그는 충돌을 제거할 방법을 찾느라 끙끙 앓을 것이다. 하지만 기존 기업 구조에서 묵묵히 그날 주어진 업무량을 소화하고, 업무 규정을 철저히 지키며, 상사를 깍듯하게 모시는 직원은 승진할 확률이 더 높다. 때로 창의성을 발휘하지 않는 편이 더 안전하다고 여겨지기도 한다.

물론 기업 구조는 언제든지 변할 수 있다. 창의력 넘치는 똘똘한 직원 몇 명의 힘으로도 가능한 일이다. 그런데 현실에서 AI가 창의력과 관련된 분야 대부분을 점령하고 있다. 2019년 3월 말 세계 3대 메이저 레이블인 워너뮤직Warner Music은 대형 음악 레이블 중 최초로 알고리즘 시스템과 계약을 맺었다. 해당 앱은 독일의 작은 업체 엔델Endel이 개발한 것으로, '크로스 플랫폼이 지원되는 오디오 에코시스템cross-platform audio ecosystem'을 표방하는 기술이다. 엔델은 개인의 특성에 맞춰 소리를 제공하는 일종의 '사운드스케이프soundscape'를 개발함으로써 청취할 때 집중력과 안정감을 높였다고 한다. 이를 바탕으로 엔델은 워너뮤직과 손을 잡고 개인의 기분이나 생체리듬에 발맞춘 사운드 앨범을 제작한다. 첫해에는 20개의 각기 다른 앨범을 제작할 예정이라고 한다. 현재 온라인에서는 디지털이라는 토양 위에 플랫폼이라는 싹이 무수히 자라나고 있다. AI 기술을 이용해 맞춤형 음악을 제공하는 다양한 플랫폼이 탄생하고 있는 것이다. 심지어 요즘은 AI가 영화 시나리오를 직접 쓰거나 각색하기도 한다. 아직 수준이 높은 편은 아니지만, 머신러닝이라는 말 자체에 자체 학습을 통한 개선이라는 개념을 포함한다고 하지 않았던가. 그러므로 창의력은 아무리 봐도 우리가 장차 빠지게 될 딜레마인 기계와의 경쟁에서 빠져나갈 탈출구가 될 수는 없을 듯하다.

'공감 능력'이라는 키워드도 기계와의 경쟁에서 살아남을 수 있는 무기로 자주 언급되곤 하지만, 큰 기대를 걸기 어려워 보인다. 일단 공감 능력만으로는 일자리를 구할 수 없다. 21세기 초반의 자본주의 사회는 공감 능력이 탁월한 자가 승리하는 사회가 아니다. 게다가 믿기지 않겠지만 기계가 공감 능력 분야에서도 발전을 거듭하고 있다. 실리콘밸리의 스타트업 X2AI는 2016년 부터 '테스Tess'라는 이름의 AI 프로그램을 개발 중이다. 테스는 챗봇으로 사용자와 의미 있는 대화를 나눌 수 있는 AI 심리상담가다. X2AI는 2019년 기준 400만 명의 고객을 보유하고 있으며, 자사의 웹사이트에 외부 전문가의 검증을 거친 인상적인 성공 사례들을 게재해놓았다.

테스는 사람들이 상호작용을 하는 가운데 안정감을 느낀다는 점을 십분 활용한 앱이다. 기계가 인간을 대체한다는 점을 탐탁잖게 여기는 이들도 많겠지만, 테스는 실제 심리상담사와 약속을 잡아야 할 필요성을 느끼기도 전에 심리를 치료해준다는 점에서 꽤 괜찮은 앱이라 할 수 있다. 테스는 스마트폰 사용자라면 누구나, 언제든지 불러낼 수 있는 개인 심리상담사다. 누군가가 테스와 대화를 나눈 뒤 기분이 조금 나아진다면 그것만으로도 그 앱은 성공적이라 할 수 있다. 나아가 테스는 공감 능력이 인간만의 능력이 아니게 될 것이라는 사실을 선명하게 보여주고 있다.

새로운
노동 정의

앞으로 AI가 모든 산업 분야에서 인간의 노동력을 점령해나갈 것이라는 데는 의심의 여지가 없다. AI 때문에 한순간 나락으로 떨어지는 전문가도 속출할 것이다. 디지털 기술은 누군가를 더 큰 부자로 만들어주기도 하지만, 또 다른 누군가를 궁핍한 처지로 내몰기도 한다. 그것이 디지털 기술 본연의 특징이다. 이 추세는 멈추지 않을 것이 자명하다. AI는 한 차원 더 높은 디지털화를 의미한다. AI 기술을 도입한 이후 1990년대 PC가 사무실 책상 위를 장악했을 때만큼 강렬하게 수많은 사람이 절망에 빠질 것이다.

AI는 노동의 종류뿐 아니라 특정 직종에 종사하기 위해 갖추어야 할 능력과 지식의 스펙트럼도 바꾸고 있다. 이 순간에도 그러한 변화가 일고 있다. 얼마 전까지만 해도 고학력 전문가들이 담당해야 했던 업무들이 단순 기계 조작 업무로 탈바꿈해버렸다. 물론 다양한 능력과 노하우를 보유하고 있으면 조금 더 유리하겠지만, 그럼에도 불구하고 대체 불가능할 것이라는 보장은 없다. 인공지능으로 인한 변화 과정은 그다지 급작스럽지 않다. 오히려 더딘 편이다. 자기계발 의욕이 충만한 이들에게는 어쩌면 기회일지도 모른다. 사회와 노동 전 분야를 디지털화하려면 전문 인력이 꼭 필요하기 때문이다. 그러나 앞서 말했던 과잉학력 문제를 고려하면, 과연 많이 배운 사람이라 해서 사회적 난관을 잘 견뎌낼 수 있을지 의문이다. 디지털화와 자동화로 인해 단순노동직 일자리가 단번에 사라지지는 않겠지만, 산 입에 거미줄을 치지 않기 위해 단순노동이라도 해야 하는 이들의 수는 분명 늘어날 것이다. 아직 기계가 혼자 해낼 수 없는 분야에서 밥그릇을 둘러싼 경쟁이 더 심해질 것은 불 보듯 빤하다.

네트워크로 연동된 기계들과 인공지능 기술, 나아가 20세기 말부터 시작된 업무 유연화 현상 덕분에 기업 내 업무 처리 과정은 급변할 것이다. 업무 유연화란 기업 내 각종 구조나 서열, 업무처리 방식, 근무 시간 등이 총체적으로 휘발되거나 해체되고, 업무 간 경계가 흐려지는 현상을 의미한다. 이는 디지털 기술의 발달로 다음 세 가지 현상과 함께 가속화될 것이다.

- 업무 전반 가속화 및 발 빠른 대응에 대한 압박감 증대
- 기존의 서열을 뛰어넘는 직급 간 평준화 및 네트워크로 연결된 의사소통 구조
- 더 큰 유연성을 향한 노동자들의 갈망

신속한 업무 처리와 대응은 변화를 주도하는 가장 큰 힘이다. 속도는 실로 결과에 엄청난 영향을 미친다. 날아오는 10그램짜리 자그마한 쇠구슬을 잡아내라는 임무가 주어졌다고 가정해보자. 처음에는 누군가가 손으로 구슬을 던지고 그다음에는 다른 누군가가 장총에 구슬을 장전하고 방아쇠를 당겨서 쏜다. 과연 그 두 사람이 번갈아 던지거나 쏘는 구슬을 재빨리 모두 다 받아낼 수 있을까? 디지털 기술이 발달한 뒤부터 우리는 끊임없이 무언가를 실시간으로 처리해야 하는 입장에 놓여 있다. 이때 보조인력이나 기계의 도움을 받을 수는 있다. 그러나 그 인력이나 기계가 특정 시점에 일제히 손발을 딱딱 맞춰 움직이지 않으면 협력의 성과는 크지 않을 것이다. 20세기는 한 공간에 있는 이들이 함께 일하는 구조였다. 21세기는 공간보다 시간이 더 중요해졌다. 모두가 같은 시점에 서로 의견을 주고받으며 업무를 처리해야 최대의 효율을 낼 수 있게 된 것이다.

독일의 어느 기업동향연구가는 2010년에 "실시간만으로는 충분히 빠르지 않다! 당신의 과제는 실시간보다 더 빨리 대처하는 것이다"라고 말했다. 당시에는 그 말이 귀에 꽂히기는 하지만 알맹이는 하나도 없는, 듣기에만 그럴싸한 허상 같이 느껴졌다. 거의 10년이 지난 지금 그 말을 곱씹어보면 AI에 기초한 아마존의 구매 예측 프로그램들과 물류센터 재고 관리 프로그램이 그 전문가가 말한 방향으로 나아가고 있는 듯하다. 심지어 몇몇 온라인 쇼핑몰은 고객이 주문하지도 않은 물건을 미리 배송하는 전략을 고민했다고 한다. AI가 추천하는 상품을 일단 보내면 대부분 고객이 그 물건을 구입할 것이라는 계산이었다.

한편, 속도 경쟁은 노동계에 또 다른 변화를 불러왔다. 직급 간 평준화 현상이 나타나기 시작한 것이다. 20세기 기업은 대체로 군대 서열과 유사한 구조, 피라미드식 서열 구조로 이루어져 있었다. 제아무리 평등을 외치는 기업이라 하더라도 속내를 들여다보면 대부분 수직 구조였다. 지금도 직급이 완전히 파괴됐다고 할 수는 없다. 최첨단 네트워크를 자랑하는 업체에서도 사장이 직원을 하루아침에 잘라버리는 일이 벌어지고 있기 때문이다. 그런 가운데 아마존은 수평적 조직문화야말로 기업을 주도하는 원동력이라는 사실을 적나라하게 보여주고 있다. 구글이나 페이스북도 비슷한 상황이다. 최고의 실력을 보유한 직원 중 고전적인 서열문화에 편입되고 싶어 하는 이는 거의 없다. 페이스북 직원들의 평균 연봉은 2017년 기준 24만 달러였다. 연봉이 모든 것을 말해주는 것은 아니지만 페이스북이 직원의 가치를 얼마나 높이 평가하고 있는지 조금은 알 수 있다.

대부분 기업이 유지 중인 비민주적 구조는 앞으로도 한동안 건재할 것이다. 하지만 업무 환경은 좀 더 협동적으로 변할 것이고, 그로 인해 조직구조도 점점 수평화될 것이다. 점점 더 다양하고 중대한 데이터가 기업으로 흘러 들어가는 이 시점에 데이터를 분석하고 그에 반응하는 기간이 길어질수록 실적은 떨어질 수밖에 없다. 시장상황의 변화에 빨리 대처하고 고객과의 의사소통에 걸리는 시간을 단축할수록 효율성은 제고된다. 따라서 경영진은 각 업무를 최대한 빨리 담당 부서에 위임해야 한다. 예를 들어 어떤 기업에 큰 사건이 터졌다. SNS 채널을 이용한 발빠른 대처가 필요한 상황이다. '분기별 트위터 운영전략' 따위를 들여다볼 여유가 없다. 그럴 땐 사건의 특성에 따라 그 분야 책임자가 신속히 나서야 한다. 어느 분야를 누가 책임질지에 관한 네트워크는 미리 구축되어 있어야 한다. 그러나 아직도 대부분 기업은 의사소통 체계 및 서열과 관련한 엄격한 사규를 준수해야 한다며 시대에 뒤처지고 있다.

그와 달리 직원들은 서열 구조를 타파하고자 한다. 그 바람을 실행에 옮긴 이들도 있을 것이다. 디지털 네트워크는 직원들이 손에 쥐고 있는 검이다. 업무 유연화 현상은 방패고, 검이 찔러야 할 타깃은 사회의 변화다. 타깃이 아직은 너무 멀리 있다. 20세기 말《신자유주의와 인간성의 파괴 The Corrosion of Character》를 발간한 영국의 사회학자 리처드 세넷Richard Sennett은 유연성을 유해한 것, 기업이 직원들에게 억지로 강요하는 것이라 역설했다. 유연한 자본주의flexible capitalism라는 미명 하에 신자유주의가 노동자들을 언제든지 마음대로 조종하거나 해고할 수 있는 대상으로 간주하는 세태를 꼬집은 것이었다. 지금은 거꾸로 직원들이 기업에 유연한 태도를 요구하고 있다. 부유하다고 알려진 여러 국가에서는 고학력 노동자들을 영입하기 위한 전쟁이 벌어진다. 필요한 인력에 비해 지원자 수가 턱없이 부족하기 때문이다.

여러 업체가 앞다투어 모셔가려는 이들은 자신이 원하는 조건을 당당히 제시한다. 그 조건에는 으레 업무 시간이나 공간의 유연성이 포함된다. 이미 꽤 많은 업체가 전문직 정직원들에게 시간이나 공간의 제약 없이 선택 근로제를 취할 수 있는 '디지털 보헤미안'으로 살아갈 권리를 부여하고 있다. 2015년 네덜란드는 노동자들이 재택근무를 요구할 권리를 허용하는 법안을 통과시켰다. 스칸디나비아 반도의 몇 국가에서도 동일한 법이 적용되고 있고, 그 덕분에 간헐적 재택근무나 이동 근무를 신청하는 이들이 몇 년 만에 3배 늘었다. 덴마크, 스웨덴, 네덜란드는 홈 오피스족이 30~40%에 달한다. 안식년이나 주 4일 근무 등을 신청하는 직원의 수도 눈에 띄게 늘었다. 사용자 측이 이를 허용하지 않을 경우 해당 직원들은 근로연장계약서에 서명하지 않는다. '업무 시간과 공간을 스스로 결정할 자유'라는 꿀맛을 본 사람은 그 달콤함을 포기하지 않는다.

이는 네트워크 기술이 지닌 힘을 보여주는 대표 사례다. 재택근무로도 업무를 처리할 수 있는 홈 오피스를 실현하기 위해서는 두 가지 중대한 기술이 필요하다. 첫 번째 기술은 휴대전화다. 휴대전화는 1990년대 중반부터 홈 오피스를 구현하는 방향으로 발전해왔다. 두 번째 기술은 무선랜이다. 지금은 상상하기 어렵지만 21세기로 전환하던 때만 하더라도 무선랜망이 무엇인지, 무선랜망이라는 게 가능한지 아는 사람은 많지 않았다. 무선랜 기술은 1999년 여름, 스티브 잡스가 무선랜을 탑재한 아이북iBook을 선보이면서 대중들에게 알려지기 시작했다. 대학생 사이에서 큰 인기를 끈 이 노트북은 입소문을 타고 순식간에 널리 퍼졌고, 이에 제조업체들은 모든 노트북에 무선랜 칩을 장착했다. 물론 그 이전에도 모바일 인터넷을 이용할 방법은 있었지만, 비용이 너무 많이 들거나 극도로 비실용적이었다. 이후 몇 년 사이에 무선랜은 사무실이 아닌 공간에서도 온라인으로 업무를 처리할 수 있게 해주는 결정적 동력으로 작용했다. 어디서든 고객이 보낸 이메일을 확인하고 답할 수 있게 된 것이다. 무선랜이 탄생한 지 20년이 되어가는 지금, 노동환경은 유연화 시대에 접어들었고, 다음 단계로 나아가기 위한 출발선에 서 있다.

노동 어떻게 정의할 것인가

철학자 프리트호프 베르크만Frithjof Bergmann은 전통적인 20세기형 자본주의 노동사회는 수년 전에 끝장났다고 주장한다. 충분히 공감이 가는 관점이지만 안타깝게도 이에 동조하는 사람은 많지 않았다. 베르크만은 1970년대 후반 동유럽을 여행한 뒤 어쩌면 잘 구축된 공산주의 경제가 다른 무엇보다 나을 수도 있을 거라는 생각을 완전히 접었다. 대신 자본주의와 자동화가 노동시장을 어떻게 바꿔놓았는지를 면밀히 관찰했다. 베르크만은 자동화가 특히 제조업 분야의 일자리를 점점 줄이고 있다는 사실에 주목했고, 뉴욕이 그에 정반대되는 모델을 제시하고 있다는 사실에 매우 놀랐다. 베르크만은 뉴욕 경제를 떠받치는 기둥으로 세 가지를 꼽았다. 전통적 의미의 생계 활동, 기술을 이용한 분산형 스마트 자급자족 시스템, 모두가 자신이 진정으로 하고 싶은 일을 하는 것이 그 세 가지 요인이다. 그런데 경험에 비춰볼 때 자신이 진짜 하고 싶은 일이 무엇인지 찾아내기란 평생의 숙원 사업이라 할 만큼 쉽지 않다. 베르크만은 이 지점을 간파하고 세계 곳곳에 '새로운 노동 센터Center for New Work'를 구축했다. 그리고 그곳에서 노동과 관련된 자아를 발견하는 과정과 노동의 참뜻을 가르치기 시작했다. 그는 기존 노동의 의미가 저물어가는 시점에 장기적 안목으로 '새로운 노동'이라는 이상향을 구축하고자 했다. 그러나 오늘날 토론의 장에서는 새로운 노동이라는 개념이 베르크만이 의도한 바와는 다르게 변질된 개념으로 통용되고 있다.

새로운 노동 개념을 처음 접한 이들은 세계화와 디지털화로 인한 노동시장 변화를 포괄적으로 설명하는 키워드쯤으로 받아들였다. 시간이 흐르면서 해당 개념은 '노동의 의미를 찾는 것' 혹은 '노동자의 자율성을 확보할 기회' 등으로 조금씩 의미가 바뀌기 시작했다. 지금까지도 새로운 노동이 무엇인지 명확히 규명되지 않았다. 안타까워할 필요는 없다. 원래 모호한 개념이고, 어쩌면 모호함 속에 기회가 숨어 있을 수도 있기 때문이다. 새로운 노동이 사회 깊숙이 파고들기까지 어떤 과정을 거쳐야 할지도 아직 정리된 바 없다.

새로운 노동의 정의가 불분명할 수밖에 없는 이유 중 하나는 기술이 너무나 빠른 속도로 진행되고 있다는 것이다. 노동을 완전히 새로이 규명하기에는 변화의 속도가 너무 빠르다. 또 다른 이유는 오늘날 자본주의가 예측 불가능한 방향으로 흘러간다는 점이다. 사회주의 시장경제와 극단적 시장중심주의, 국가자본주의 등 자본주의 안에 포함된 하위 시스템들이 오늘날 모두 갈림길에 서 있다고 해도 과언이 아니다. 한쪽에서는 디지털 플랫폼 자본주의가 대성공을 거두면서 노동환경을 압박하고 있고, 다른 한쪽에서는 사회 정의를 실현하는 데 실패하면서 그에 따른 여파가 자본주의 경제를 짓누르고 있다. 이 흐름을 봤을 때, 범대서양무역투자동반자협정TTIP이 반대 여론 때문에 무산으로 돌아간 일이나 현재 미국과 중국 사이에 벌어지고 있는 무역 전쟁 등도 모두 글로벌 경제구조가 위기에 빠졌다는 신호다.

자본주의가 당장 벼랑 끝에 서 있는 것은 아니다. 하지만 여러 방면에서 압박이 거세지고 있는 것은 사실이다. 인류의 보금자리인 지구를 보존하는 것과 꾸준한 성장이 병립할 수 있을까? 세계화가 자본주의에 내포된 불평등을 더 강화하지는 않을까? 자유민주주의가 직면한 여러 위기와 자본주의의 폐해 사이에 전혀 연관이 없을까? 점점 더 많은 사람이 이와 같은 의심을 품고 있고, 자신의 앞날을 도무지 점칠 수 없다는 절망감에 빠져 있다. 개개인의 미래를 예측하기는 디지털화가 노동환경을 어떻게 바꿀지 점치기보다 훨씬 어렵다. 하지만 글로벌화된 디지털자본주의 속에서 노동의 정의나 환경은 분명 계속 변화할 것이다. 더 심각한 위기가 발생하지 않는 한 변화된 노동환경이 우리 사회를 주도적으로 이끌 것이다. 그런 의미에서 '새로운 노동'은 업무 유연화의 여파를 분석하는 일종의 암호다.

업무 유연화에 대처하는 가장 효과적인 방법은 교육을 강화하는 것이다. 하지만 교육 분야에서도 이미 불협화음이 일고 있어 교육이 나아가야 할 노선부터 수정이 필요한 상황이다. 교육은 디지털화라는 큰 변화에 직면한 한 나라의 국가경제가 돌파구를 찾기 위해 가장 필요한 수단이다. 사실상 고학력자가 좋은 직장에 취직하고 사회적으로 성공하며 부와 명예도 거머쥔다는 공식은 깨진 지 오래다. 디지털 기술 발달로 인한 유연화 현상은 교육 분야에도 영향을 미치고 있다.

예전에는 평생교육이 알맹이 없는 구호에 불과했다. 하지만 인터넷과 함께 성장한 세대에 평생교육은 삶의 당연한 일부다. 그들은 매일 새로운 기계나 장비를 다루는 법을 익히고, 달라진 사회 현실에 적응해야 한다. 밀레니얼 세대와 그 뒤를 잇는 Z세대는 아마 위에 나열한 과정을 배움의 과정이라 생각하지도 않을 것이다. 노동과 교육, 다시 말해 일과 학습 사이의 경계가 하나로 융합되고 있기 때문이다. 앞으로 20년 뒤에 어떤 지식과 능력이 필요하게 될지를 예측하기란 불가능에 가깝고, 그렇기 때문에 오늘날 메타 교육 차원에서 '학습법을 학습하기'의 중요성이 강조되고 있다. 과거 그 어느 때보다 앞날을 예측하기 어려운 시대를 맞게 될 이들에게 무언가를 배우는 방법을 익히는 것이야말로 가장 효과적인 생존법일 수 있다.

세계를 주름잡는 자타 공인 기술 강국들은 앞으로 수년 내에 여러 질문을 제기하고 그에 관한 답을 찾아야 한다. 왜 어떤 노동에 대해서는 거액의 보수가 지급되고 어떤 노동은 그렇지 않을까? 왜 임금 격차가 이토록 심할까? 기계와 경쟁하는 과정에서 대규모 실업 사태가 발생한다면 어떻게 대처해야 할까? 노동이란 과연 무엇일까? 극단적인 자동화 물결이 한바탕 휩쓸고 간 뒤 노동을 과연 어떻게 정의해야 할까? 지금껏 분석해본 바 노동은 '생산적으로 자아를 실현하면서 굶어 죽지 않을 만큼의 보수를 요구하는 행위'가 될 것이다. 새로운 노동에 관한 정의는 각자의 해석에 따라 모든 분야에 다르게 적용될 듯하다. 내가 생각하는 새로운 노동이란 자신의 삶을 일에 맞추는 행위가 아니라 일을 자신의 삶에 맞추는 행위다.

4th Shock

건강

제2의 신체와
새로운 건강 개념

디지털 기술과
건강검진

받으면 꺼림칙해지는 이메일들이 있다. 그중 하나를 소개해보고자 한다. 발신인은 유전자분석연구소이고 제목은 '유전질환 검사 결과보고서 최신 업데이트'다. 메일 내용 중에 내 유전자를 분석한 결과, 심각한 결함이 발견됐다는 경고 문구가 적혀 있다. 해결책을 알려줄 링크도 첨부되어 있고, 진실을 감당할 준비가 됐을 때만 클릭하라고 안내한다. 그 링크를 무시하면 안심하고 평소처럼 살아갈 수 있을까? 아니면 그 링크를 클릭해야 마음이 편해질까?

독일 출신 프로그래머 루카스 하르트만Lukas Hartmann은 2013년 베를린에서 실제로 이와 같은 메일을 받았다. 그가 받은 이메일을 보면 장차 보건 분야가 어떻게 변화할지 그 윤곽을 알 수 있다. 하르트만은 당시 일명 '닭 볏 헤어스타일'이라고 하는 모호크족Mohawk 머리 모양을 하고 있었다. 새파랗게 염색도 한 상태였는데, 그런 모습에서 친밀감을 느낀 사람도 많았다고 한다. 하르트만은 창의력과 전문성이 넘치는 프로그래머였고, 동료들과 몇몇 스타트업을 공동 창립하기도 했으며, 기술 발전의 선봉에 서 있던 사람이었다. 그는 자기 몸의 변화에도 관심이 많았다. 그래서 2010년 11월, 23앤드미23andme에 가입했다. 23앤드미는 구글 공동 창업자의 아내였던 앤 워치스키Anne Wojcicki가 구글벤처스로부터 기술과 자금을 지원 받아 설립한 바이오벤처 기업으로, 타액 샘플을 채취해 고객들의 DNA를 검사해주는 서비스를 제공했다. 23앤드미는 다양한 기법을 활용해 유전자를 평가하고, 그 결과를 고객들에게 이메일로 전송했다. 하르트만은 해당 업체에 타액 샘플을 보냈고, 그로부터 몇 주 뒤 자신이 3% 네안데르탈인이고 0.5% 스칸디나비아인이라는 사실을 알게 됐다. 실용적 가치는 별로 없지만, 재미있는 정보들이었다. 그즈음 23앤드미는 유전질환에 관한 분석 서비스도 제공하기 시작했다. 참고로 지금은 대다수 국가에서 이렇게 사사로운 목적의 DNA 분석은 금지하거나 승인하지 않는다.

현재 진행 중인 디지털 혁명이 장차 다가올 바이오 혁명, 보건의료 혁명과 긴밀한 관계에 놓여 있다는 사실을 23앤드미라는 회사명에서도 알 수 있다. 23은 인체 세포에 존재하는 23쌍의 염색체, 즉 DNA를 의미한다. 잠시 고등학교 생물 수업 시간을 떠올려보자. DNA는 '데옥시리보핵산deoxyribonucleic acid'의 줄임말로 아데닌, 구아닌, 시토신, 티민이라는 네 종류의 염기로 구성된다. 이진법을 기초로 하는 디지털 세계에서 0과 1이 기본이라면 존재와 번식을 결정하는 분야의 기본은 아데닌과 구아닌, 시토신과 티민이다. 디지털 세계에서든 유전자 세계에서든 데이터 수집과 처리는 없어서는 안 될 중요한 과정이다. 세상에 존재하는 모든 생명체는 유기적 특성이 있는 컴퓨터에 비유할 수 있다. 생물이라는 유기적 컴퓨터가 고도로 복잡한 프로그램을 장착한 뒤 스스로 번식하는 것이다. 박테리아로부터 인류를 거쳐 상자해파리box jellyfish에 이르기까지 모든 생명체는 몸속 세포에 DNA라는 유전물질을 지니고 있다. 바이오 데이터와 디지털 데이터는 자세히 들여다볼수록 놀랍도록 유사한 속성을 드러낸다. 예를 들어 인간의 정자 한 마리에는 어림잡아 400메가바이트의 정보가 포함된다. 한 번 사정 시 3억 개의 정자세포가 분출된다는 점을 감안하면 단 3초 만에 약 1억 2,000만 기가바이트의 정보가 전송되는 것이다. 1억 2,000만 기가바이트로 예컨대 HD급 화질의 극장용 영화 4,000만 편을 제작할 수 있다. 그 영화를 모두 감상하려면 9,000년이 넘게 걸린다.

　유전학은 이제 디지털 학문 영역으로 넘어왔다. 학자들은 생물학 실험실에서 수집한 많은 양의 데이터베이스를 디지털 기기에 입력하고 분석한다. 유전학계는 이러한 방식으로 수많은 쾌거를 이뤘다. 이제 바이러스 연구가들은 디지털 바이러스 모델로 연구를 진행한다. 그 덕분에 다양한 분야의 연구 속도가 기하급수적으로 빨라졌다. 하지만 질병에 관한 지식은 예전 수준에 머물러 있다. 그사이 의료 관련 연구에서 디지털 방식은 단순한 도구를 넘어 확고한 운영체계로 자리를 굳혔다.

루카스 하르트만은 이메일이 안내한 링크를 클릭했다. 참고로 구글의 엄청난 지원으로 설립된 23앤드미는 권위 있는 유전학 교수 6명 정도를 자문단으로 두고 있었다. 해당 업체는 하르트만의 유전자에서 2개 이상의 돌연변이 현상이 발견됐고, 이는 '지대형 근육영양장애Limb Girdle Muscular Dystrophy, LGMD'와 관련이 있다고 간결하게 통보했다. 그리고 이는 하르트만이 희귀 유전질병을 앓고 있는 환자라는 뜻이라고 설명을 덧붙였다. 그 문구를 읽는 순간부터 하르트만은 몇 주 동안 공포와 절망감에 괴로워했다. 23앤드미는 수신인의 심정을 충분히 배려하지 않고 '유전질환검사 결과보고서 최신 업데이트'에 LGMD라는 생소한 영어 약자만 달랑 남겼다.

하르트만은 위키백과를 검색했다. 한 단락씩 넘어갈 때마다 불안은 커졌다. 지대형 근육영양장애란 근육이 위축되고 마비되다가 사라지는 질병이라는 설명 때문이었다. 게다가 유전질환은 언제가 됐든 반드시 겉으로 발현하게 되어 있으며, 서서히 진행된다는 특징이 있고, 결국에는 움직일 수조차 없게 될지도 모른다고 했다. LGMD로 사망한 사람도 있었다. 예컨대 생명을 유지하는 데 꼭 필요한 폐나 심장 부위의 근육이 손상되면 죽음에 이를 수도 있는 것이다. 설명대로라면 수술이나 약물치료 중 효과가 100% 입증된 치료법은 없었다.

그래도 하르트만은 낙담하지 않았다. 자신의 운명을 둘러싸고 급작스레 날아든 비보에 어떻게 반응하는지를 보면 대개 어떤 사람인지 알 수 있다. 하르트만은 모범생 스타일이었다. 뭐든지 철저하고 정확하게 알아야 직성이 풀리는 부류였다. 자기 자신과 연관된 문제일 때는 더더욱 신중하고 깐깐한 태도로 진실을 파악하고자 했다. 23앤드미는 유전체 분석 결과 전체를 다운로드할 수 있다고 알려줬다. 유전자는 DNA 가닥들로 구성되어 있다. DNA 가닥은 생물학적 코드쯤으로 생각할 수 있다. 하르트만은 전형적인 프로그래머의 방식으로 자기 문제에 접근했다. 그는 우선 이유는 알 수 없지만 자기 몸속 어느 코드에 오류가 발생했다고 생각했다. 말하자면 버그가 발생한 원인을 규명하고, 이해하고, 나아가 버그를 어쩌면 스스로 제거할 수도 있다는 희망을 품은 채 자신의 DNA를 검사하기 시작했다.

이 과정을 진행하기 위해 하르트만은 인터넷에서 DNA 판독 프로그램을 다운받았다. 해당 프로그램과 관련된 커뮤니티에도 방문했다. 수많은 회원이 사이트에 각자 자신의 유전적 결함과 관련된 글을 올려놓았다. '인기 게시물' 목록에서 1위를 차지한 글은 '옥시토신수용체OXTR 염기서열 rs553576은 구아닌과 아데닌의 염기 전위 현상을 조용히 일으킨다'라는 제목의 게시물이었다. DNA 분야 준전문가들은 그 외에도 다양한 종류의 유전자 변형에 관한 연구 결과를 공유했다. 해당 사이트 전체가 특정 질병이나 통증을 유발하는 유전자 조각들에 대한 정보를 모아놓은 일종의 위키백과였다.

사실 하르트만만큼 코드를 자유자재로 다룰 수 있는 전문가는 많지 않다. 다행히 그는 직업이 프로그래머였고, 소프트웨어에서 아주 작은 결함도 찾아낼 수 있는 능력이 있었다. 어쩌면 23앤드미로부터 유전질환검사 보고서를 받은 사람 중 하르트만이 가장 뛰어난 코딩 실력자였을지도 모른다. 하르트만은 검색에 검색을 거듭했고, 밤낮으로 새로운 사실들을 알아냈으며, 끊임없이 분석하고 비교했다. 데이터 코딩 기술도 수차례 동원했다. 그러던 중 포착한 석연찮은 지점을 그는 집중적으로 파고들었다. 검사 결과를 이리저리 뒤집으며 다양한 의문을 제기하고, 연산을 수행하고, 검산으로 연산 결과를 재확인했다. 숨 막히는 추리소설을 방불케 하는 작업이었다.

결국 하르트만은 자신의 유전자에 문제가 있는 게 아니라 23앤드미의 판독용 소프트웨어에 결함이 있다는 결론에 도달했다. 원자료raw data로 활용된 하르트만의 DNA에는 실제로 두 가지의 돌연변이 현상이 포함되어 있었다. 하지만 그 돌연변이 현상들은 서로 다른 유전자에 분산되어 있었다. 지대형 근육영양장애는 그 두 가지의 돌연변이 현상이 하나의 동일한 유전자에 포함되어 있을 때만 발생하는 질환이다. 하르트만은 23앤드미에 오류를 알리는 메일을 보냈고, 며칠 뒤 자사의 소프트웨어에서 하르트만이 지적한 결함을 발견했다는 내용의 답변을 받았다. 23앤드미는 하르트만의 유전자를 재검사했고, 실수로 불편을 끼쳐 죄송하다는 사과 메일을 보냈다. 얼마 전에 새로 구입하신 커피머신이 벌써 고장 났다니 불편을 끼쳐 죄송하다는 정도의 형식적인 사과였다. 메일 말미에 23앤드미의 고객서비스를 평가해달라는 부탁은 빠뜨리지 않았다.

세계에서 가장 유명한 유전자 분석업체 23앤드미는 루카스 하르트만이라는 청년에게 사망 선고를 내렸다. 23앤드미 소속 프로그래머가 판독용 소프트웨어 구축 시 결함을 발견하지 못했기 때문이다. 이후 미국 당국은 그간 유전자 검사를 통해 고객의 건강 상태를 진단해온 23앤드미에 해당 작업을 일시적으로 금지하도록 했다. 미국 기자들은 그러한 처벌이 하르트만 사건과 관련이 있다고 분석했다. 그 두 사건이 실제로 연관이 있는지 없는지는 확인할 방법이 없다. 하지만 하르트만의 사례가 곧 다가올 건강을 둘러싼 리얼리티 쇼크에 경종을 울렸음은 틀림없다.

내 몸이 위험하다

건강을 둘러싼 리얼리티 쇼크가 우리 앞으로 성큼 다가와 있다. 앞으로 디지털 기술은 인간의 몸과 질병, 의료 체계를 어떻게 바꿔놓을까? 유전자 검사는 일상이 될 것이다. 그리고 그 검사들은 의료산업계에만 변화를 불러일으키는 것이 아니라 사회를 바라보는 시각 전체를 뒤흔들어 놓을 것이다. 2015년 쿠웨이트는 국민 모두에게 의무적으로 유전자 검사를 실시하라고 명령했다. 그 이듬해에는 쿠웨이트에 입국하는 모든 이들을 유전자 검사 대상에 포함했다. 표면적 이유는 신원 파악을 용이하게 하기 위해서 였다. 하지만 한 사람의 유전자를 통해 알아낼 수 있는 정보의 양은 하루가 다르게 방대하고도 정확해지고 있다. 2017년 6월 유전학 분야의 권위자 크레이그 벤터Craig Venter가 이끄는 연구팀이 누군가의 DNA를 활용해 그 사람의 얼굴과 똑같은 얼굴을 만들어내는 과정을 공개하기도 했다.

유전자 분석은 개인 맞춤형 치료의 기반이 된다. 개인 맞춤형 치료 시장은 성장잠재력이 크지만, 전통적 치료법에 비해 불평등하다는 단점이 있다. 해당 환자가 어떤 것에 알레르기 반응을 보이고, 어떤 음식을 먹어서는 안 되는지, 겉으로 드러나지 않은 질환이 있는지, 신진대사와 관련해서는 어떤 문제가 있는지, 어떤 유전적 특질이 있는지를 모두 파악하고 있거나 환자의 몸에 대해 알고 있는 정보가 많다면 가장 성공적인 치료법이 무엇인지 예측하기가 쉬워지기 때문이다. 반대로 아무 정보가 없을 때는 완치 가능성이 작아질 수밖에 없다. 사실 지금도 의료계의 십계명은 '시도해보라'다. 20세기 의학이 눈부시게 발전한 것은 맞지만, 아직도 인간의 몸에 대해 우리가 파악한 지식은 한 줌 정도밖에 되지 않는다.

이와 관련해 내 경험담을 조금 풀어볼까 한다. 2017년 늦여름, 자가면역질환이 있다는 진단을 받았다. 아직 치료법이 개발되지 않은 질병이지만, 그로 인해 큰 불편을 겪고 있지는 않았다. 단, 자가면역질환자 대부분은 진단을 받은 순간부터 죽는 날까지 매일 약을 복용해야 한다. 나는 종합검진을 받다가 해당 질환을 진단받았고, 담당의가 곧장 처방전을 건네줬다. 즉시 약을 먹기 시작했고, 며칠 만에 몸 상태가 훨씬 좋아졌다는 느낌이 들었다. 그렇지만 의료진이 권고한 대로 내 치료 과정을 관찰하고 보조해줄 전문의를 찾아갔다. 나는 의료진이 권해준 의사와 약속을 잡았다. 그 분야에서 꽤 이름 있는 교수였다. 그런데 첫 번째 면담에서 많은 생각이 들었다.

> **의사** 선생님께서 이 질병을 앓고 계시는군요. 우선은 아무 조치도 취하실 필요가 없습니다. 약도 안 먹어도 됩니다. 인터넷에서 사람들이 뭐라 말하건 저만 믿으시면 됩니다.
>
> **나** 벌써 몇 주째 약을 복용하고 있는데, 몸 상태가 훨씬 좋아진 것 같은데요?
>
> **의사** 아, 그렇군요. 무슨 말씀인지 잘 알겠습니다. 그렇다면 처방약의 양을 조금 더 늘려드리겠습니다.

실제로 그 의사가 준 처방전에 약의 양이 조금 늘어 있었다. 위 면담은 첫 번째 면담이자 마지막 면담이 됐다. 나는 그 의사가 (의사소통 방식에 약간의 문제가 있었을지 몰라도) 자기 분야에서 최고의 권위자라는 사실을 믿어 의심치 않는다. 하지만 문제의 해결책은 그다음에 찾아간 의사에게서 찾았다(지금도 그 의사가 내 담당의다). 그 의사는 국가별 편차는 있겠지만 대개 전체 국민의 2~10%가

자가면역질환을 앓고 있다고 했다. 그럼에도 불구하고 그 질병에 대해 알려진 바는 거의 없다. 그래서 의사들은 의료법이 허용하는 틀 안에서 다양한 방법을 시도한다. 가장 적합한 치료법이 무엇인지, 어떤 브랜드의 약이 가장 적합한지, 복용량은 어느 정도가 가장 적절한지, 어떤 식단이 각각의 환자에게 가장 효과가 있는지 등을 수차례의 시도를 통해 알아내는 것이다. 시도해보고 효과가 있으면 좋고, 효과가 없거나 오히려 몸 상태가 더 나빠지면 다음번에는 그 치료법이나 약물을 활용하지 않는 식이다. 즉, 지금 우리가 몸을 구성하는 복잡한 체계에 대해 알고 있는 사실들은 일정 수준의 전문성이 동반된 추측에 불과하다는 것이다. 의료 관계자나 자연과학자들은 실상을 좀 더 잘 알겠지만, 의료 전문가가 아닌 대부분 일반인은 의사라면 인간의 몸과 질병에 대해 아주 많이 알고 있을 것이라 생각하고 무조건 믿고 보는 경향이 있다. 이제 빅데이터 분석 기법과 AI를 비롯한 다양한 기술이 발전하면서 몸에 대한 우리의 지식도 괄목상대할 만큼 증대될 것이다. 몸과 관련된 데이터들을 분석함으로써 감춰져 있던 수많은 사실을 발견하게 될 것이다. 그로 인해 몸과 건강, 의료를 둘러싼 리얼리티 쇼크도 더욱 강해질 전망이다.

　루카스 하르트만의 사례는 디지털 기술에 기초한 새로운 의료 체계 구축이 생각만큼 녹록지는 않다는 것을 말해준다. 디지털 기술들은 아직도 일종의 블랙박스처럼 느껴진다. 일반인의 머리로는 쉽게 납득할 수 없는 데이터 처리 방식이기 때문이다. 하지만 의료 행위의 바탕은 무엇보다도 신뢰다. 지금까지 의료진에게 우리는 몸과 마음을 맡겼지만, 앞으로 의료 분야 전반에 걸쳐 디지털 기술이 도입되면 의료진보다 기술을 더 믿고 의지하게 될 것이다. 그런데 이 과정에 내포된 역설적 효과가 있다. 독일의 컴퓨터공학자 요제프 바이첸바움Joseph Weizenbaum은 탁월한 통찰력으로 1970년대에 일상을 파고든 기술이 복잡하게 보일수록 사람들은 그 기술이 제시한 결과를 덜 의심하게 될 것이라는 사실을 간파했다. 만약 하르트만이 프로그래머가 아니었다면 시한부 인생 선고를 둘러싼 진실을 밝혀낼 수 있었을까? 불치병을 선고받은 이들 중 얼마나 많은 사람이 스스로 생을 마감하는지 생각해보라. 그런 의미에서 우리 사회는 좀 더 신기술과 새로운 장비, 그 장비가 드러낼 수 있는 결함과 오류를 받아들일 준비가 되어 있어야 한다.

디지털 기술의 발전

디지털 기술은 모든 것을 측정할 수 있다고들 말한다. 한계라면 측정할 수 없는 것은 디지털화할 수도 없다는 점일 것이다. 기술의 발전 속도를 봤을 때 디지털 기술을 이용한 여러 측정 방식을 우리 몸에 적용할 날이 머지않아 보인다. 인류는 오래전부터 몸과 관련된 척도를 다양하게 활용했다. 지금도 발 평균 사이즈에서 비롯한 단위 1피트, 손가락 끝에서 팔꿈치까지의 길이를 뜻하는 1큐빗cubit, 엄지손가락 끝에서 새끼손가락까지의 거리 한 뼘 같은 단위를 쓴다. 우리 몸과 관련된 측정값을 사용한다는 것은 신체 사이즈를 더 정확하게 파악할 수 있다는 단순한 의미가 아니다. 자신의 신체에 대해 다양한 정보를 파악하면 변화나 돌발 상황 혹은 질병에 더 신속하고 효과적으로 대응할 수 있다.

현재 온라인에서는 스스로 건강을 측정하는 '자기 정량화 quantified self'에 대한 토론이 활발하게 이뤄지고 있고, 이미 많은 사람이 센서가 내장된 웨어러블 기기를 널리 활용하고 있다. 선진국의 육상 선수들은 자신이 달린 구간과 구간별 맥박, 칼로리 소모량 등을 측정해줄 디지털 장비 없이는 훈련에 임하지 않는다. 스포츠와 건강검진이 하나로 융화하고 있다. 다양한 측정값이 나타내는 객관적 수치는 비단 스포츠 시합에서만 장점을 발휘하는 것은 아니다. 어느 날 몸이 특별히 가볍게 느껴져서 저울 위에 올라가 봤더니 예상했던 것과는 달리 몸무게가 오히려 불어나 있는 경우를 한 번쯤은 경험해봤을 것이다. 문명이 발달하는 과정에서 종종 자연과는 멀어지는 현상을 보게 된다. 신체 역시 자연의 법칙을 거스를 때가 많다. 2009년 퍼듀대학교의 학자들은 선진국 국민에게 배고픔과 갈증의 본래 역할이 많이 퇴색됐다는 사실을 밝혀냈다. 대다수가 배가 고플 때 식사를 하는 게 아니라 식사 시간이 돼야 무언가를 먹는다는 뜻이다. 요즘은 많은 사람이 디지털 기술을 이용해서 자기 몸에 대해 좀 더 많은 것을 구체적으로 정확하게 측정하고 싶어 한다. 늘 맞아떨어지지는 않는 자신의 감과 촉을 디지털 기술이 대체해주기를 바라는 것이다. 각자의 신체에 관해 신뢰할 만한 데이터를 확보할 수 있게 된 것도 디지털 기술 덕분이다. 하지만 자가건강측정 결과를 학술적 증거로 맹신하기보다는 전문가에게 소견을 묻기 위한 근거 정도로 간주하는 편이 바람직하다. 덧붙여 자가건강측정을 새로운 형태의 동기부여 방식으로 여기면서도 데이터를 조심스럽게 파악하는 태도를 취할 필요가 있다. 이러한 과정을 거치다 보면 디지털 방식으로 건강을 관리하는 것이 자연스러운 일상으로 자리 잡게 될 것이다.

지난 15년간 우리는 '센서의 홍수' 시대를 겪었다. 스마트폰 한 대에만 10개가 넘는 센서가 장착되어 있다. 그 센서들은 다양한 데이터를 생산해내고, 인간은 그 데이터를 근거로 몸과 신체 활동에 관해 여러 판단을 내린다. 칼로리 소모량, 맥박 수치, 이동한 거리, 동작의 형태, 정지해 있는 시간, 호흡, 코 고는 소리의 강도, 수면 패턴과 수면의 질, 혈압, 혈당 수치, 혈중 산소포화도, 두뇌 활동 등은 오늘날 건강과 관련하여 전문 의료 장비가 아닌 일상 장비로도 확인할 수 있는 무수한 정보 중 일부일 뿐이다. 예컨대 운동측정기는 착용자의 동작 외에도 다양한 정보를 측정한다. 그 정보들을 잘 결합하고 분석하면 때로는 매우 긍정적 결론에, 때로는 매우 비관적 결론에 도달하게 된다. 절차도 복잡하지 않다. 적어도 루카스 하르트만이 자신의 유전자에 문제가 없다는 사실을 확인하기 위해 거쳤던 과정보다는 훨씬 더 간단하다.

2010년 보스턴 MIT 소속 학자들은 스마트폰에 내장되어 있거나 다운로드한 동작분석기를 통해 착용자가 다음날 독감에 걸릴 것인지를 예측할 수 있다는 사실을 입증했다. 당사자가 독감에 걸릴 것 같다는 느낌이 들기도 전에 동작분석기가 미리 판단하는 것이다. 원리는 간단하다. 인간의 몸이 독감 바이러스와 싸우고 있을 때면 특정 동작들이 최소 수치까지 감소한다. 물론 우리는 그 사실을 의식하지 못한다. 이렇듯 의료 분야는 현재 광범위한 전환을 앞두고 있다. 수많은 사람이 스스로 자신의 몸에 관한 데이터를 측정하고 있고, 이에 따라 무수한 데이터들이 쏟아지는 동시에 데이터 평가 방식도 다원화되고 있다. 예를 들어 심장 부위의 합병증으로 한 운동선수가 병원에 실려오면 환자가 손목에 차고 있는 스마트워치에서 활력 데이터나 맥박 데이터를 확인함으로써 목숨을 구할 수도 있다. 아직은 방대한 데이터를 활용할 수 있는 분야가 몇몇 분야로 한정되어 있고, 그와 같은 의료 체계를 전 세계적으로 구축할 만큼 기술 수준도 충분히 무르익지 않았다. 하지만 기술이 점점 더 발달하면서 우리가 늘 착용하는 웨어러블 기기들이 병원에서 곧장 활용해도 될 정도로 활력징후들을 정확히 측정하고 저장하게 될 것이다.

2018년 가을, 애플워치4가 출시되면서 간단한 심전도검사도 스스로 할 수 있게 됐다. 해당 기능에 대해 어떻게 생각하느냐는 질문에 미국심장학회AHA 대표는 애플워치4가 의료계에 변화를 일으키고, 환자의 심장과 관련해 더 정확한 데이터를 실시간으로 파악하는 데 큰 도움을 주리라 기대한다고 답했다. 애플은 현재 수백억 달러를 투자하면서 의료 시장 정복에 박차를 가하고 있다. 그에 따른 결과물들은 분명 의료계에 큰 회오리바람을 일으킬 것이다. 이제 스마트폰은 의사소통 장비에서 보건의료 분야의 심장부로 거듭나고 있다.

제2의 신체

우리는 지금 제2의 신체, 즉 나와 똑같이 생긴 '디지털 쌍둥이'가 탄생하는 시대에 살고 있다. 그 쌍둥이 형제나 자매는 인간의 몸을 설명하는 수많은 데이터로 구성되어 있다. 의료 분야에서 말하는 제2의 신체는 쉽게 말해 현금을 보관하는 통장과 같다. 현금이 눈에 보이지는 않지만, 통장에 돈이 들어 있다는 사실을 의심하는 사람은 없다. 아직은 건강과 관련된 수많은 정보가 서로 네트워크로 연결되어 있지 않지만, 그것은 어디까지나 시간문제다. 제2의 신체에는 개인의 몸 상태를 다각도에서 분석한 데이터가 포함될 것이고, 그 데이터들은 매우 값지고도 위력적인 역할을 담당하게 될 것이다.

  아직은 제2의 신체라고 할 만한 디지털 바디가 완성되지 않았다. 거대하지만 빈 곳이 많은 모자이크나 퍼즐처럼 큰 틀만 갖춰놓은 상태다. 빅데이터 분석가들은 기본적으로 '특정 목적으로 수집한 데이터들은 원래 목적보다 더 많은 것을 알려준다'고 믿는다. 수집한 데이터들을 서로 연계하거나 새로운 방식으로 분석할 경우 더 많은 정보를 파악할 수 있다는 것이다. 지금까지 수집해놓은 데이터들이 이미 정보의 보고일 확률도 매우 높다. 단, 그 보물 상자를 열 열쇠를 손에 넣기까지는 약간의 시간이 더 필요하다. 2017년 11월 캘리포니아대학교가 실시한 연구 결과에 따르면, 애플은 애플워치를 개발할 때 '본의 아니게' 착용자의 수면 무호흡증이나 고혈압을 감지하는 기능을 포함시켰다.

디지털화된 제2의 신체는 '디지털 영혼'도 포함한다. 예컨대 SNS 활동을 분석하면 누가 어디에 관심이 있고, 무엇을 좋아하는지를 알 수 있기 때문에 그것을 바탕으로 광범위한 분석이 가능하다. 심리 상태까지 파악할 수 있다. 페이스북은 자살 위험을 조기에 감지하고 해당 유저를 도움의 손길과 자동으로 연계해주는 알고리즘을 개발했다. 이 기술은 한 사람의 목숨을 구할 수 있는 유익한 기술이다. 하지만 그와 동시에 페이스북 측이 유저의 마음 깊은 곳까지 들여다보고 정신 건강에 대한 데이터를 너무 세세히 파악한다는 단점이 있다. 제2의 신체라는 커다란 모자이크에 아직은 이처럼 빈틈이 많다.

디지털 분야 대기업들은 모두 건강 문제에 눈길을 돌려 관련 제품들을 생산 중이다. 구글은 500억 규모의 '휴먼 인슐린human insulin' 시장에 주목하고 있다. 삼성은 센서나 앱과 결합해서 복용할 때 더더욱 큰 효과를 발휘하는 약품을 개발 중이다. 아마존은 약국과 드러그스토어 해외 진출을 계획하고 있다. 디지털 대기업 중 가장 공격적으로 미래 보건 분야에 초점을 맞추고 있는 기업은 애플이다. 2018년 초부터 애플은 미국 애플 웹사이트를 통해 혈당 측정기 원드롭One Drop Chrome Blood Glucose Monitoring Kit을 판매하기 시작했다. 해당 제품은 자가 혈당 수치 검사 도구로 애플의 다른 제품들과 마찬가지로 깔끔한 디자인에 크롬 소재를 활용해 세련된 느낌을 준다. 거기에 가죽 케이스까지 더하면 당뇨 환자가 아니어도 갖고 싶은 마음이 들 정도다. 이처럼 애플은 자사만의 방식으로 건강 문제를 디지털 라이프스타일과 연계하며 트렌드를 이끌고 있다.

스마트워치가 시장 공략용 전략을 구성하는 요체라면 스마트폰은 전략 그 자체다. 새로 출시된 아이폰에는 '건강' 앱이 깔려 있다. 애플은 해당 앱을 건강 관련 데이터센터로 구축하는 중이다. 그 앱은 삭제할 수도 없다. 이를 통해 애플은 디지털 바디를 단 한 개의 앱 안에 집약하려는 것이다. 애플의 '건강' 앱은 수백 개의 기기나 앱, 측정 방식 등을 활용할 수 있는 인터페이스다. 코골이용 마이크, 귀 온도계, 체중계, 피트니스 장비 등 무엇과도 연동할 수 있다. 해당 앱에서 사용자에게 묻는 질문에는 으레 성생활과 관련된 질문, 자궁경부 점액 분비 여부나 점액의 상태, 모든 동식물의 조직에 미량으로 존재하고 있으며 일정량 꼭 필요한 원소인 몰리브덴molybdan 복용 여부 등이 포함된다. 아직 디지털 방식으로 입력할 수 없는 자료들은 사용자가 직접 손으로 입력하기도 한다.

학술 연구 분야에서는 이미 이러한 데이터 수집 방식에서 큰 도움을 받고 있다. 애플이 수집한 데이터들을 학계에 익명으로 제공하고 있기 때문이다. 이를 통해 간과할 수 없을 정도의 엄청난 기술 발전이 이뤄지고 있다. 수백만 명의 건강 정보를 심지어 실시간으로 수집할 수 있게 됐는데 발전이 없으면 오히려 이상한 일인지도 모른다. 예전에는 병원에 오는 환자들의 데이터만 수집하는 정도였다. 그 데이터들을 비교하고 분석하려면 일정액을 지급하고 대조군을 확보하는 과정도 거쳐야 했다. 지금의 학계는 환자들의 정보뿐 아니라 아프지 않은 사람, 건강한 사람의 정보도 확보할 수 있다. 전 세계 수천만 명이 스마트 기기를 이용해 자신의 건강 정보를 체크하고 있다. 그중에는 분명 서로 연계해서 가치 있는 결론을 내릴 수 있는 정보도 포함되어 있을 것이다.

이때 수집, 저장, 평가, 분석되는 모든 정보는 지극히 내밀하고도 개인적인 정보다. 두려운 감정부터 드는 것이 당연할 만큼 실제로 무시무시한 기술이다. 그럼에도 제2의 신체는 언젠가 우리의 일상이 될 것이다. 디지털 바디 덕분에 의료계가 큰 이익을 볼 수도 있지만, 단지 의료계에 도움을 준다는 목적만을 위해 제2의 신체가 일상화되지는 않을 것이다. 인스타그램에 자신의 지나친 음주 습관이나 절망감, 우울증, 성생활을 거침없이 공개하는 사람이 있다고 치자. 그에게 혈압을 낮추라고 아무리 얘기해봤자 귓등으로 듣고 흘려버릴 것이다. 하지만 빅데이터를 눈앞에 제시하면 상황이 달라진다. 디지털 기술들, 특히 소셜미디어는 프라이버시와 사생활의 기준을 완전히 뒤흔들어 놓았다. 적어도 젊은 층은 그 물결에 휩쓸리고 있다. 그러한 현상을 무조건

부정적으로 바라볼 필요는 없다. 지금까지는 낙인이 찍힐까 봐
자신의 심리적 고통을 털어놓지 않는 분위기가 지배적이었다.
예컨대 우울증 환자들은 스스로 자신의 병을 인정하지도, 타인
과 상의하지도 않았다. 그러나 이제 디지털 문화와 함께 온라인
에 새로운 바람이 불고 있다. 좀 더 열린 마음으로 자신의 이야
기를 할 수 있게 된 것이다. 자신의 심리뿐 아니라 몸에 대해서
도 마찬가지다.

아는 것이
위험할 때

―――――――――

'아는 것이 힘이다'라는 말의 의미가 서서히 달라지고 있다. 아는 것은 분명 힘이 되지만, 그 힘은 누군가를 조종할 힘이다. 오늘날 페이스북 프로필 등 온라인상의 다양한 정보를 살피다 보면 특정인의 심리적 질병이나 과음 여부, 약물남용 여부, 심장질환 유무 등을 판단할 수 있다. 당사자의 동의 없이도 평가가 가능하다. 예측의 정확성에 대해서는 아직 논란의 여지가 많지만, 디지털 기술 대부분에 적용되는 법칙인, 결국 모든 것이 더 좋은 방향으로 흘러가게 될 것이라는 기대가 이 분야에도 적용된다. 나처럼 평범한 사람 입장에서 남은 과제는 어떤 데이터와 어떤 평가 방식이 추가될 것인지, 예측은 얼마나 더 정확해질 것인지를 관전하는 것뿐이다.

위험한 지식이라고 해서 음험하거나 사악한 것을 떠올릴 필요는 없다. 여기에서 말하는 '위험한'은 오히려 '조심스레 다루기만 하면 매우 좋은'으로 해석할 수 있다. 예를 들어, 기름은 분명 위험한 소재지만 조심스럽게 잘만 활용하면 매우 유용한 물질이다. 그럼에도 불구하고 '위험한'이라는 부정적인 수식어를 붙인 것은 너무도 많은 사람이 달라진 디지털 환경과 엄청난 양의 데이터가 지닌 힘이나 가능성을 과소평가하고 있기 때문이다. 많은 이들이 디지털 기술이 내포하는 가능성과 불가능성, 장차 다가올 위험이 도사리는 장소 등을 잘못 판단하고 있다. 정치계도 마찬가지다. 정치계는 허상과 싸움을 벌이느라 실제로 큰 문제가 있는 현상, 양가적 현상, 위험천만한 현상들에 신경 쓸 겨를이 없다. 그런 가운데 위험한 지식이 디지털 기술 발전에 따라 자동적으로 생성된다. 생성을 중단시키거나 금지할 수도 없는 그 지식을 어떻게 활용해야 좋을지에 대한 사회적 합의와 법적 규제, 정치적 대책, 기술적 대처법을 마련해야 할 때다.

센서와 빅데이터, AI를 필두로 기술이 발전하면서 예전에는 상상조차 하지 못했던 분야에서 엄청난 양의 건강 관련 정보를 얻고 있다. 미국의 한 의료 분야 스타트업은 AI를 이용한 페이스투진Face2Gene 앱을 개발했다. 페이스투진은 아동의 얼굴을 분석한 뒤 특정 유전질환과 유전변이를 진단하는 앱으로 적중률이 매우 높다. 진단 의학계에 내려진 축복이라 볼 수도 있지만, 위험한 지식을 얼마나 대량으로 확보할 수 있는지를 보여주는 사례이기도 하다. 무작위로 SNS에 올라온 아이들의 사진도 각도만 어느 정도 맞으면 분석이 가능하기 때문이다. 요즘은 휴대전화에 장착된 카메라도 화질이 뛰어나 충분히 분석 가능한 사진이 찍힌다. 어떤 아이에게 유전질환이 있다고 해서 부끄러워할 일은 물론 아니다. 하지만 누군가를 습관적으로 차별하는 이들 사이에서는 유전자 배열이나 특성이 남들과 조금 다르다거나 유전질환을 앓고 있다는 이유만으로도 입방아에 오르내릴 수 있다.

위험한 지식의 생성 과정을 인상적으로 보여주는 사례는 미국, 독일, 이스라엘의 기업에서 쉽게 찾을 수 있다. 해당 기업들은 특수 진단 도구들을 활용해 목소리를 분석했다. 목소리만으로도 남에게 알리고 싶지 않은 건강 정보를 꽤 많이 캐낼 수 있었던 것이다. 보스턴에 위치한 스타트업 코기토Cogito는 목소리를 기반으로 사람의 감정 상태를 분석할 수 있는 소프트웨어를 개발했다. 알렉사가 내장된 아마존 에코 같은 스마트 스피커 등이 발달함에 따라 실제로 디지털 환경에서 사람의 목소리는 점점 더 중요해지고 있다. 이에 수많은 기업이 목소리 분석법 연구에 거액을 투자한다. 코기토의 중점 사업 분야는 콜센터였다. 콜센터로 전화를 거는 고객들의 목소리를 분석해 핫라인 운영자 측에서 즉각 대응하게 만듦으로써 큰돈을 벌겠다는 야심을 품은 것이다. 코기토가 개발한 소프트웨어가 예를 들어 고객이 극도로 분노한 상태라는 분석을 내놓으면 해당 통화는 '다혈질 고객 응대 전담자'에게 넘어간다. 그리고는 해당 고객을 응대 중인 콜센터 직원에게 특별 할인을 제안해서 고객을 진정시키라는 메시지가 전달된다. 코기토 소프트웨어는 심지어 통화 상대방의 심리적 질환까지 발견해낼 수 있다고 한다. 참전 용사들을 대상으로 수차례 실험한 결과, 그들이 전쟁 후유증으로 인한 트라우마와 우울증을 앓고 있다는 여러 단서가 발견됐다.

목소리 분석을 통해 주의력결핍과다행동장애ADHD나 특정 종류의 뇌손상, 파킨슨병 등을 높은 확률로 짚어내는 기술을 개발 중인 업체들도 있다. 미네소타에 위치한 메이오클리닉Mayo Clinic 은 이스라엘의 스타트업 비욘드 버벌Beyond Verbal과 손잡고 심장병 환자들의 목소리를 녹음한 뒤 건강한 이의 목소리와 비교하는 실험을 진행했다. 그 결과, 관동맥성 심장병 환자들의 목소리에 인간의 귀로 들을 수 없을 만큼 높은 주파수가 건강한 이들보다 19배 더 포함되어 있다는 사실이 밝혀졌다. 캐나다의 스타트업 윈터라이트 랩스Winterlight Labs는 인간의 귀로는 포착할 수 없는 목소리 변화를 통해 알츠하이머를 조기진단할 수 있다고 주장했다. 사례를 나열하자면 끝도 없다. 어쩌면 신생 스타트업 중 많은 업체가 시장 개발에 실패할 수도 있다. 하지만 그 스타트업들의 아이디어와 시도, 그리고 기술이 한순간에 사라지지는 않을 것이다. 2018년 10월 아마존은 특허 신청을 했다. 자사가 개발한 AI 플랫폼 알렉사가 사용자의 목소리로 특정 질병을 발견해내며, 이를 바탕으로 적당한 처방약을 주문하고 배달시키는 기능이 있다는 것에 대한 특허였다.

소중한 개인정보들이 줄줄 새 나가는 이 사태를 어떻게 바라봐야 할까? 예컨대 어떤 고용주가 첫 면접을 전화로 진행하며 지원자의 목소리를 녹음하고 분석하는 것은 과연 바람직할까? 그 분석 결과에 따라 우울증에 걸릴 확률이 높은 지원자들은 채용자 명단에서 제외한다면, 이를 공정하다고 할 수 있을까? 이는 더 이상 상상의 영역에만 있는 일이 아니다. 실제로 거의 동일한 상황이 여기저기서 펼쳐지고 있다.

2016년 2월 《월스트리트저널》은 미국 내 몇몇 기술 기업이 대기업의 의뢰를 받아 직원들을 분석한 뒤 만성질환에 걸릴 확률이 높거나 임신 중인 직원을 색출했다는 기사를 터뜨렸다. 해당 업체들은 심지어 개인정보 판매업자로부터 데이터를 사들이기도 했고, 직원들의 소셜미디어 활용 행태를 상세히 들여다보기도 했다. 연루된 기업 대부분 질병 예방 차원에서 한 일이라고 둘러댔지만, 개인정보가 직원들에 대한 압박으로 이어질 소지는 매우 크다. 특히 미국은 고용주가 직원들의 건강보험료를 지불하는 구조기 때문에, 고용주로서는 만성질환을 앓는 직원으로 인해 수백만 달러가 날아가는 사태를 미리 염려할 수밖에 없다. 개인정보를 활용해 직원들의 몸 상태를 예측하고 싶은 유혹도 클 것이다. 자신의 행동이 합법적인지, 혹은 합법과 불법 사이 탈법 영역에 놓여 있는지를 따지는 것보다 그 유혹을 더 중대하게 받아들일지도 모를 일이다.

보험사나 진단 의학계 혹은 환자를 치료하는 의료 분야에서도 개인정보 분석이 비일비재하게 이뤄진다. 2016년 호주 애들레이드대학의 학자들은 AI 장비를 활용해 암 환자들의 X선을 분석했

고, AI 장비를 활용하지 않은 의사들보다 5년 내 사망률을 훨씬
더 정확하게 예측해냈다. 2018년에는 구글이 개발한 AI가 기존
의 그 어떤 도구보다 더 높은 확률로 사망률을 예측했다. 누군가
의 사망 시점은 보통 입에 잘 올리지 않는 주제다. 하지만 의사
들 입장에서는 매우 중요한 정보다. 이를 알아야 응급실의 침상
을 좀 더 효율적으로 배정할 수 있으며, 비싸고 힘든 치료 과정
을 특정 환자에게 적용하는 게 옳을지 결정할 때도 도움이 될
것이다. 자원이 한정되어 있다는 사실을 고려하면 마냥 끔찍한
일이라고만 치부하기 어렵다. 특정 환자를 치료하느라 다른 누군
가를 치료할 수 없는 상황이 흔하게 발생하고 있기 때문이다. 응
급실 침상 배정 문제만 봐도 이익을 누리는 사람이 있으면 희생
하는 사람도 있게 마련이다. 그런 의미에서 AI는 대량의 유익한
정보를 우리에게 선물할 것이다. 하지만 그와 동시에 위험한 지
식도 급속도로 누적될 것이다. 이제 우리는 변화하는 상황에 적
응해가면서 조심스럽게 다뤄져야 할 개인의 건강 관련 정보들
이 쉽게 유출된다는 사회문제를 어떻게 해결할지 그 방법을 모
색해야 한다.

개인을 위한
맞춤형 의료

─────────

유전학자 크레이그 벤터는 DNA 연구 분야에서 엄청난 발전을 이뤄냈다. 세계 최초로 인간의 게놈 지도를 완성했으며, 인공 유전자를 최초로 만들어낸 뒤 이를 살아 있는 박테리아에 이식하기도 했다. 2015년 여름, 그는 캘리포니아대학 의대 졸업생들 앞에서 청천벽력 같은 비보를 전했다. "여러분이 지금까지 배운 모든 것이 곧 모두 틀린 지식이 될 것"이라 선언한 것이다.

많은 학자가 그렇듯 벤터도 새로운 데이터 분석 방식이 도출됨에 따라 의학이 근본부터 변화를 겪게 된다는 입장을 견지했다. 그는 당장 몇 년 뒤부터 환자의 게놈 지도를 분석하지 않은 채 치료에 착수하는 의사를 보면 고개를 가로젓게 될 것이라 주장한다. 벤터의 주장을 의심의 눈초리로 바라볼 필요는 있다. 그가 운영하는 업체가 정확히 이 방향에 맞는 제품들을 개발하고 있기 때문이다. 그렇다고 완전히 말도 안 되는 추측은 아니다. 다

만 의료계의 발전 상황을 다소 낙관적으로 바라본 것이 아닐까
하는 의심이 든다.

보건 의학 분야는 약 20년마다 큰 발전을 거듭했다. 그 과정
중에 우스꽝스러운 사건도 있었다. 헝가리계 독일 외과의사 이그
나즈 제멜바이스Ignaz Semmelweiss는 19세기 중반 분만실에 있는 의
사는 모두 출산 과정을 돕기 전에 손을 소독해야 한다고 주장했
다. 그러자 오스트리아 황실의 의료진들은 고매한 태도로 "순전
히 추측에 의존한 장난"에 불과하다며 코웃음을 쳤다. 당시는 병
원 내 청결과 위생 관리를 시간 낭비라 생각하던 시대였다. 다행
히도 현대 의학은 이런 중요한 부분에서 실수할 만큼 뒤처져 있
지 않았다.

여러 과정을 거쳐 의료 분야에서 지금까지 이룩한 성과들을
돌아보면 "모든 것이 다 틀린 지식"이라며 의료 개인화까지도 조
롱했던 벤터의 말이 완전히 틀리지는 않았다는 느낌이 든다. 의
학자들은 수많은 실험과 연구, 조사를 통해 건강과 관련된 중대
한 패턴을 발견하려 애써왔다. 인체의 신비를 지금도 연구 중이
고, 건강을 증진하고 환자를 치료하는 데 필요한 지식을 알아내
고 있다. 핵심은 학자들이 실험이나 연구를 할 때 달리 방법이 없
기 때문에 X라는 환자에게 통하는 방법이 Y라는 환자에게도 통
할 것이라는 가정하에 진행해왔다는 점이다. 둘 다 사람이니 연
계성이 있다고 본 것이다.

20세기 중반부터 사람의 몸에 관해 엄청난 양의 정보가 쌓이

기 시작했다. 비전문가에게 그 정보들은 사실상 흩어진 점에 불과했다. 아무리 많은 정보가 있어도 그것들을 끼워 맞춰서 자신의 건강 증진에 활용할 수 없었다. 그뿐 아니라 학자들이 알아낸 정보 중에는 건강 증진과 무관한 정보도 다수 포함되어 있다. 인간은 인류야말로 만물의 영장이라 굳게 믿고 있다. 똑똑한 두뇌를 지니고 있고, 학습 능력을 십분 발휘해 발전을 거듭해왔다고 믿는 것이다. 그런데 따지고 보면 인간이 몸에 대해서 제대로 아는 바는 그다지 많지 않다. 장기나 피부, 혹은 몸 전체에 걸쳐 서식하는 미생물군 유전체인 마이크로바이옴microbiome에 대한 연구도 근래에 시작했다. 마이크로바이옴은 신체뿐 아니라 심리 상태에도 큰 영향을 미친다. 장내 미생물과 우울증을 비롯한 심리 질환 사이에 연관성은 이미 입증됐다.

　2018년 3월 인체를 구성하는 새로운 기관 하나가 발견됐다. 인체에서 가장 넓은 면적을 차지하는 기관임에도 어떤 이유에서인지 학계가 미처 찾지 못했던 사이질interstitium이 발견된 것이다. 사이질은 액체로 채워진 조직망으로, 유기체 전체를 관통하는 기관이라 할 수 있다. 전문가들은 사이질을 현미경으로 관찰할 때 표본을 만들기 위한 과정에서 액체들이 흘러내려 여느 연결 조직과 다름없는 조직으로 간주해온 거로 추정한다.

　우리가 몸에 대해 얼마나 모르는지는 간단한 질문 하나로도 알 수 있다. 지방을 섭취하면 뚱뚱해질까? 이 질문에 수많은 영양 학회는 초토화될 것이다. 학회에 참가한 전문가 일부는 "그렇다"고 답하고, 일부는 "아니다", 또 다른 무리는 "그럴 수도 있고 아닐 수도 있다"라고 답할 것이다. 그 세 가지 답 사이의 스펙트럼을 채우는 '회색 답변'도 무수히 많을 것이다. 합의점을 도저히 찾을 수 없어 보이지만 그 모든 대답이 어느 정도 일리는 있다. 다시 말해 100% 옳은 답변은 없다는 뜻이다. 의학계가 사람의 몸에도 여러 종류가 있고, 사람의 몸이 얼마나 복잡한 구조로 되어 있는지에 주목하기 시작한 지는 얼마 되지 않았다. 20세기 의학계는 다른 대안이 없는 까닭에 늘 '평균적 인간'을 대상으로 삼았다. 좀 더 정확히 말하자면 '평균적인 백인 남성'이 잣대가 됐다. 그 태도가 얼마나 틀렸는지는 여기저기서 날아든 슬픈 소식을 통해 알 수 있다.

에어백을 도입한 후 초기에 차량 사고로 인한 사망자 성별 비율은 남성보다 여성이 월등히 높았다. 에어백이 장착되어 있음에도 사망한 것이었다. 추후 면밀히 검토해본 결과, 많은 여성이 에어백이 터질 때 목이 부러졌다는 사실을 알게 됐다. 사람의 목숨을 구해줄 에어백이라는 신기술을 출시하면서 숱한 테스트를 거치지 않았을 리 없다. 문제는 테스트 대상이 주로 백인 남성이었다는 것이다.

2017년 짧은 동영상 하나가 인터넷을 뜨겁게 달궜다. 자동 비누 디스펜서의 작동 상황을 촬영한 영상이었다. 디스펜서에는 빛에 감응하는 센서가 장착되어 있었고, 이용자가 그 아래에 손을 갖다 대면 비누가 자동으로 공급되는 시스템이었다. 그러나 흑인이 손을 댈 때는 센서가 반응하지 않고 비누도 나오지 않았다. 인종차별형 비누 디스펜서가 탄생한 이유는 해당 제품을 개발한 업체의 백인 경영진들이 사람마다 몸에 차이가 있다는 사실을 간과했기 때문이다. '평균 의학'은 누군가를 곧장 죽음에 이르게 할 수도 있다.

2018년 실시된 어느 조사에서는 미국 병원에서 심근경색으로 사망한 여성의 수가 남성 수보다 훨씬 많다는 사실이 밝혀졌다. 여성의 심근경색 징후를 조기에 발견한 사례가 많지 않았고, 급성 심장마비를 치료한 기록도 별로 없었기 때문일 확률이 높다. 심근경색을 주제로 한 전문 서적들은 주로 남성의 징후를 다루고 있다. 하지만 남성과 여성의 심근경색 징후는 다르다.

심근경색은 남녀를 불문하고 사망원인 1위로 꼽힌다. 여성의 사망률이 더 낮다는 기록은 존재하지 않는다. 미국에서는 심근경색으로 인한 여성의 사망률이 남성보다 확연히 높다. 여러 사례를 통해 의학계 전반이 남성 위주의 문화에서 벗어나지 못하고 '평균 남성의 몸'에 맞춰 있다는 사실과 고도로 발달한 기술사회조차도 인간의 다양성에 관해서는 초보 수준을 벗어나지 못하고 있다는 사실을 알 수 있다. 환자를 치료할 때 개개인의 특성에 발맞추는 유일한 순간은 복용해야 할 약의 양을 결정할 때뿐이었다. 다행히 디지털 혁신에 힘입어 상황은 조금씩 달라지고 있다.

21세기 최대의 발견이라 불리는 'CRISPR/Cas' 기술이 현재

의학계에 변혁을 일으키고 있다. 줄여서 '크리스퍼CRISPR'라고 부른다. 크리스퍼 시스템을 개발한 에마뉘엘 샤르팡티에Emmanuelle Charpentier와 제니퍼 다우드나Jennifer Doudna는 노벨상은 이미 따 놓은 당상이라는 평가까지 받고 있다. '유전자 가위'라고도 하는 크리스퍼 시스템은 쉽게 말해 DNA를 원하는 대로 자르고 편집할 수 있는 시스템으로 2014년 세상에 처음 알려지기 시작했다. 생명체 유전자가 하나의 코드라 가정할 때 크리스퍼는 그 코드를 편집할 수 있는 자판이라고 볼 수 있다. 크리스퍼 시스템을 활용하면 질병을 완전히 새로운 방식으로 치료할 수 있는 동시에 신체를 변형시킬 수도 있다.

2018년 11월 중국의 허젠쿠이賀建奎 박사는 크리스퍼 시스템을 활용해 세계 최초로 룰루와 나나라는 쌍둥이 자매를 출산시켰다. 허젠쿠이는 태아 단계에서 특정 유전자를 제거하는 작업을 실시했다. 독립 감독기관이 없는 탓에 허젠쿠이 박사 말의 진위 여부를 확인할 수는 없지만, 언젠가는 '디자인 베이비'가 탄생할 것이다.

허젠쿠이 박사가 디자인한 쌍둥이 자매는 디자인 베이비의 실현 가능성이 충분히 무르익었다는 사실을 입증했다. 뿐만 아니라 그는 크리스퍼 유전자 가위를 이용해 에이즈 유발 유전자인 CCR5를 제거한 배아를 만들어냈다. 해당 유전자는 일종의 돌연변이 현상으로 일부 유럽인에게만 자연적으로 발생한다. 그들은 HIV에 걸리지 않는다. 허젠쿠이의 주장이 옳다면 태아에게 HIV 예방접종을 할 수 있다는 뜻이다. 더불어 인류는 21세기를 통틀어 가장 충격적인 윤리 문제에 직면하게 된다는 뜻이기도 하다.

우리는
사이보그다

───────

도가의 경전이라 할 수 있는 장자의 《남화진경南華眞經》은 지금
으로부터 약 24세기 전 작품이다. 오래된 그 책에 다음 이야기가
등장한다. 어느 마을에 나이 지긋한 어르신이 살고 있었다. 노인
은 얼마 전에 개발된 두레박을 이용해 우물물을 길으라는 주민
들의 충고를 따르지 않고, 우물 바닥으로 이어진 굴로 내려가 물
동이에 물을 담아 옮긴 뒤 논밭에 물을 줬다. 누군가가 왜 두레박
을 사용하지 않느냐고 묻자 노인은 절대 그런 이상한 물건을 쓰
지 않겠다며 무뚝뚝하게 응수했다. 덧붙여 두레박은 겉보기에 일
손을 덜어주는 것 같지만 결국 치명적 결과를 낳을 것이라 경고
하며 다음과 같이 말했다. "기계를 한 번 사용하기 시작하면 모
든 일을 결국 기계로 해결하려 들 것이고, 자신이 해야 할 일을
기계로 해결하는 자는 기계로 된 심장을 얻게 될 것이다. 기계 심
장을 지닌 이는 순수한 본성을 잃게 되고, 순수한 본성을 잃은 자

는 신묘한 감정 상태를 파악할 수 없고, 신묘한 감정을 파악할 수 없는 자의 마음에는 도가 깃들지 않을 것이다. 그 물건이 있다는 사실을 몰라서 사용하지 않는 것이 아니다. 그 기계를 쓰는 것이 부끄러워서 안 쓸 뿐이다.”

문화비관주의cultural pessimism라는 말이 등장하기도 전에 문명 발전에 따른 부작용을 경고한 것이다. 노인의 말속에는 뼈가 있다. 기계는 인간이 생각하는 것보다 인간을 훨씬 더 깊이 물들여 버린다는 것이다. 편리함이라는 선물을 안겨주는 문명의 이기에 물드는 속도만큼 빠르게 나쁜 습관에도 물들 수 있다. 20세기가 낳은 유명한 미디어 이론가 마셜 매클루언Marshall Mcluhan은 최신 미디어와 기술을 ‘인간의 확장extensions of man’이라는 말로 설명했다. 한 가지 감각만을 활용하는지, 여러 감각을 활용하는지를 잣대로 매클루언이 미디어를 구분한 핫 미디어와 콜드 미디어 개념에 관해서는 동의하지 않지만, 미디어를 ‘인간 확장’에 비유한 점은 통찰력 있는 지적이라고 생각한다. 고대 중국의 어느 노인도 그 사실을 알고 있었다. 기계와 인간은 서로 어울려 공생관계를 구축해왔다. 앞으로도 이러한 관점에서 인간과 기계의 융화 과정을 바라보고 조화를 이루는 방향으로 개발해야 한다. 인간과 기계는 함께 성장하고 있다.

기계로 만든 인간을 흔히 ‘사이보그’라 부른다. 인간과 기계의 융합이 지금과 같은 속도로 이뤄지다 보면 10년 안에 모두가 사이보그의 존재를 알거나 사이보그가 되어 있을 것이다. 사이보그가 오늘날 스마트워치의 위상을 지니게 되는 것이다. 우리가 어느 지점까지 와 있는지는 사이보그와 기계를 어떻게 정의하느냐에 따라 달라진다. RFID라 불리는 전자 태그 칩은 기계일까, 사이보그의 일종일까? 적지 않은 수의 스웨덴인은 이미 그 칩을 손목에 이식했다. RFID 칩은 무선 주파수를 이용해 사람이나 물건에 관한 정보를 저장하고 판독하는 방식이기 때문에 에너지를 공급할 필요도 없다. 판독기의 동력만으로도 칩 속에 담긴 정보를 읽어낼 수 있는 것이다. 안경은 기계라고 볼 수 있을까? 그게 아니라면 왜 두레박은 일종의 기계로 봐야 할까? 몇몇 전문가는 스마트폰이 전 세계 모든 인류를 사이보그화하는 중대한 첫걸음이었다고 말한다. 그 전문가들의 주장에 따르면 사이보그는 이미 주변에 널려 있고, 인간은 모두 사이보그가 된 것이나 다름없다.

보통 몸 안에 기계 장비가 들어가 있으면 사이보그라 생각한다. 사실 그것만으로는 사이보그를 설명할 수 없다. 인공 심장박동기나 인공 와우cochlea implant를 이식받은 환자는 전부 사이보그라는 말이 되기 때문이다. 어느 노신사가 트위드 재킷을 입고 몸 안에 인공 심장박동기를 단 채 공항 검색대를 지나가다 경고음이 울리면 그 사람을 과연 사이보그라 할 수 있을까? 양팔이 절단된 환자가 존스홉킨스대학교 응용물리연구소에서 제작한 로봇 의수를 장착했다면 그 사람도 사이보그일까? 일반적 정의에 따르면 사이보그의 영역에 속하지 않을 것이다.

사이보그를 이해하기 위해서는 우선 인간과 기계의 융합 과정이 오래전부터 진행되어 왔다는 사실을 인정하되 우리가 사이보그냐, 아니냐 식의 흑백논리는 포기해야 한다. 기계와 인간이 서로 다른 존재인 채로 공생을 추구하는 것이다. 사이보그에 관한 정의를 받아들이기까지는 약간의 시간이 걸릴 수 있다. 하지만 기계와 기술의 발달 속도는 매우 빠르다. 머지않아 사이보그는 정체를 알 수 없는 스타워즈 세계 속 다스 베이더보다 훨씬 명확하게 정의할 수 있는 존재로 거듭날 것이다. 2018년 1월《네이처》에 센서가 장착된 전자 알약을 삼킨 후 소화가 이루어지는 과정을 평가하고 분석한 연구 논문이 실렸다. 해당 논문은 인간과 기계의 융합이 실제 어떤 과정으로 전개될 것인지 조명했다. 뱃속에 들어간 알약은 무선으로 스마트폰에 측정값을 전달하고, 그 값은 연구팀의 컴퓨터로 전송된다. 작업을 마친 알약은 매우 인간적이고 자연스러운 방식을 통해 몸 밖으로 배출된다. 앞으로 기계와 인간의 이러한 일시적 융합을 자주 체험하게 될 것이다. 로봇공학이 몸속을 관찰하는 데 쓸 장비들을 극단적으로 소형화하는 데 일조하고 있기 때문이다. 2018년 2월,《네이처》에 다시금 관련 글이 실렸다. DNA 나노 로봇이 생쥐의 종양 세포를 제거했다는 소식이었다. 이때 초소형 로봇들은 독성 물질을 운반하는 수단으로 쓰인다. 로봇이 운반한 독성 물질은 몸에 도움이 되는 세포를 죽인다는 단점이 있지만, 그 물질 대부분이 종양 세포를 직접 공격해서 제거한다는 큰 장점도 있다.

　로봇 기술은 센서 기술과 더불어 인간과 기계의 융합 과정을 이끄는 기관차 역할을 한다. 기계들은 점점 더 발달하면서 인간에 가까워지고 있고, 그 외의 다양한 기술도 생활 속 깊숙이 스며들었다. 2018년 여름에 실시된 어느 조사에 따르면 아마존 스마트 스피커를 사용하며 자란 아이들이 알렉사를 일종의 '디지털 가족'으로 여기고 있다고 한다. 이처럼 주변의 인터랙티브 기기들과 깊은 유대를 쌓기 시작한 지 오래다. 그 친밀감이 사이보그화로 가는 첫걸음이다. 전 세계 수많은 기술 마니아가 센서를 이용한 인간과 기계의 융합 과정을 더욱 가속화하고 있다. 손가락에 자석 하나만 이식해도 인간의 능력에 큰 변화가 일어난다. 전자 주파수를 인식할 수 있게 되는 것이다. 철새들은 진화 초기 단계부터 이미 몸속에 자석 성분이 있어 지구 자기력선을 기준으로 방향을 잡아 이동했다.

기계와 인간이 하나로 합쳐져가는 시대를 맞아 트랜스휴머니즘transhumanism에 관한 철학적 사유가 중요해지고 있다. 기술 발전이 인간의 능력을 어디까지 확장할 것인지와 더불어 그 제한선에 대해서도 고찰해보자는 움직임이다. 미국의 미래정치학자 프랜시스 후쿠야마Francis Fukuyama는 트랜스휴머니즘이야말로 "모든 사상 중 가장 위험한 사상"이라 비판했다. 인간의 본성이 변할 경우 자유민주주의가 위협받는다는 이론을 제시하기도 했다. 신기술 개발자들이 해당 기술이 초래할 윤리적 문제를 심각하게 고려하지 않은 것은 사실이다. 하지만 인간과 기계의 융합 과정을 기술 친화적, 기술 낙관적 관점에서도 고찰해봐야 한다.

21세기에 들어서면서 기술 발전에 따른 사회 변화가 매우 거대하게 일어났다. 단 한 명의 괴짜 천재나 기괴한 헤어스타일을 하고 다니는 아방가르드 추종자 때문이 아니라 인류 대다수의 필요와 욕구 때문에 사회가 변했고, 디지털 관련 기업들은 이러한 상황을 매우 노련하고 똑똑하게 공략하고 있다. 스마트폰이 널리 보급된 것은 특정 이념이나 사상이 아니라 오로지 편리성과 단순성, 혹은 호기심과 소비욕 때문이었다. 그와 같은 원동력이 인간의 사이보그화를 더욱 가속할 것이다. 인터넷이 확산될 당시, 아무리 속도를 조절하려 해도 실패만 거듭했듯 스마트폰이나 기타 최첨단 기기들의 확산도 막으려야 막을 수 없을 것이다.

스마트폰은 현재 트랜스휴머니즘을 대표하는 기기다. 늘 손안에 있고, 항상 눈길을 끌며, 케이블과 연결하는 즉시 충전되는 바로 그 기기가 손안의 디지털자본주의를 대변하는 것이다. 과거에 머리로만 기억하던 정보나 머리를 써서 처리하던 작업이 이제 스마트폰 회로 속으로 들어갔다. 인간의 기억력이 기계 속으로 옮겨갔다고 볼 수 있다. 16세 청소년들에게서 스마트폰을 빼앗아본 부모나 교사라면 누구나 그 즉시 어떤 상황이 벌어지는지 잘 알고 있을 것이다. 그러다가 스마트폰을 다시 손에 쥐여주면 어떤 일이 벌어지는지도 알 것이다. 이제 인간과 기계의 융합은 선택 문제가 아니다. 우리 앞에 남은 선택지는 융합의 방식뿐이다. 언젠가는 물리적 신체와 디지털 바디가 하나로 융합될지도 모른다는 가정을 염두에 둬야 한다.

대중에게 스마트폰은 건강관리센터 역할을 톡톡히 하고 있
다. 스마트폰은 의사들이 환자에게 약을 처방하듯 유저에게 특
정 앱을 권하기도 한다. 실제로 복용해야 할 약 또한 디지털화되
고 있다. 2017년 11월 미국 기업 프로테우스Proteus 사가 자사에
서 개발한 조현병 치료 약물을 허가받았다. 그 알약 안에 들어
있는 칩이 위산에 녹으면 센서가 반응하고 스마트폰으로 신호
를 보낸다. 이처럼 의료계는 스마트 방식으로 한 걸음씩 전진하
고 있다. 많은 양의 데이터를 파악할 수 있게 된 만큼 더욱 정확
한 진단이 가능하게 됐고, 이에 따라 예방의학 분야도 발달할 것
이다. 예컨대 디지털 개인 비서라 할 수 있는 알렉사나 시리Siri
에게 질병을 조기에 경보하거나 예방하는 기능을 심을 수 있는
것이다. 알렉사나 시리는 언제 물을 마셔야 할지 알려줄 것이고,
한 바퀴 더 달리라고 명령할 것이고, 식사 시간이 되었으니 어서
밥을 먹으라며 채근할 것이다. 애플은 현재 스마트폰에 인공 코
를 장착하는 기술을 개발 중이다. 음식물 속 유해 세균을 인간보
다 인공 코가 먼저 알려주는 것이다. 알렉사나 시리, 인공 코가
수집한 정보들은 모두 사용자의 맞춤형 데이터베이스에 저장될
것이다.

제2의 몸은 우리의 건강을 좌우하는 핵심이 될 것이다. 디지
털화된 데이터 수집과 처리 과정이 모든 분야의 효율성을 높이
기 때문이다. 독일의 경우 의료 수준은 낮은 편이 아니지만, 국제
적으로 비교해볼 때 의료의 효율성은 창피한 수준이다. 2018년

9월 블룸버그는 연간 '의료효율성지표Health Care Efficiency Index'를 발표했다. 납득할 만한 여러 잣대를 설정해 56개국이 보건의료 재정을 얼마나 효율적으로 투입하고 있는지 비교하고 평가한 지수였다. 평가 대상 국가는 국민의 기대수명 70세 이상, 인구 수 500만 명 이상, 1인당 GDP 5,000달러 이상인 나라로 제한했다.

독일은 카자흐스탄에 이어 45위를 차지했다. 베네수엘라, 이란, 말레이시아보다도 뒤처졌고, 레바논보다는 심지어 20위 이상 뒤처진 기록이었다. 1위는 홍콩이었고, EU 국가 중에서는 스페인과 이탈리아가 5위 안에 들었다. 다시 한번 강조하지만 이 지표는 의료 수준이 아니라 의료의 효율성을 평가한 지표다. 효율성을 기준으로 의료비 지출에 관한 비용편익분석을 했을 때 독일 순위가 저 아래로 떨어진 원인으로 디지털화가 제대로 이뤄지지 않았다는 것을 꼽아볼 수 있다. 제2의 신체, 디지털 바디의 시대가 분명 올 것이다. 이 흐름을 현명하게 맞이하는 것이 인구 평균 나이가 많아지고 있는 지금 고효율의 보건 시스템을 구축할 수 있는 유일한 길이다.

5th Shock

기후

지구환경을 망치는
인간의 생활 습관

기후 위기 시대의
도래

바렌트 해Barents Sea 인근에 두 개의 큰 섬으로 이루어진 노바야제 믈랴Novaya Zemlya 제도는 한때 소련의 핵 실험지였다. 그중 남쪽 섬에 위치한 작은 마을 벨루샤 구바Belushya Guba는 특히나 황량하다. 지금도 그 마을과 주변 바다에는 방사능 폐기물이 지천으로 널려 있다. 당시 폭발한 원자력 폭탄 중 가장 규모가 큰 폭탄의 잔해까지 남아 있다는 사실은 더더욱 충격적이다. 벨루샤 구바에 거주하는 소수민족 네네츠인들Nenets은 순록과 물고기로만 배를 채워야 했다. 그곳에서 그 외 다른 생물은 자라지 않았다. 지구생물학적으로 볼 때 노바야제믈랴 제도의 남쪽 섬 대부분은 얼어붙어 있다. 북쪽 섬은 300미터 두께의 얼음층으로 뒤덮여 있다. 그곳의 연평균 기온은 영하 6도로 특히 겨울이면 기온이 금세 영하 40~50도로 떨어진다. 고달프다는 말만으로는 그곳의 삶을 제대로 설명할 수 없을 정도다.

그런데 2018년 12월 벨루샤 구바에 사는 약 2,400명의 주민에게 예기치 않은 손님이 깜짝 방문했다. 최소 52마리의 북극곰들이 마을 한복판에 나타난 것이다. 이전에도 먹이를 찾아 헤매다가 길 잃은 북극곰 서너 마리가 이따금 주택 안까지 침입해 사람을 공격한 적은 있으나 본래 북극곰은 소심한 편이다. 어쩌다 민가 인근에 나타났다 하더라도 조금만 겁을 주면 곧장 도망간다. 게다가 북극곰은 무리 지어 다니기보다는 혼자 다니는 것을 더 좋아하고, 한자리에 잘 정착하지 않는 습성이 있다. 하지만 이때 나타난 대규모 무리는 주민들이 거주하는 마을 인근에 보금자리를 튼 것 같았다.

벨루샤 구바 주민 중에 수렵을 본업으로 하는 사람이 많다 보니 무기 소지율이 높은 편이다. 하지만 러시아에서 북극곰은 법의 엄격한 보호를 받는 멸종위기동물이다. 굶주린 곰이 사람에게 달려들 때도 함부로 쏴죽일 수 없다는 뜻이다. 겁이 난 주민들은 외출도 제대로 하지 못했다. 그러자 인근 군부대가 육중한 탱크를 이끌고 출동해 거리를 감시했다. 그런데도 북극곰들은 도망가지 않았다. 조명을 비춰도, 확성기로 큰 소리를 내며 겁을 줘도, 군부대 소속 맹견들이 으르렁대도 도망은커녕 오히려 사람들에게 더 달려들었다. 지역 온라인 신문인《바렌트 옵서버 Barents Observer》는 '북극곰의 침공'이라는 제목의 기사를 올렸다.

섬 관리 당국에서는 비상사태를 선포하고, 웹사이트에 북극곰과 맞닥뜨렸을 때의 대처법(최대한 빨리 도망가기) 및 살아남을 확률을 높이는 비법 등을 안내했다. 여기에서 말하는 생존법이란 어머니 배 속에 있는 태아의 자세로 바닥에 눕는 것이었다. 고개를 무릎 사이에 끼우고 양손으로는 목 부위를 보호하면서 그대로 누워 꼼짝하지 말아야 한다. 혹시 곰이 발로 차거나 몸 일부를 깨물더라도 움직이지 않으면 곰이 먹이를 포기하고 자리를 뜬다고 설명했다.

북극곰의 침공은 기후변화가 직격타였다. 2018년 말 북극 지방의 날씨가 급격하게 변했고, 그로 인한 여파가 북반구 전체에 큰 영향을 미쳤다. 미국 내 몇몇 도시는 기온이 영하 50도까지 내려갔다. 유럽의 보덴 호수나 프랑스 루아르 계곡의 포도 재배 농장도 그와 비슷한 기온을 기록했다. 반면 러시아 북부 등 북극과 인접한 지역 온도는 예년에 비해 지나치게 높았다.

보통 극지방 인근에서는 겨울이 되면 이른바 '극소용돌이polar vortex' 현상이 발생한다. 대기권 상층부에 걸쳐 형성되는 저기압의 차가운 공기덩어리를 뜻하는 말로, 북극에서는 반시계방향으로 회전하며 극심한 한파를 일으킨다. 극소용돌이는 지구의 자전과 온도에 따른 기압 차 때문에 발생하는 차가운 기류다. 그런데 2019년 초 극소용돌이의 세기가 평소보다 너무 약해서 극지방의 공기 흐름을 지속해서 힘 있게 뒷받침하지 못했다. 그러다가 결국 극소용돌이가 여러 개의 작은 소용돌이로 쪼개졌다. 그중 하나가 북극의 한파를 미국 북부로 몰고 갔다. 쪼개진 극소용돌이들은 바렌트 해 인근의 기온을 상승시키는 효과도 발휘했다.

벨루샤 구바가 존재할 수 있는 이유는 멕시코 만류와 같은 인근 해안의 난류가 그곳까지 영향을 미친 덕분이다. 난류의 영향으로 바렌트 해는 사계절 내내 얼어붙어 있지 않았고, 기온이 높은 해 여름에는 얼음이 거의 없이 완전히 녹은 상태가 되기도 했다. 겨울에는 유빙이 떠다녔다. 바렌트 해에 서식하는 바다표범들에게 그 유빙은 일종의 쉼터였다. 그런데 2019년 초에 찍힌 위성사진에서 바렌트 해와 북극해 사이의 얼음이 눈에 띄게 줄어든 모습이 관찰됐다. 얼음덩어리 위에서 휴식을 취하던 바다표범도 그와 함께 줄어들었고, 북극곰은 사냥터와 사냥감을 동시에 잃었다.

굶주린 맹수들은 대안을 찾아 나섰다. 북극곰은 원래 사람들이 먹다 버린 음식물 쓰레기를 좋아한다. 문제는 그 쓰레기들이 주거지 인근에 집중되어 있다는 것이었다. 벨루샤 구바에 별안간 북극곰 무리가 출현한 것도 그 때문이었다. 북극곰은 대개 체중 700킬로그램에 직립하면 신장이 3.4미터에 달한다. 심지어 시속 40킬로미터로 달릴 수도 있다. 100미터를 단 9초 만에 주파할 수 있는 속도다. 우리 같은 일반인들은 줄행랑을 쳐봤자 따라잡히기 십상이다. 기후변화는 벨루샤 구바 주민들에게 극도의 공포와 충격을 안겼다. 생태계와 인류는 이미 생존에 위협을 받고 있다. 문제는 앞으로 상황이 얼마나 더 나빠질지 모른다는 것이다.

환경문제라는 리얼리티 쇼크

기후변화라는 쇼크는 장차 어떤 리얼리티 쇼크보다 심각한 결과를 초래할 것으로 예측된다. 하지만 절망부터 할 필요는 없다. 이 충격은 어서 대안을 마련하고 실천에 옮기라고 재촉하는 촉매 역할을 하고 있다. 리얼리티 쇼크는 실수를 의미하는 것이 아니다. 실수는 자신이 실수를 저질렀다는 사실을 깨닫고 거기에서 교훈을 얻어 앞으로 나아갈 수 있지만 리얼리티 쇼크는 깨닫고 말고의 여지가 없다. 대책을 마련하지 않으면 살아남을 수 없다. 벨루샤 구바를 포함한 유럽 각국은 얼마 전부터 환경문제와 관련된 다양한 충격을 받고 있다. 어떤 이들은 그 충격을 몸소 체험하고, 어떤 이들은 제삼자의 반응을 통해 그 여파를 간접적으로 체험한다. 어느 날인가부터 기후변화는 누구나 중요하게 여기는 대화의 주제가 됐다. 2019년 초 유럽 청소년들이 '미래를 위한 금요일Fridays for Future'이라는 이름의 환경운동을 시작했다. 금요일마다 학교에 가지 않고 지구온난화에 관한 대책을 마련하라고 촉구하는 운동이다. 영국과 아일랜드처럼 국가 차원에서 혹은 독일 콘스탄츠Konstanz를 비롯한 몇몇 도시들도 '기후 비상사태'를 선포했다. 그러자 대형마트들이 앞다투어 자율 포장대를 철거하고 있고, 점점 더 많은 나라에서 비닐 봉투 제공이 금지되고 있다. 일종의 '없이 살기 문화'가 정착되어가고 있는 듯하다. 바로 얼마 전까지만 하더라도 정치나 사회 문제에는 전혀 관심이 없고 온종일 게임이나 한다고 비난받던 바로 그 세대가 환경보호에 앞장서고 있다는 점에서 지금의 상황은 매우 고무적이다.

혹시 기후변화와 관련된 이 리얼리티 쇼크가 일시적 감정은 아닐까 의심 간다면 2019년 1월 영국 BBC 소속 자연 탐구가 데이비드 애튼버러David Attenborough가 한 연설을 들어보라. 그는 지난 반세기 동안 전 세계적으로 자연이 우리에게 안겨준 즐거움을 설파해왔다. 애튼버러는 92세가 되던 해에 다보스Davos에서 개최된 세계경제포럼에서 마이크를 잡았다. 어떤 자리에서든 영국인 특유의 절제를 보여주던 애튼버러는 그날 강력한 목소리로 새 시대의 시작을 예고했다.

"나는 홀로세holocene에 태어났다. 1만 2,000년간 지속된 그 지질 시대는 기후가 안정적이었던 시대, 인간이 한곳에 정착해서 살 수 있던 시대, 농사를 지을 수 있던 시대, 문명을 창출할 수 있던 시대였다. 그런데 한 사람의 인생 안에서, 그러니까 내가 태어나서 지금까지 살아오는 사이에 시대가 달라졌다. 홀로세는 끝났다. 에덴동산은 끝이다. 과학자들이 이제는 인류세anthropocene라 불리는 새로운 지질 시대에 살고 있다고 말할 만큼 그간 우리는 세상을 너무 많이 바꿔버렸다."

그사이 우리는 생활 습관, 생활양식, 이른바 문명이라 부르는 모든 것들이 통제할 수 없는 결과를 초래하고 있다는 사실을 뼈저리게 느꼈다. 그 여파는 비단 내 지역, 내 나라뿐 아니라 전 지구에 적용되고 있다. 스웨덴 출신의 환경운동가 그레타 툰베리Greta Thunberg가 2018년 말 유엔 기후변화협약 당사국총회COP24에

서 남긴 말을 마음에 깊이 새겨야 할 때다. "우리는 우리 윗세대
들이 어떤 혼란을 초래했는지 깨달아야 한다. 나아가 그 혼란을
우리가 정리해야 하고, 우리가 그 혼란과 함께 살아가야 한다는
사실을 깨달아야 한다."

미세먼지, 질소산화물, 곤충 멸종, 차량 운행 금지, 기록적 폭
염, 탄소 발자국carbon footprint, 가뭄, 플라스틱 폐기물로 뒤덮인 바
다, 경유 차 배출가스 조작 사건, 동식물종의 멸종, 산불, 기후 보
호에 앞장서는 청소년단체, 심각한 기상이변 등 기후변화와 지
구촌 환경파괴를 경고하는 이와 같은 키워드들이 몇 년 전부터
각종 언론매체를 도배하고 있다. 개인적으로도 줄어든 나비의 개
체 수를 보며 위기감에 휩싸이곤 한다. 2018년 여름이 극도로 길
고, 비는 전혀 내리지 않고, 찌는 듯이 더웠던 것을 기억한다. 살
다가 한 해 정도는 그럴 수 있고, 그 정도는 기억 밖으로 금세 밀
려난다. 하지만 그게 두 번이 되면 왜 그런지 궁금해지고, 세 번
이 되면 눈살을 찌푸리게 된다. 불편한 심기는 마침내 번쩍하는
깨달음으로 이어진다. '이대로 계속 가서는 안 된다'는 깨달음이
다. 나뿐 아니라 많은 이들이 그렇게 느꼈을 것이다. 모두가 리
얼리티 쇼크에 휩싸인 것이다. 이제 달라져야 한다. 기후변화에
맞서 적절한 조치를 취해야 하고, 나부터 생활 습관을 바꿔야 한
다.

물론 일단은 상황을 지켜본다는 쪽으로 마음을 정하는 사람
도 있을 수 있다. 이러한 상황에 처할 때 대부분 특정한 입장을

견지하지만, 심리학자들은 드러내놓고 자신의 견해를 남들에게 말하지 않는다고 한다. 자신이 내뱉은 말 때문에 불편을 겪어야 할 수도 있기 때문이다. 경유 차의 운행을 허용하지 않는 문제에 관해 분분한 의견들을 떠올려보자. 괜히 이 논의에 끼어들어 몇 마디를 얹었다가 그저 몇몇 구간에 경유 차 진입이나 운행을 금지하는 정도가 아니라 라이프스타일 전체를 뒤엎어야 한다고 방향이 잡히면 모든 사람이 그 불편을 과연 감당할 수 있을까?

오래전부터 환경운동가나 환경보호단체, 환경문제에 관심이 많은 정당은 기후변화, 쓰레기 문제, 자원 고갈 문제에 주목해왔다. 어떤 사안에 있어서나 문제가 불거지면 선구자적 단체들이 결성되곤 한다. 해당 운동가들은 인류에게 닥칠 문제들을 예측하고 집중적으로 파고든다. 그런 다음 세상을 향해 경고의 목소리를 보내지만, 수십 년째 큰 변화가 일지 않고 있다는 사실에 절망한다. 물론 아무 일도 일어나지 않은 것은 아니다. 학자들은 틈날 때마다 경고했고, 적극적인 단체들과 열린 마인드를 지닌 정재계의 거물들도 대책 마련에 동참했다. 하지만 그레타 툰베리의 말이 옳았다. 그간의 노력은 충분치 않았다. 변화를 촉구하는 압박은 너무 약했고, 변화에 대한 저항은 너무 거셌다. 선진국 국민 대다수는 지금 이대로도 그럭저럭 살 만하다고 생각했다. 하지만 환경문제와 관련된 리얼리티 쇼크가 가시화되면서 이제 많은 이들이 혼수상태에서 깨어나고 있다.

지금부터 실질적인 위협으로 우리 앞에 다가온 환경 쇼크와 관련해 다음 세 가지를 구체적으로 살펴보고자 한다. 첫째, 청소년들은 어떻게 기후변화라는 주제를 가장 중대한 이슈로 인식하게 되었을까? 둘째, 플라스틱 폐기물에 대한 공포는 어떻게 탄생했을까? 셋째, 어떻게 하면 많은 이들의 식습관을 바꿀 수 있을까? 어떻게 하면 육식 소비를 줄이고 일부 채식 혹은 완전한 채식으로 전환할 수 있을까? 예전에도 기후변화라는 말은 있었지만, 그저 추상적인 개념에 지나지 않았다. 먼 미래 언젠가 일어날 위협 정도로만 여긴 것이다. 그러나 지금은 상황이 다르다.

기후 보호 선두에 선
청소년

기후변화와 관련해 청소년들의 움직임이 심상치 않다. 2019년 3월 독일의 기후 연구가 한스 요아힘 셸른후버 Hans Joachim Schellnhuber 는 ZDF와의 인터뷰에서 이제 막 싹트기 시작한 청소년 기후 보호 운동인 '미래를 위한 금요일'에 대해 다음과 같이 언급했다. "학자들은 30년 전부터 기후변화가 초래할 위험에 대해 경고했다. (…) 하지만 아무도 귀 기울이지 않았다. (…) 이제 뭔가 특별한 일이 일어나고 있다. 12, 13, 16세 청소년들이 기후 연구 결과에 귀 기울이겠다고 선언한 것이다." 셸른후버는 '지구 시스템 내의 티핑 요소 tipping elements in earth system'라는 개념을 제시한 바 있다. 티핑 요소라는 것은 기후 균형을 무너뜨릴 임계점 혹은 불가역적 상태를 초래하는 요인들을 뜻한다. 대중의 인식 체계를 더 이상 되돌릴 수 없는 지점으로 끌고 가는 요인이라는 점에서 리얼리티 쇼크에 해당하는 이슈들도 일종의 티핑 요소라 할 수 있다.

1974년 2월 '기후변화'라는 개념이 시사주간지《슈피겔》에 최초로 언급됐다. 아프리카 사헬Sahel 지역의 가뭄과 기근 문제, 나아가 원인 모를 이유로 발생한 기후변화에 관한 기사였다. 기사 곳곳에서 깊은 우려가 묻어났다. 기후가 변하고 있다고 주장하는 이들의 목소리도 다음과 같이 인용했다. "북반구의 기온이 비록 빠른 속도는 아니지만 꾸준히 내려가고 있다. (⋯) 금세기 중반부터 평균기온 강하 속도가 지난 1,000년보다 훨씬 더 빨라졌고, 약 1도가 낮아졌다. 북쪽의 한대 지역, 캐나다, 시베리아 등도 점점 추워지고 있다." 그로부터 몇 달 뒤《슈피겔》은 또 한 번 기후 관련 기사를 실었다. "빙하기가 또다시 오고 있는 것일까? 그런 일이 당장 일어날 것 같지는 않다. 하지만 기후 연구가들은 북유럽 여름의 긴 장마가 전 세계 기후변화로 인한 현상이자 더 춥고 습할 앞으로를 알리는 전령사였다며 우려를 표했다"는 내용이었다. 적어도 그 당시에는 추위가 논쟁의 한가운데에 있었다.

1970년대 말부터는 기후변화에 관해 보다 솔직담백한 토론이 활발히 이루어졌다. 세계 최대의 석유회사 엑손Exxon은 1977년에 이미 자체 연구를 통해 석유를 비롯한 화석연료가 기후변화를 얼마나 앞당기고 있고, 이산화탄소가 기후 문제에 얼마나 결정적 영향을 미치는지 파악했다. 하지만 엑손은 연구 결과를 공개하는 대신 그 후 수십 년 동안 각종 로비와 홍보를 통해 오히려 진실을 은폐했다. 그즈음인 1979년, 최초의 세계기후회의가 개최됐다. 사헬 지역의 가뭄 문제도 주요 의제에 포함되어 있었다.

이후 슈퍼컴퓨터가 개발되면서 복잡한 기후변화 모델을 구현할 기술이 탄생했고, 더 많은 데이터와 빠른 처리 속도에 힘입어 1980년대부터는 기후변화에 관해 무수한 연구가 이뤄졌다. 그 연구 결과들을 조합해 완성한 모자이크를 보면 얼마나 위협적인 기상 대이변이 우리를 기다리고 있는지 짐작할 수 있었다. 학자들은 온난화 곡선들과 여러 불편한 통계들, 사상 최고치를 기록한 온도들을 제시하며 모두에게 경종을 울렸다. 하지만 그럼에도 불구하고 기후변화가 얼마나 중대한지 대중은 폭넓게 인식하지 않았다.

사실 산성비, 삼림파괴, 스모그 같은 환경문제는 당시 모두가 피부로 느낄 정도였고, 1986년에는 체르노빌 사건이 터지면서 원자력 문제가 새로운 의제로 떠올랐다. 오존층 파괴도 모두가 염려하는 환경문제 중 하나였다. 그러나 지금과는 달리 그때까지만 해도 일련의 문제들에 관한 해결책을 찾을 수 있을 것 같았다. 신문 기사나 TV 토론 정도에서나 다루는 주제였다. 예를 들어 오존층 파괴는 염화불화탄소CFC만 덜 사용하면 되고, 핵폐기물은 원자력발전소만 폐쇄하면 해결될 것 같았다. 원전 반대 시위에 참가하거나 각자의 생활 습관을 바꿔야 할 필요성을 느끼지 않아도 될 정도였다.

1988년 6월 미국에서 기후변화를 주제로 한 상원 청문회가 열렸다. 그곳에서 기상학자 제임스 한센James Hansen은 '온실효과'라는 용어를 최초로 언급했고, 이후 해당 개념은 전 세계로 널리 퍼졌다. 이와 같이 이미지가 포함된 직관적 비유는 대중들의 뇌리에 순간적으로 깊이 아로새겨져 리얼리티 쇼크를 발동시킨다. 얼마 뒤 캐나다 토론토에서 개최된 기후변화 회의도 언론의 주목을 끌며 대중들의 주의를 환기했다. 새로운 빙하기가 올 것을 경고하던 《슈피겔》은 그로부터 15년 뒤인 1989년 지구온난화를 주제로 '이미 너무 늦었다'라는 제목의 인터뷰 기사를 발표했다. 인터뷰에 응한 데니스 메도스Dennis Meadows는 기후변동을 비롯한 모든 환경문제에 관한 질문에 이미 너무 늦었다고 답했다. 몇몇 학자들과 함께 집필한 연구 보고서가 《성장의 한계The Limits to Growth》라는 책으로 출간된 이래 환경운동의 창시자라 불리는 메도스는 "다가올 세대를 볼모로 환경을 착취하지 않으려면" 우리의 행동 양식을 전반적으로 바꿀 필요가 있다고 강조했다. "요즘 사람들은 마치 자살이라도 하려는 이들 같다. 이미 창밖으로 몸을 던진 사람과 대화를 나누는 것은 아무 의미도 없다"라고도 말했다. 환경문제를 대하는 사람들의 태도를 이보다 더 극단적으로 비판할 수는 없을 것이다. 하지만 그 이후에도 큰 변화는 일어나지 않았다. 어쩌면 메도스의 지적 때문에 더더욱 아무 행동을 취하지 않은 것일 수도 있다. 이미 너무 늦었다는 말보다 실천 의지를 떨어뜨리는 말이 또 있을까. 이 와중에 1980년대 말 석유 대재벌들이 대대적으로 홍보에 나섰다. 그들은 변화가 필요하지 않다며 사람들을 안심시켰다.

환경단체들은 쓰레기 문제를 부각하기 위해 무던히 노력했다.

하지만 모두가 플라스틱을 줄이기 위한 장바구니 들기 운동을 실천하고 있지는 않다. 아직도 많은 이들이 상황의 시급성을 알고 싶어 하지 않거나 이해하지 못한다. 1990년대까지 '친환경'이라는 수식어는 학생, 어른 가릴 것 없이 조롱거리로 사용했다. 삼림파괴 문제나 산성비, 스모그 문제에 대한 토론은 슬그머니 자취를 감췄다. 완전한 채식주의를 의미하는 '비거니즘veganism' 개념은 아예 모르는 사람도 있고, 실제로 실천하는 사람은 극소수에 지나지 않는다. 시간이 흘러 국가마다 쓰레기 문제를 해결하고자 재활용시스템을 도입하긴 했으나 오존층 파괴에 대한 논의는 이미 정리된 것처럼 더 이뤄지지 않고 있다.

　다행히 메도스의 경고에 마음과 귀를 연 듯한 변화도 있다. SUV 경유 차를 몰고 가는 이들은 따가운 시선을 받는다. 자기 집 앞마당에 핵연료 플루토늄 최종 처리장을 허술하게 설치해 둔 사람 같은 취급을 당하는 것이다. 2017년 EU 집행위원회는 EU 회원국 국민 약 2만 8,000명을 대상으로 '유로 바로미터Euro barometer' 여론 조사를 실시했다. 해당 조사 응답자 중 92%는 기후변화가 '심각' 또는 '매우 심각'한 문제라 답했다. 또 응답자의 절반은 기후변화를 염려해 생활 습관 몇 가지를 바꿨다고 대답했다. 구체적인 생활 습관을 따로 목록으로 만들어 질문하자, 무려 90%가 자신이 참여하고 있는 항목도 있다고 답했다. 2019년 유럽의회 선거에서도 기후 문제는 당락을 결정지을 만큼 중대한 주제였다. 이제 기후변화를 '21세기의 핵전쟁'이라 생각하는 사람이 많아졌다. 그만큼 큰 공포를 느끼고 있는 것이다.

기후 보호 세대의 등장

2019년 초 미국에서는 한파 문제를 둘러싼 대토론이 벌어졌다. 2018년 여름 유럽에서 긴 가뭄을 둘러싸고 일어난 토론과 비슷한 규모였다. 미국인들도 기후변화가 피부로 느껴진다는 점에 동의했다. 미네소타 주는 심지어 영하 49도까지 내려간 적도 있었다. 이는 휘발유의 어는점보다 더 낮은 온도로, 결빙 방지 처리가 된 난방유마저 꽁꽁 얼어붙을 정도였다. 미국 대통령 도널드 트럼프는 자신의 트위터에 "온 나라가 눈 폭탄과 기록적인 한파로 고통받고 있다. (…) 그 옛날의 지구온난화를 지금 같은 때 좀 이용할 수 있으면 좋을 텐데"라는 글을 남겼고, 12만 개의 '좋아요'를 받았다. 하지만 기후변화를 한파를 달래는 도구쯤으로 여기는 태도를 비웃는 댓글도 수천 개가 달렸다. 요즘은 초등학생도 다 알고 있는 '날씨'와 '기후'의 차이조차 모르는 무지함을 조롱한 것이었다. 트럼프의 트윗에 전 세계가 한바탕 신나게 웃었다. 그런데 사실 그 둘을 혼동하는 것이야말로 첫 번째 쇼크인 '기후'를 제대로 이해하는 열쇠다.

독일의 여성 물리학자 프리데리케 오토Friederike Otto는 동료들과 함께 이른바 '귀인과학attribution science'이라 부르는 새로운 학문의 갈래를 만들어냈다. 쉽게 말해 날씨와 기후 사이의 인과관계를 분석하는 학문이다. 오토는 자신의 저서《분노한 날씨Wütendes

Wetter》에서 다음과 같이 말한다. "이제 우리는 사상 처음으로 각각의 기상현상에 대해 믿을 만한 분석을 가능케 해주는 수단들을 확보하게 됐다." 기후변화가 날씨에 미치는 영향력을 분석하거나 예측할 때 쓰는 하드웨어와 소프트웨어들이 최근에야 비로소 신뢰할 만한 성능과 지능을 확보하게 됐다는 뜻이다. 오토는 "이로써 미래의 기후학을 현재로 가져올 수 있게 됐다"고 말한다. 언젠가 지구를 멸망시킬지도 모를 기후변화를 지금 바로 예측하고 체감해볼 수 있게 됐다는 뜻이다.

예를 들어 2011년 11월 영국의 날씨는 매우 온화했다. 한 달 내내 영국 어디에도 밤새 서리가 내려앉은 적이 없었다. 얼핏 생각하면 이상기후와 무관한 일처럼 보이지만 이는 1,250년 만에 처음 있는 일이었다. 오토는 그러한 이상 징후들이 20년에 한 번씩 발생한다고 말한다. 전혀 춥지 않은 겨울은 가뭄으로 바싹 마른 여름만큼이나 치명적이다. 몇몇 식물들은 서리를 맞아야 비로소 싹을 틔운다. 추위는 많은 종류의 벌레나 해충들의 천적이기도 하다. 최근 유럽 중부에 열대 모기나 열대성 풍토병 균들이 다시 나타난 것도 겨울이 너무 따뜻했기 때문이다.

대개 끔찍한 선고를 들으면 처음에는 부인한다. 나중에는 그 감정이 분노나 저항감으로 바뀐다. 그 대표 사례가 미국의 '롤링 콜rolling coal'이라 불리는 운동이다. '주행하는 석탄 운동' 참가자들은 자신이 모는 SUV의 디젤엔진에 특수 장치를 장착한다. 매연 필터는 제거하고, 엔진과 머플러도 변형시킨다. 목적은 시커

먼 연기를 더 많이 배출하는 것이다. 물론 법적으로는 금지된 행위다. 하지만 참가자들은 '배출의 자유'를 쟁취하기 위한 저항의 일종이라 주장하며 오늘도 검은 그을음을 내뿜고 도로를 누빈다. 참가자들이 가장 선호하는 자리는? 당연히 매연을 전혀 내뿜지 않는 전기차 옆이다!

만약 2018년 여름이 그토록 푹푹 찌고 가물지 않았다면 미래를 위한 금요일 운동이 그만큼 폭넓은 지지와 지속적 호응을 받지 못했을 것이다. 그러나 느끼는 것만으로는 충분치 않다. 행동이 뒤따라야 한다. 귀인과학 전문가가 아닌 일반 대중 대부분 도널드 트럼프처럼 날씨와 기후의 차이를 잘 모른다. 하지만 아이들은 다르다. 현상을 좀 더 예민하게 받아들인 전 세계 청소년들이 기후 보호에 앞장서고 있다. 이는 매우 바람직한 현상이다. 이제 막 태어난 여자아이가 있다고 치자. 그 아이가 자라나면 2050년쯤 가정을 꾸릴 수도 있다. 그리고 2100년까지 살아 있을 확률이 매우 높다. 2050년과 2100년은 기후변화 전망과 관련해 핵심적 위치를 차지하는 연도들이다. 그 기준점을 축으로 기후변화 추이를 예측하고 그에 관한 대책을 마련하고 있기 때문이다. 성인에게 그 두 해는 먼 미래이자 어쩌면 자신과 상관없는 이야기처럼 들리겠지만, 청소년에게는 자신들이 맞이하게 될 날들이다.

이와 관련해 미국 경영학자들은 '위기의식 sense of urgency'이라는 개념을 자주 쓴다. 위기의식이란 상황의 시급성을 깨닫는 것뿐 아니라 위기를 극복하기 위해 행동하는 것까지 포함하는 개념이다. 서점에 가면 셀 수 없이 많은 경영학 서적들이 직원들에게 위기의식을 고취해야 하는 이유와 비법을 알려주고 있다. 각 기업 내 직원 모두가 합심해서 적극적으로 행동하지 않으면 기업은 망하고 직원들은 일자리를 잃게 되기 때문이다. 전문가들은 합리적 설명만으로는 직원들을 납득시킬 수 없다고 말한다. 이성이 아니라 감성에 호소해야 한다고 강조한다. 합리적 설명만 들은 직원들은 그저 어깨를 으쓱하고는 문제를 외면해버린다. 사람들은 눈앞에 닥친 상황의 시급성을 머리가 아닌 가슴으로, 피부로 느낄 때 비로소 행동한다. 그런 의미에서 우리는 기후 보호에 앞장서는 청소년들에게 고마워해야 한다. 그 아이들이야말로 지치지 않고 끊임없이 목청을 높이면서 어른들에게 상황의 시급성을 적극적으로 알리고 있기 때문이다. 그 청소년들의 목소리 덕분에 성인들도 위기를 느끼고 실제 생활 습관까지 바꾸고 있다.

플라스틱 폐기물
공포

———

제2차 세계대전 이후 플라스틱은 소비사회를 이끄는 견인차 역할을 해왔다. '플라스틱'이라는 말은 '형태를 만들다'라는 뜻의 고대 그리스어 동사 'plassein'에서 온 것이다. 여기서 '형태를 만들 수 있는plastikos'이라는 형용사가 파생됐다. 자유자재로 어떤 모양이든 만들어낼 수 있게 되자 인간은 형태의 자유를 얻었고, 1950~1960년대 그 자유는 소비로 표출됐다. 그때부터 서독에서는 '나일론'이라는 말을 '넓고 광활한 세계'와 동의어처럼 취급했다. 플라스틱의 일종인 나일론으로 만든 스타킹은 소비가 안겨주는 짜릿함과 복지의 상징이었다. 당시 플라스틱은 시대를 주름잡는 소재였다. 모두가 지향하는 다양성과 유연성, 그리고 현대적 감각의 총아였던 것이다.

식자재 생산업자에게 플라스틱은 현금과도 같았다. 무엇보다 지금까지 활용해온 소재들과 비교했을 때 훨씬 가벼웠다. 플라스틱 포장재를 활용하면 고객들의 높아진 위생 관념을 충족시키는 동시에 운송비, 보관비도 절감할 수 있었다. 어떤 모양으로든 변형이 가능하다는 특징, 강한 내구성, 저렴한 비용 같은 장점에 힘입어 플라스틱은 현대 소비사회 물류체계의 새 시대를 활짝 열었다. 해당 업계에서는 소비사회의 주축을 이루는 물건들을 'FMCG Fast Moving Consumer Goods'라 부른다. 이는 복지사회 구성원들이 늘 사용하는 '일용 소비재'를 뜻한다. 플라스틱 포장재가 없었다면 FMCG가 탄생하지 못했을 수도 있다. 직접 유리병을 들고 가서 샴푸를 원하는 양만큼 받아와야 한다면 어땠을까? 왁스칠을 한 나무통에 요구르트를 받아와야 한다면 어땠을까? 만약 그랬다면 프록터앤드갬블, 네슬레, 유니레버 같은 소비재 생산업체들이 세계를 정복할 수 있었을까? 2017년 그린피스가 필리핀 해안에서 조사한 바에 따르면 파도에 떠밀려온 플라스틱 폐기물 중 위 세 업체의 로고가 적힌 폐기물이 무려 3분의 1가량을 차지했다고 한다. 그해 네슬레는 매일 약 10억 개의 제품을 판매했고, 그중 98%가 일회용기에 든 제품이었다.

얼마 전 영국 《가디언》 소속 기자 스티븐 부라니 Stephen Buranyi 는 거의 20년간 소비지향주의가 브레이크 없는 질주를 하던 1960년대 말 즈음에 더 이상 간과할 수 없을 정도로 문제가 표출됐다고 지적했다. 1969년 6월 《뉴욕타임스》도 '제3의 오염'을 다룬 기사를 실었다. 공기와 수질 오염에 이어 고체 폐기물에 의한 오염이 심각하다는 내용이었다. 기사 제목은 '쓰레기 재앙을 앞둔 미국의 대도시들'이었다. 이에 대해 1970년 미국 대통령 닉슨은 다음과 같은 성명을 발표했다. "새로운 포장 방식에서 분해되지 않고 제대로 소각하기도 힘든 재료들을 활용하고 있다. 여기에서 심각한 폐기물 문제가 발생한다. 포장재 중에는 재활용이 가능한 것도 많지만, 오늘날 우리는 한 세대 전에 보관하던 것들을 모조리 내다 버리고 있다." 이내 환경보호 의식이 싹텄고, 얼마 지나지 않아 미국 정치계도 대책 마련에 나섰다. 뉴욕 주는 플라스틱병에 세금을 부과했고, 하원은 일회용기 금지 법안에 관한 논의를 시작했다. 점차 플라스틱에 대한 반감이 사회 전반으로 퍼져나갔다.

유럽과 독일의 상황도 비슷했다. 1971년 《슈피겔》이 쓰레기 문제를 보도했다. "1970년대 말경에는 플라스틱 폐기물이 중량으로 따질 때 전체 폐기물 중 6%만 차지하게 될 것으로 기대된다. 그러나 부피로 보면 약 50%에 달할 것이다." 《슈피겔》은 어느 잡지에 실린 "포장 폐기물은 발전의 부산물"이라는 문구를 인용하면서 자신들의 입장을 명백히 표명하는 기사도 실었다. 해당 기사에는 '플라스틱 폐기물로 가득 찬 쓰레기 소각로', '내버린 스타킹은 썩지 않는다' 같은 제목들이 달려 있었다.

하지만 플라스틱 생산업체나 그 뒤에 숨어 있는 석유회사, 대량 구입 업체 등은 자사 제품이나 사업 모델을 친환경적으로 혁신할 의지가 전혀 없었다. 일부 언론도 업체들의 손을 들어줬다. 독일 대표 일간지 《프랑크푸르터 알게마이네 차이퉁》은 어느 기사에서 "썩지 않는 것은 (…) 해도 끼치지 않는다"라는 내용을 실었다. 유사한 견해를 지닌 소비자도 있었다. 1970년대 플라스틱은 각종 가구나 의류, 소비재를 만들기에 더없이 훌륭한 소재였다. 언론과 여론을 등에 업은 대규모 업체들은 변화를 꾀할 필요성을 느끼지 못했고, 오히려 체계적으로 변화에 반대하고 환경법 제정을 가로막았다. 로비는 말할 것도 없고, 법정 다툼도 불사했으며, 때로는 프레임 전환을 위한 각종 공작을 펴기도 했다.

플라스틱 제조업체들은 대대적인 홍보 활동을 통해 산처럼 쌓인 쓰레기더미에 대한 책임을 고객들에게로 돌렸다. 환경보호를 들먹이며 모든 책임을 고객에게 전가한 것이었다. 일회용기 업체 대표가 '미국을 아름답게 Keep America Beautiful, KAB'라는 환경보호단체의 대표직을 수년간 수행한 사례도 있었다. 해당 단체의 커뮤니케이션 전략을 보면 커져가는 쓰레기더미에 대한 불편한 심리를 어떻게 전환하는지 잘 알 수 있다. KAB는 예를 들어 '인간이 환경을 오염시키고 있다. 하지만 인간은 오염을 중단시킬 수도 있다'와 같은 슬로건을 내세운다. 해당 캠페인은 대성공을 거두었고, 플라스틱에 대한 대중의 반감은 플라스틱 생산업체가 아닌 소비자들, 플라스틱 폐기물을 아무 데나 함부로 버리는 이들에게로 향하게 됐다.

1980년대 신자유주의 시대를 맞이했을 때도 플라스틱 폐기물에 대한 책임을 개인에게 돌리는 전략은 언제나 잘 통했다. 유럽 최초의 여성 총리 마거릿 대처 Margaret Thatcher도 국민을 향해 올바른 행동을 하라고, 플라스틱 쓰레기를 길거리에 함부로 버리지 말라고 외쳤다. 《가디언》의 부라니 기자는 "플라스틱 폐기물을 개개인의 무책임 탓으로 돌리는 전략은 완벽하게 작동했다"고 짚어내며 심각한 오염으로 피해를 입은 어느 공원 문제를 두고 대처가 한 말을 인용하기도 했다. 당시 대처 총리는 "이것은 정부의 책임이 아니다. 그 폐기물들을 함부로 아무 데나 버린 이들의 책임이다"라고 말했다. 그는 해당 연설에서 플라스틱 폐기물을 생산하는 주체에 대해 단 한 번도 언급하지 않았다. 지금도 이런 식의 프레임 전환이 먹힌다. 쓰레기를 함부로 투기하는 이들의 잘못이 없다는 뜻이 아니다. 하지만 설령 그 공원을 드나드는 사람들이 플라스틱 쓰레기를 함부로 버렸다고 한들 그것이 문제의 본질은 아니다. 공원이 오염된 직접적 이유는 플라스틱 생산업체들에게 있다. 하지만 대대적인 홍보 덕분에 사람들은 본질과 부수적인 것이 무엇인지를 다시금 고민해야 했다.

플라스틱 제조업자들은 플라스틱에 대한 반대 여론이 다시는 고개를 들지 못하도록 하기 위해 재활용과 재사용이라는 신화를 활용하기 시작했다. 제2차 세계대전 당시 몇몇 나라는 각 가정에서 배출하는 폐기물을 그대로 재사용하는 시스템을 체계적으로 확대했다. 미국은 각종 폐기물 자원을 그대로 버려서는 안 된다며 '승리를 위한 회수Salvage for Victory' 캠페인을 벌였다. 영국도 '전국 회수 캠페인National Salvage Campaign'을 시작했다. 이러한 역사에 착안하여 플라스틱 생산업체들은 재활용을 홍보하는 수단으로 과거를 활용했다. 이 역시 똑똑한 공략법이었다. 재활용을 반대할 사람은 거의 없기 때문이다. 그 전략들은 초반에는 그저 고객들을 안심시키는 수단에 불과했다. 적어도 1980년대 말까지는 전 세계 플라스틱 재활용률이 거의 0%에 가까웠기 때문이다. 독일의 경우 1990년경 재활용 폐기물 분리를 관할하는 듀얼시스템을 도입하고, 재활용 폐기물 회수에 관한 인증 제도 '그뤼너 풍크트Grüner Punkt'를 도입하면서 플라스틱 재활용률이 조금 오르기는 했지만 그래봤자 2.7%밖에 되지 않았다. 일반 대중에게는 이러한 실질적 수치 대신 그저 밝은 미래를 약속하는 추상적인 말들만 전달됐다. 1990년대 초반 미국 산업계는 2000년이 되면 플라스틱이 각종 폐기물 중 재활용률이 가장 높은 소재가 될 것이라 떠들었다.

학자들은 1988년에 이미 쓰레기더미에 대해 경고했다. 시간이 흐른 뒤 1997년 어느 요트 항해사 겸 해양환경운동가가 태평양에서 거대한 쓰레기 섬을 발견했다. 학자들의 경고가 현실이 된 것이다. 2000년대 초반이 되자 학자들은 대형 플라스틱이 마모되면서 생겨난 '미세 플라스틱micro plastic'의 위험성에 대해 경고하기 시작했다. 하지만 사회적 반향은 그다지 크지 않았다. 작은 입자로 생산되는 미세 플라스틱은 지금도 샴푸나 페이스 크림, 필링 젤 등에 폭넓게 사용된다. 세기가 바뀌었건만 플라스틱 재활용률은 아직도 거북이걸음으로 상승 중이다. 미국의 플라스틱 재활용률은 지금도 한 자릿수에 머물러 있다. 플라스틱 업

계는 전략을 조금 바꿔서 '비닐 봉투야말로 가정에서 가장 많이
재활용하고 있는 플라스틱 제품'이라고 홍보했다. 2003년 어느
여성 로비스트는 그 말의 의미를 조금 더 구체적으로 설명했다.
"많은 봉투가 학생들의 책이나 도시락을 담을 때, 일반 쓰레기나
잔디를 깎고 난 뒤에 나온 쓰레기들을 담는 용도로 재활용되고
있다." 훌륭한 마케팅 전략을 주제로 한 교과서에 예문으로 실어
도 무리가 없을 만큼 완벽한 문구다. 틀린 말이 아닌 데다가 듣는
순간 고개를 끄덕이게 되기까지 한다. 그러나 속을 조금만 들여
다보면 문제의 본질을 감추는 거짓 플라스틱 예찬론에 불과하다.
몇 번 재사용한 비닐 봉투도 결국은 쓰레기가 될 뿐이다. 장을 볼
때 받은 봉투를 내 아이가 점심 때 먹을 샌드위치를 담는 용도로
다시 썼다 치자. 그다음 날 부모는 다시 장을 볼 것이고, 다시 비
닐 봉투 다섯 개를 가져올 것이다. 게다가 반려견의 분뇨를 치울
목적으로 사용한 비닐 봉투를 씻어서 다시 사용하는 사람은 아
무도 없다. 플라스틱은 지금도 승승장구하고 있다.

　1990년대 경제 위기를 극복한 많은 나라가 21세기에 접어들
면서 소비를 부추기는 양상을 보인다. 소비의 불꽃놀이는 금융위
기가 한 번 더 강타할 때까지는 계속될 것이다. 플라스틱 산업계
에서는 '더 많은 소비는 더 많은 플라스틱'이라는 등식이 성립됐
다. 새로운 상품을 생산할 때마다 당연히 더 많은 포장재가 필요
하다. 슈퍼마켓은 그런 의미에서 '플라스틱 자본주의'의 메카다.

　정부 차원에서 플라스틱에 대한 우려를 최초로 제기한 것은

방글라데시였다. 21세기로 넘어가기 직전인 1998년과 1999년, 스위스와 오스트리아를 합친 것보다 면적이 조금 더 넓은 나라 방글라데시는 대홍수로 큰 피해를 봤다. 한때 홍수로 인해 전체 국토의 60%가 물에 잠기기도 했다. 몇 주가 지나도록 넘친 물이 빠지지 않은 도시도 많았다. 질병으로 인한 사망자가 수천에 달했다. 당국의 조사 결과, 배수로 입구가 플라스틱 쓰레기로 막혀 물이 빠지지 않았다는 사실이 밝혀졌다. 방글라데시는 2002년 비닐 봉투 사용을 금지했다.

2008년에는 동아프리카에 위치한 인구 1,200만 명의 르완다 Rwanda가 비닐 봉투 사용을 전면 금지하는 위엄을 보여줬다. 정부는 소들이 플라스틱 폐기물을 먹다가 사망하고, 사방에 널린 비닐 봉투 때문에 비가 오면 웅덩이가 형성되어 말라리아성 모기가 창궐한다는 이유로 비닐 봉투 사용을 금지했다. 하지만 르완다는 방글라데시처럼 미봉책으로 비닐 봉투 사용을 금지한 게 아니었다. 뚜렷한 환경보호 의식을 바탕으로 심지어 헌법에 모든 국민은 건강한 환경을 누릴 권리가 있다는 내용을 명시했다. 플라스틱 폐기물 분야의 선두에 섰다고 할 수 있다. 실제로 그로부터 10년 뒤 40개국 이상이 르완다의 사례를 뒤따랐다. 르완다에서 비닐 봉투 사용 금지법은 처음부터 완벽하게 작동했다. 국민도 그 법을 철저히 준수했다. 르완다 정부는 대규모 캠페인을 벌였고, 비닐 봉투를 대체할 대안을 연구하는 학자들을 전폭적으로 지원했다. '공개적으로 망신 주기' 정책도 비닐 봉투 금지책의 성공에 크게 기여했다. 비닐 봉투를 제공하다가 들킨 상인들은 누구나 볼 수 있는 가게 입구에 자신의 죄목을 적은 표지판을 걸어놓아야 했다. 르완다의 수도 키갈리Kigali는 하룻밤 사이에 자칭 아프리카에서 가장 깨끗한 수도가 됐다. 전 세계 반플라스틱 행동가들은 르완다 정부의 성공 사례를 보며 좀 더 큰 자신감을 가질 수 있었다.

그런데 당시 플라스틱에 관한 대중의 이목이 집중되는 과정에서 독특한 현장이 포착됐다. 소셜미디어 중에서도 특히 페이스북 이용자의 수가 폭발적으로 늘어난 것이다. 2008년 8월 페이스북 회원 수는 약 1억 명이었다. 2009년 초에는 1억 5,000만 명, 2010년 여름에는 5억 명이 소셜미디어를 이용했다. 각 분야 운동가들은 소셜미디어가 내포하고 있는 잠재력을 빠르게 알아차렸다. 독일 연방환경청도 2010년에 그와 관련된 설문조사를 실시했고, 인터넷이야말로 현대 NGO들이 프로젝트를 홍보하고 기획할 때 무엇보다 염두에 두어야 할 알파와 오메가라는 결론을 내렸다. 전 세계 환경운동가들은 이미 소셜미디어라는 창구를 통해 플라스틱 관련 주제들을 널리 퍼뜨리며 동영상을 이용한 바이럴 홍보로 수백만 유저에게 자신들의 메시지를 전달하고 있다. 각종 행사도 상상을 초월할 만큼 빠른 속도로 조직되고 개최된다. SNS 이용자가 확산되면서 이제 큰돈을 들이지 않아도 동시다발적으로 수많은 이들과 커뮤니케이션이 가능해진 것이다.

소셜미디어는 플라스틱 폐기물에 대한 공포감이 확산하는 데 결정적 역할을 했다. 현장에서 몸소 체험하기 힘든 종류의 리얼리티 쇼크도 소셜미디어라는 채널을 통하면 빠르게 수많은 이들에게 전달되고, 정치적 변화와 사회적 변화로 이어진다. 소셜미디어에 올라온 재미있는 이미지나 강한 인상을 남기는 동영상 클립들은 기존 미디어가 전달하는 이미지나 영상과 다른 구조를 지니고 있다. SNS에는 동일한 주제를 다룬 새로운 파일들이 끊임없이 올라온다. 시사 분야에서도 매우 유동적이다. 몇몇 확대재생산자들이 적확한 시점에 어떤 주제에 관심을 가지기만 하면, 그것이 바로 시사성 짙은 주제가 된다. 예를 들어 몇 년 전 기사나 동영상이라 하더라도 페이스북이나 트위터에 업로드되면서 다시금 지금 우리 앞에 놓인 심각한 문제가 될 수 있다. 소셜미디어가 각종 홍보에 가장 완벽한 채널인 것도 그 때문이다. 어떤 주제든 원하기만 하면 다수 이용자의 감정을 부추길 수 있고, 그 주제를 대량으로 유포할 수 있다. 지금 막 일어나고 있는 사건이 뉴스가 될 수도 있다. 신문이나 지상파 방송과 같은 전통 매체legacy media에서 다루는 시사 이슈들은 최소한 얼마 전에 일어난 일이다. 하지만 소셜미디어에서는 방금 내가 선정한 모든 주제가 따끈따끈한 뉴스가 된다.

　SNS가 지닌 또 다른 힘은 대중의 반응을 한곳에 모아서 볼 수 있다는 점이다. 수천 개의 '좋아요'나 매우 정성스럽거나 감정적인 댓글이 집약되어 있다. 집단 감정은 전염성이 있다. 1950년대 이후 TV 시트콤에 자주 삽입된 웃음소리 효과음이 그 증거다.

소셜미디어는 애초부터 집단 감정을 자극하기 위한 도구로 탄생했다 해도 과언이 아니다. 특히 영상물을 활용하면 시청자들의 공감을 쉽게 끌어낼 수 있다. 불쌍한 동물, 부당한 로비, 각종 공포심을 다룬 클립들이 순식간에 높은 조회수를 기록하는 것도 그 때문이다.

2011년경부터 플라스틱 폐기물로 파괴된 해양 생태계를 보여주는 사진과 영상들이 인터넷에 점점 더 많이 올라오고 있다. 게시물의 내용은 거의 비슷하다. 바닷속을 촬영한 화면에 지나가는 물고기들은 흐릿하게 처리되어 있고 앞쪽의 플라스틱 폐기물에 초점이 맞춰져 있다. 바다거북이 제 몸을 칭칭 감은 플라스틱 때문에 옴짝달싹 못 하는 장면도 있고, 하천인지 아닌지 구분할 수 없을 만큼 오염된 강물도 등장한다. 부영양화된 마을 연못의 수면이 플라스틱 포장재로 뒤덮여 있는 상태에서 떠다니는 오리 떼도 볼 수 있고, 둥둥 떠다니는 플라스틱 섬 위로 요트가 밀려 올라간 장면도 볼 수 있다. 또 다른 영상에서는 어떤 이가 펜치로 바다거북의 코에 박힌 플라스틱 빨대를 빼내는 모습이 나온다. 빨대가 코에 얼마나 깊이 박혔는지 빼내는 과정에서 피가 줄줄 흐른다. 수술은 무려 8분간 지속된다. 그동안 카메라는 바다거북에게 고정되어 있는데, 불쌍한 바다거북은 소리 내지 않지만 고통을 참지 못하고 입을 계속 벌린다. 소리 없이 고통을 외치는 것이다. 해당 클립은 전 세계 1억 명이 시청했다. 얼마나 더 많은 동영상을 봐야 우리는 더 이상 이 문제를 간과할 수 없다는 사실을 깨달을까? 무작위로 떨어지는 빗방울은 짜증과 귀찮음을 유발할 수 있다. 어쩌다가 괴롭고 불편한 정보들과 마주치면 책임을 회피하며 핑곗거리부터 찾거나 중립적 회의감에 빠질 수도 있다는 의미다. 하지만 꾸준히 떨어지는 작은 물방울은 바위로 된 심장도 뚫는다.

환경보호와 관련해 반드시 알아야 할 진실이 있다. 환경보호로 먹고사는 협회, 단체, 기업들이 존재한다는 것이다. 먹고사는 수단은 기부금이 될 수도 있고, 협조나 찬조가 될 수도 있다. 해당 단체나 업체들이 가장 중요하게 생각하는 것은 바로 대중의 관심이다. 환경단체들은 국제적, 주기적 회의를 통해 무엇을 다음에 논의할지 의견을 수렴한다. 다음 주제는 플라스틱 폐기물이 되어야 할까, 기후변화가 되어야 할까, 또 다른 새로운 주제에 집중해야 좋을까? 기부금 시장에서는 '밀물은 모든 배를 뜨게 만든다'는 불멸의 법칙이 통한다. 대중이 흥미를 크게 느끼는 주제를 선택할수록 더 많은 돈이 모인다는 뜻이다. 그래서 환경단체들은 늘 어떤 주제를 '(재)활용'할지 고민한다. 어떤 주제로 민심을 들끓게 만들지 고민한다. 문제는 환경보호 자체보다 여론 형성에 더 큰 관심을 두는 이들이 존재한다는 것이다. 리얼리티 쇼크를 잘만 자극하면 기부금 '잭팟'이 터질 수도 있기 때문이다.

2015년 그린피스는 플라스틱 폐기물만 전담하는 팀을 꾸렸고, 온라인 활동을 통해 플라스틱 일회용기 사용 반대 운동을 소수 환경보호자의 영역에서 사회로 넓혔다. 그런 의미에서 그린피스는 숭고한 목표를 지닌 커뮤니케이션 기업이라고 할 수 있다. 이들은 캠페인 과정에서 인상 깊은 동영상과 더불어 한 번에 메시지를 직관적으로 파악할 수 있는 사진이나 이미지들을 자주 활용한다. 소셜미디어나 기존 매체에서 관건은 늘 메시지다. 전달하고자 하는 내용과 정보가 얼마나 빨리, 널리 확산되느냐가 중요하다. 그러기 위해 가장 좋은 수단은 눈에 띄는 내용과 비교하거나 깊은 의미를 쉽게 정리해주는 은유를 활용하는 것이다. 예컨대 영국에서는 국민들이 연간 사용하는 60억 개의 비닐 봉투를 다 합치면 흰긴수염고래 300마리나 바다거북 30만 마리 혹은 펠리컨 300만 마리의 무게가 맞먹는다는 비교가 널리 알려지면서 국민들의 환경 의식이 고취됐다.

　마음에 쉽게 와닿는 비교는 NGO 캠페인에서 빠져서는 안 될 항목이다. 머리에 쉽게 남고, 그 내용을 본 이들이 그간의 생각을 바꾸거나 순간 무언가를 깨닫기 때문이다. 이러한 방식으로 소셜미디어에서 형성된 사회적 분위기는 대개 매스미디어 보도로 이어진다. 페이스북에 올라온 글 하나가 입소문을 타고 번지면서 수많은 조회수를 기록하면, 기존 미디어들도 그 글을 외면할 수 없다. 신문 편집부나 TV 보도국은 어떤 주제가 보도 가치가 있다고 판단될 경우, 심층취재를 거친 뒤 다각도에서 해당 주제를 조명한다. 기자들도 소셜미디어를 자주 확인한다. 그곳에서 제기된 사안 중 보도 가치가 있는 것들을 선별해 신문이나 TV에 내보내려는 것이다. 이때 언론사들은 문제를 야기한 책임자나 담당자를 만나 그 사안에 대한 의견을 묻는다. 소셜미디어에 등장해서 보는 이들의 마음을 뒤흔든 이미지들이 공론의 장으로 진출하고, 나아가 정책에도 반영된다.

2015년 영국 정부는 2016년 초부터 마트에서 제공하는 비닐봉투에 가격을 부과하기로 했다. 그 비용은 고작 5센트로 책정됐다. 런던에서 장을 보는 이들 중 해당 비용에 잠시 고민했을지는 몰라도 너무 부담스럽다고 생각하는 이는 거의 없었다. 하지만 그 결과, 2016년 6월 말까지 비닐 봉투 사용량은 무려 85%나 줄었다. 덴마크, 인도, 미국 내 몇몇 도시들에서도 이와 비슷한 시도를 한 바 있다. 그 과정에서 교육 수준이 높고, 주인 의식도 강하며, 개방적 마인드를 지닌 시민들이 소비자 입장만 되면 다른 곳에 우선순위를 둔다는 사실이 드러났다. 상황을 설명하고 동참을 호소하는 것만으로는 시민을 움직이게 할 수 없었던 것이다. 소비자의 습관을 바꾸려면 소비자가 가장 중시하는 것, 바로 돈을 건드려야 한다. 값을 지불해야 하는 상황을 만들면 습관도 바뀐다.

플라스틱과 플라스틱 제조업체, 그리고 플라스틱 사용자는 늘 여론의 공격에 휘말리곤 한다. 그 공격으로 이루어진 소용돌이는 회전하며 몸집이 불어나고, 결국 더 많은 이들의 이목을 끈다. 비판하는 대중이 늘어날수록 해당 사안은 소셜미디어에 더 자주 등장한다. 나중에는 빨간색 자동차에 집중하다 보면 어느 순간 세상 모든 차가 빨갛게 보이는 이른바 '바더마인호프 효과Baader-

Meinhof Effect'가 발생한다. 바다를 가득 메우고 있다고 믿었던 플라
스틱이 오히려 온라인을 더 가득 채우고 있다. 플라스틱 폐기물
을 둘러싼 논쟁이 점점 더 뜨거워지면서 정계에서도 이에 관한
토론이 한창 진행 중이다. 2017년 2월 케냐 나이로비에 본부를
둔 유엔환경계획UNEP은 "유엔은 플라스틱과의 전쟁을 선포한
다"라는 내용의 선언문을 공개했다.

  2017년 말 BBC는 자연 탐구가 애튼버러가 제작한 자연 탐
사 다큐멘터리 〈블루 플래닛 II〉를 방영했다. 마지막 몇 분 동안
카메라는 바닷속 플라스틱 쓰레기와 그로 인해 죽어가는 동물들
의 모습을 비췄다. 애튼버러의 풍성한 저음 내레이션이 오염 현
황을 담담하게 알렸다. 아름답기 그지없는 대자연의 풍경에 뒤
이어 등장한 플라스틱 폐기물은 극심한 대조를 이루며 시청자들
에게 큰 충격을 안겼다. 대중이 다시금 깨달음을 얻는 순간이었
다. 영국을 비롯한 영어권 국가에서는 플라스틱 폐기물과 관련된
리얼리티 쇼크를 '애튼버러 효과'라고도 말한다. 전 세계적으로
7,000만 명 이상이 이 BBC 다큐멘터리를 시청했다.《가디언》에
따르면 그 후 플라스틱 쓰레기에 관한 보도들이 독자나 시청자
들로부터 가장 큰 반응을 얻었다고 한다. 이전까지 대중의 관심
을 끌었던 뉴스는 이민자들의 범죄율에 관한 보도였는데, 플라스
틱 폐기물 이슈가 그마저도 뛰어넘은 것이었다.

  이때부터 독일인의 의식도 눈에 띄게 달라지기 시작했다. 독
일포장재시장연구협회GVM에서 발표한 통계에 따르면 2016년부

터 2017년 사이 한 해 동안 비닐 봉투 사용량이 35% 줄었다고 한다. 1인당 비닐 봉투 사용 개수가 45개에서 29개로 줄어든 것이다. 단기간에 큰 폭으로 개선이 이뤄진 것은 수백 개의 소매업체가 비닐 봉투를 무상으로 지급하지 않겠다고 합의한 덕분이었다. 2018년 여름, 맥도날드도 이 움직임에 참가했다. 여러 나라의 맥도날드가 플라스틱 빨대 대신 종이 빨대를 제공하겠다고 선언한 것이다. 홍보 전략에 지나지 않는다는 비난도 많았지만, 맥도날드가 어떤 기업인가? 종교계에 바티칸이 있다면 일회용기 사용 분야에는 맥도날드가 있다고 말해도 무방할 정도다. 플라스틱 폐기물 쇼크는 수많은 이들의 의식을 변화시켰고, 맥도날드도 이를 끝까지 외면할 수는 없었을 것이다.

재활용 신화

제대로 된 플라스틱 재활용 시스템을 구축했다는 대대적인 홍보가 있은 지 약 25년이 지났다. 그러나 전 세계적으로 플라스틱 재사용률은 2015년 기준 20%를 밑돌았다. 전문가들은 그 수치조차도 산업계가 부풀린 것이라 말한다. 플라스틱은 단순한 소각으로는 완전히 분해되지 않아서 복잡한 처리 과정을 거쳐야 한다. 거기에 드는 시간과 에너지, 그리고 돈을 생각하면 플라스틱 재활용과 플라스틱 제품 생산은 경쟁 관계에 놓여 있다고도 볼 수 있다. 특히 원유 가격이 내려갈 때면 플라스틱 재활용 의지는 급격히 떨어진다.

산업계에서는 재활용률 통계를 낼 때 어떻게든 수치를 끌어올리려고 갖은 노력을 기울인다. 해외로 나가는 폐기물이나 재활용이 전혀 불가능한 플라스틱 쓰레기는 통계에서 아예 제외하는 식이다. 순환경제 전문가인 헤닝 빌츠Henning Wilts는 2019년 초《슈피겔》과 나눈 대화에서 독일의 플라스틱 재활용률이 실제로는 연간 새로 생산되는 플라스틱 제품의 5.6%밖에 되지 않는다는 점을 지적했다. 폐기물 업계는 그 나머지 중 3분의 2가량은 "에너지를 투입해 처리한다"고 주장한다. 왠지 올바르고 공식적인 방식을 취하는 것 같지만 결국은 소각한다는 뜻이다. 쓰레기를 소각하는 과정에서 디벤조퓨란이나 흔히 다이옥신으로 줄여 부르는 폴리염화디벤조다이옥신 같은 극도로 유해한 물질들이 발생한다. 요즘은 이 유해 물질들을 따로 걸러서 포집하는 기술이 개발됐지만, 결국 마지막에는 어디론가 보내야 한다. 예를 들어 커다란 포대에 넣어서 땅속 깊이 위치한 소금 광산 갱도 같은 곳에 묻어버리는 식이다. 그러면 땅속에서 고도의 독성 물질이 배출된다. 인간이 할 수 있는 일이라고는 그곳에서 지진이 일어나지 않기를 간절히 바라고 기도하는 것뿐이다.

플라스틱 폐기물 중에는 재활용이나 소각이 가능한 것들도 있다. EU 내 여러 나라가 쓰레기를 전 세계로 수출할 수 있는 것도 그 덕분이다. 믿기지 않겠지만 2017년까지 중국은 전 세계 플라스틱 폐기물 중 56%를 받아들였다. 유럽으로부터는 무려 연간 2.5조 킬로그램이나 넘겨받았다. 그런데 2018년 초 중국 정부가 느닷없이 쓰레기 인수를 중단하겠다고 발표했다. 이후 독일에서 배출된 플라스틱 폐기물들은 말레이시아, 인도, 인도네시아, 가나 등에서 최종 안식처를 찾았다. 어쩌면 마지막 안식처가 아닐 수도 있다. 독일은 폐기물을 다른 곳으로 보내는 데만 급급할 뿐, 그 이후 플라스틱 폐기물이 하천을 지나 대양으로 흘러 들어가지는 않는지를 꼼꼼하게 확인하지 않는다. 폐기물을 인수한 이들이 말하는 대로 믿고 지나치는 것이다.

SNS에는 오늘날 세계 곳곳의 바다를 메우고 있는 플라스틱 폐기물 중 90%가 단 10개의 하천으로 흘러든다는 사실을 보여주는 그래픽과 통계 자료들이 넘쳐난다. 독일의 헬름홀츠 환경연구센터UFZ가 학술적 검증을 거쳐 발표한 바에 따르면 그 하천 중 8개는 아시아에, 2개는 아프리카에 있다. 그 분야 1등은 중국의 양쯔강이다. 인도의 인더스강과 갠지스강, 이집트의 나일강, 니제르의 니제르강 등이 그 뒤에 포진되어 있다. 아쉽게도 폐기물 수출이 구체적으로 어떤 과정을 통해 이뤄지는지 알려주는 보도나 논문이 많지 않지만 상황을 진지하게 고찰 중인 전문가들은 '수출' 대신 '쓰레기 떠넘기기'라는 표현이 더 옳다고 주장한다. 아프리카와 아시아의 폐기물 처리장들은 비싼 처리비를 받고 유럽에서 배출된 쓰레기들을 떠안는다. 대신, 자국에서 배출된 쓰레기들은 야외 집하장에 내다 버리거나 하천으로 흘려보낼 가능성이 매우 크다. 그 와중에 EU는 2021년에나 플라스틱 일회용기 금지법을 통과시킬 것으로 보인다.

플라스틱은 분명 다재다능한 소재다. 어떤 면에서는 환경보호에 도움이 된다고도 할 수 있다. 가볍고, 다양한 분야에 활용이 가능하고, 값싸고, 자유자재로 변형이 가능하고, 견딜 수 있는 하중도 비교적 큰 편이다. 그럼에도 불구하고 우리는 20년, 30년, 아니, 40년 전에 이미 플라스틱 자본주의에 제동을 걸어야 했다. 그랬다면 오늘날 해양이 이토록 심하게 훼손되지는 않았을 것이다. 인구가 10억이 넘는 나라 인도는 2000년대 초반 들어 페트병을 공공재로 선포했다. 대형 식료품 업체들이 협조하지 않았다면 불가능했을 것이다. 독일은 통일 직후인 1990년대 초반 구동독의 폐기물 재활용 제도인 'SERO'를 매우 탁월한 시스템이라 찬미하기 바빴다. 하지만 수백 종류에 달하는 샤워젤 업체들의 반대로 결국 그 제도를 확산하겠다는 계획이 수포로 돌아가고 말았다. 그들은 눈부시게 빛나는 소비의 낙원이 붕괴하는 것을 보고 싶지 않았을 것이다. 서독의 폐기물 산업계 또한 결코 환영하지 않았을 제도이기도 하다. 플라스틱 자본주의는 기후 비상 상황과 직접적인 상관관계에 놓여 있다. 플라스틱 생산업체야말로 이산화탄소 배출량 증가의 주범이기 때문이다.

무분별한 소비가 환경보호를 가로막고 있다는 사실을 플라스틱만큼 상징적으로 보여주는 소재도 없다. 20세기 일회용 플라스틱 포장재들이 거둔 대성공은 선진국의 자기중심적 사고를 극명히 드러냈다. 서구 선진국 국민은 '만약 모두가 우리처럼 행동하고 소비한다면 장차 세계는 어떻게 될까?'라는 의문을 품지 않았고, 당연히 해답을 찾으려고도 하지 않았다.

　유럽은 전 세계 곳곳의 원시림들을 함부로 벌목했다. 하지만 브라질에는 그러지 말라고 훈계한다. 이 얼마나 뻔뻔스럽고 상대방을 무시하는 태도인가. 지난 수십 년간 플라스틱 쓰레기에 대해 심각하게 고민해본 적 없는 그들이 이제 가난한 나라를 비난하는 데 온 힘을 쏟고 있다. 달리 대안이 없어 가뜩이나 삶이 버겁고 인프라도 부족한 그 국가를 향해 "당신은 우리처럼 하면 안 된다"며 두 눈을 부릅뜨고 있는 것이다.

　서구 사회 또한 달리 대안이 없다. "내 행동을 따라 하지 말고, 내가 시키는 대로만 하라!" 영국의 인문학자 존 셀던John Selden이 1654년에 남긴 이 말이야말로 리얼리티 쇼크에 빠지기 전인 20세기 서구 사회의 태도를 더할 나위 없이 잘 보여준다. 서구 선진국은 사회적 책임을 무겁게 받아들이고 겸손한 태도를 보여야 한다.

소신 있는 고백,
비거니즘 열풍

대다수가 개인 삶에서 어떤 부분을 바꾸고 있는지를 살펴보면 요즘 사람들의 마음이 어느 쪽을 향하는지 알 수 있다. 2010년대 초반부터 많은 이들이 식습관을 바꿨다. 육류 소비는 줄이고 채소 섭취량을 늘리는가 하면 아예 채식만 하는 이들도 생겨났다. 비거니즘 확산 추이와 관련된 통계들이 아직 학술적 기준을 다각도로 채우고 있진 않지만 그 통계를 바탕으로 어느 정도 정량적 평가는 가능하다. 2015년 영국에서 실시된 조사에서는 엄격한 채식주의를 실천하는 이들이 50만 명에 달한다는 결과가 나왔고, 2018년 중반에 실시한 어느 설문조사에서는 350만 명이 비건주의 생활 방식을 실천하고 있거나, 실천한 적이 있거나, 앞으로 실천할지 말지를 고민 중이라고 대답했다. 응답자들이 채식주의 운동에 참가한 이유로 손꼽은 항목 중에는 '인간이 지구에 미치는 악영향을 줄이기 위해서'라는 이유도 있었다. 비거

니즘보다 조금 느슨한 채식주의에 참가하는 이의 숫자는 700만 명에 달했다. 영국 최대의 슈퍼마켓 체인 웨이트로즈Waitrose는 2018년 130개 이상 지점에 비건 제품 코너를 따로 마련했다.

음식 문화 발달의 진원지라 할 수 있는 프랑스에서도 변화가 일고 있다. 2018년 여름 프랑스 육류협회 대표는 내무장관에게 공개서한을 보냈다. '비건 라이프스타일이 요즘 트렌드'라는 내용을 집중적으로 보도하는 언론의 행태에 대해 프랑스 내 1만 8,000명에 달하는 정육업자와 도축업자가 깊이 우려하고 있다는 내용이었다. 협회 대표는 이데올로기로 인해 육류 소비량이 눈에 띄게 줄어드는 추세와 더불어 폭력적 비건주의자들이 정육점을 위협하거나 심지어 습격도 불사하고 있다며 공개서한을 띄울 수밖에 없었던 이유를 설명했다.

2016년 비건협회의 의뢰에 따라 실시한 어느 조사에 따르면 독일 국민 130만 명이 철저한 채식주의를 실천하고 있다고 한다. 나아가 인구 전체의 9%에 해당하는 700만 명가량이 채식 위주로 생활한다. 2016년부터는 대형 언론매체에 자녀가 비건으로 살겠다고 할 때 부모의 지도 방향을 안내하는 기사들이 등장하기 시작했다. 2018년 7월에는 《디 차이트Die Zeit》의 부편집장 베른트 울리히Bernd Ulrich가 자신이 1년 전부터 비건이 된 이유와 구체적 실천 방법을 소개하는 글을 쓰기도 했다. 울리히는 무분별한 소비 행태에 결연히 맞서겠다는 아들 때문에 비건이 되기로 결심했다. 전 세계에서 가장 유명한 경제 전문 주간지 《이코노미

스트》나 미국의 《포브스》는 2019년을 비거니즘이 주류 문화에 합류하게 될 연도로 전망했다. 이러한 추세는 경제 분야에서도 입증되고 있다. 2019년 5월 초 증시에 상장된 식물성 대체 육류 개발업체인 '비욘드 미트Beyond Meat'의 주가는 바로 그날 무서운 상승세를 보이며 화려한 데뷔전을 치렀다. 2000년 이후 미국 증시에서 최고의 상승률이었다.

육류를 배제한 식생활은 10년도 채 되지 않는 동안에 간혹 회자되던 주변 담론에서 사회 전반에 널리 퍼진 주제가 됐다. 이러한 변화의 원인은 무엇보다 비건의 삶에서 찾을 수 있다. 비건이 된 동기를 물어보면 대부분 처음에는 동물들의 고통을 두고 볼 수 없어서였다고 말한다. 하지만 두 번째로 많이 꼽는 이유는 환경보호, 특히 기후 보호 때문이다. 독일 내 설문조사에서 응답자의 약 80%가 '기후와 환경을 보호하는 지속가능한 행동을 실천하기 위해서' 고단계 채식주의 식습관을 유지한다고 답했다.

충분히 납득이 가는 동기다. 믿기지 않겠지만, 지구상의 농경지 중 무려 70%가 가축을 키우는 데 쓰인다. 《슈피겔》은 생물종 멸종을 다룬 어느 기사에서 목축업만큼 생물의 생활권을 많이 파괴하는 산업 분야는 없다고 지적했다. 육류 소비는 이산화탄소와 온실가스 배출량 급증의 주요 원인이다. 2017년 독일과 미국이 공동으로 이와 관련된 조사를 실시한 바 있다. 그 결과 육류와 유제품을 생산하는 5대 업체가 배출하는 온실가스를 합하면 세계 최대 정유회사 엑손의 배출량과 맞먹는다는 사실이 밝혀졌다. 또 다른 대형 정유회사인 셸Shell이나 BP보다도 더 높은 수치였다. 해당 조사에 참여한 학자들은 예전의 산출 방식에 문제가 많다고 지적하며 계속 이렇게 간다면 2050년에는 온실가스 배출량의 80%를 축산업계가 차지하게 될 것이라 경고했다.

정계도 기후변동 추세를 멈추기 위해 관련 위원회를 구성했다. 2014년 학술 전문위원회인 UN 기후변동 정부 간 협의체IPCC는 전체 온실가스 배출량 중 4분의 1이 인간의 식생활에서 비롯되고, 그중 육류 소비가 가장 큰 비중을 차지한다는 내용의 문서를 발표했다. 육류나 유제품은 냉장 보관에도 다량의 에너지가 필요하지만, 어쩌면 그보다 더 큰 문제는 가축의 트림이나 방귀를 통해 막대한 양의 유해 물질이 방출된다는 것이다. 다소 더럽고 우습게 들릴 수도 있지만, 실제로 이는 매우 심각한 문제다. 암소 한 마리가 매일 대기 중으로 방출하는 메탄의 양이 300~500리터고, 전 세계적으로 볼 때 메탄 총방출량의 절반이 가축에게서 비롯된다. 메탄 1리터가 기후에 미치는 악영향은 이산화탄소 1리터가 미치는 영향의 약 20배에 달한다. 세계자연기금WWF 소속 전문가의 계산에 따르면 독일인들이 일주일에 하루만 육류 소비를 포기해도 자동차 한 대가 750억 킬로미터를 달릴 때 배출되는 양만큼의 이산화탄소 배출량을 절감할 수 있다고 한다. 하지만 사람은 이동하지 않고 살 수 있어도 먹지 않고는 살 수 없다. 육류 대신 생선을 먹는다고 해서 문제를 유발하는 쪽보다 해결하는 쪽에 가까이 서 있다고 할 수도 없다. 태평

양에서 가장 큰 플라스틱 폐기물 섬의 절반 이상이 어업에서 사용되는 그물망으로 뒤덮여 있기 때문이다.

비거니즘의 성공 비결은 단순하다. '다른 생물이나 지구 환경을 착취하면서 살지는 않겠다'라는 하나의 문장 안에 세계관과 참여 동기가 모두 담겨 있다. 플라스틱 반대 운동 때처럼 비건 운동의 전파에 있어서도 소셜미디어는 큰 역할을 했다. 물론 비건 운동 참여자 모두가 소셜미디어를 통해 식습관을 바꾼 것은 아닐 것이다. 하지만 소셜미디어는 비거니즘이 대규모 장기전을 치르는 데 분명 이상적 토양을 제공했다. 비거니즘이 소셜미디어에 자주 등장하는 이유 또한 단순하다. 인간이 매일 해야 하는 일, 즉 밥을 먹고 배를 채우는 일과 관련이 있기 때문이다.

비건 운동 분야의 세계 챔피언은 이스라엘이다. 이스라엘 국민의 약 5%가 2015년에 이미 채식주의를 실천하고 있었다. 그 배경에는 미국의 동물보호 운동가 게리 유로프스키Gary Yourofsky가 2010년 유튜브에 올린 동영상이 있다. 해당 동영상은 이스라엘에서만 160만 뷰view를 기록했다. 이스라엘 인구 전체가 900만 명인 것을 감안하면 매우 높은 수치다.

소셜미디어에 '오늘부터 나도 비건!' 식으로 자신의 달라진 신념을 달랑 공표만 하는 것으로는 큰 효과를 기대할 수 없다. 소셜미디어에 올라오는 게시물은 기본적으로 감정을 자극하는 메시지와 더불어 뚜렷한 소신을 담고 있어야 한다. 그래야 조회수를 높이고, 커다란 반향을 불러일으키며, 참여를 끌어낼 수 있다. 예를 들어 비거니즘이라는 주제를 자주 접한 이들은 아무래도 그 주제에 관해 좀 더 고민하게 된다. 비건을 조롱하는 글이 오히려 역설적으로 비거니즘 전파에 기여하는 것도 그 때문이다. 몇몇 NGO들은 동물들의 고통을 다룬 끔찍한 사진들을 의도적으로 수년에 걸쳐 퍼뜨리기도 했다. 가축들의 사육 환경, 살육과 처리 과정 등을 보고 깨달아야 비로소 대중의 마음속에 식생활과 관련된 리얼리티 쇼크가 싹튼다는 것을 정확히 꿰뚫어본 것이다.

　비거니즘 물결이 전 세계로 전파된 데는 유명 인사들의 영향도 매우 컸다. 소셜미디어의 중심에는 사람, 그중에서도 특히 유명인이 있다. 20세기 언론계를 주도한 슬로건도 '사람의 관심 대상은 사람이다'였다. 소셜미디어는 그 슬로건을 정확히 충족시킨다. 소셜미디어 참여자들은 디지털 세계에서 본 이들의 삶과 생활 방식을 따라 하고 싶어 한다. 글로벌데이터GlobalData의 통계에 따르면 2017년 미국 내 비건의 수가 2014년 대비 600% 증가했다고 한다. 미국 인구 전체의 1%였던 것이 6%로 늘어난 것이다. 그런가 하면 최근 몇 년 사이 수많은 유명 인사들이 자신이 비건임을 고백했다. 나탈리 포트먼, 비욘세, 제이지, 브래드 피트, 마돈나, 조니 뎁, 제니퍼 로페즈, 마이크 타이슨, 베네딕트 컴버배치, 아리아나 그란데, 벤 스틸러, 마일리 사이러스, 스티비 원더, 빌 클린턴, 앨 고어 등 그야말로 수많은 '셀럽'들이 채식주의자임을 선언했고, 그 내용은 소셜미디어 포스팅을 통해 급속도로 퍼져나갔으며, 수많은 소셜미디어 참여자로 하여금 무엇이 올바른 태도인지를 고민하게 만들었다.

그런데 지속가능한 환경보호를 실천하는 식습관을 실제로 실행에 옮기기란 여간 번거로운 일이 아니다. 일단 포장재가 없어야 하고, 내가 살고 있는 지역에서 제철에 생산된 제품이어야 하며, 동물과는 전혀 관련이 없는 식자재여야 하고, 친환경 인증을 받은 곳에서 화학비료나 살충제를 사용하지 않고 재배한 것이어야 한다. 유럽에서는 '친환경'이나 '유기농'이 사실상 법률에 구속되는 개념이다. 하지만 대다수 국민은 그 개념을 지나치게 액면가 그대로 믿는 경향이 있다. 친환경이나 유기농 마크가 붙은 제품 중에도 따지고 보면 유해한 비료나 살충제를 뿌려서 재배한 뒤 공장을 거친 것들이 꽤 많다. 즉 현재 수준에서 당국이 정해놓은 친환경 기준을 준수하고 있다는 의미 그 이상도 이하도 아니다. 소비자 입장에서는 우선순위를 어디에 두고 있느냐에 따라서 특정 제품이 친환경일 수도 있고 아닐 수도 있다. 인근 농장에서 갓 짠 뒤 유제품 공장에서 처리 과정을 거친 우유가 지속가능한 환경보호에 더 도움이 될까, 아니면 유기농 인증을 받은 아몬드 우유가 더 도움이 될까? 그 우유에 들어간 아몬드는 캘리포니아에서 생산됐고, 1만 5,000킬로미터를 이동했고, 꼼꼼히 세척하느라 한 알당 4리터의 물을 소비했을 것이다. 그렇다면 지금 직면한 이 리얼리티 쇼크에 어떻게 대처해야 좋을까? 이 복잡한 세상에서 어떻게 올바른 선택을 할 수 있을까?

기후변화가 우리에게 말하는 것

2018년 12월 《네이처》에는 〈우리가 생각하는 것보다 지구온난화가 더 빠른 속도로 진행되고 있다〉는 제목의 논문이 실렸다. 또다시 다가올 온난기나 좀체 줄어들지 않는 이산화탄소 배출량이 서로 시너지 효과를 일으킬 것이며, 이에 따라 지금까지의 전략을 하루빨리 수정해야 한다는 경고도 담겨 있었다. 논문 작성자들은 인공지능 데이터 분석을 통해 기후변동이 초래할 현상을 예측하고, 어떤 기상이변이 발생할 것인지, 그것이 인류에게 어떤 육체적 고난과 물질적 피해를 끼칠 것인지도 분석해야 한다고 강조했다. 해당 논문은 강력한 변화를 촉구하며 마무리됐다. "수십 년간 기후를 둘러싼 논쟁은 단순하기 그지없었다. 학계가 장기적 목표를 제시하면 정계는 그 내용을 고려해본다는 제스처만 취하는 식이었다. 이제 그럴 여유를 부릴 시간은 지났다. 진지한 기후정책을 고심하고, 가까운 시일 안에 도달할 수 있는 목표와 실천 가능성을 집중적으로 연구해야 한다. 정계는 불편하거나 리스크가 포함된 정책 모두를 고려해야 한다." 2019년 초 미국의 지구과학자들은 그린란드의 빙하가 예상보다 더 빨리 녹고 있다는 사실을 포착했다. 그로부터 얼마 지나지 않아 UN IPCC는 바다의 온도가 예상보다 더 빨리 올라가고 있다고 발표했다.

'예상보다 더 빨리'라는 말은 많은 이에게 행동의 필요성을 깨닫게 했다. 적어도 이산화탄소 배출세를 도입해야 한다는 데 극렬히 반대하는 이는 줄었을 것이다. 생물종 멸종도 인류가 자

초한 또 다른 재앙이다. 전 세계 132개국이 참여하는 UN 산하
생물다양성과학기구IPBES는 2019년 5월 6일 새로운 보고서를
공개했다. 지난 1,000만 년보다 100배 빠른 속도로 생물종이 멸
종하고 있다는 내용이었다. 습지의 85%는 이미 사라졌고, 양서
류의 40%도 멸종 위기에 놓여 있다. 팜유가 포함된 간식과 화장
품을 제조하기 위해 지구상에서 몇십억 그루의 나무가 벌목되
거나 소각되고, 중남미의 포유류 야생동물 개체 수는 90%가 줄
었다. 이는 단순히 동식물종 몇몇 개가 사라지는 문제가 아니다.
지구 생태계의 기본적 기능에 관한 문제다. 동식물 멸종 자체도
인류의 삶을 크게 위협하고 있다.

　다행히 희소식도 있다. 그중 가장 고무적인 소식 역시 2019년
5월 6일 자《네이처》에 실린 논문을 통해 알려졌다. 미국 노스캐
롤라이나대학은 기후변동과 관련된 연구를 실시했고, 그 결과
자녀들의 행동 양식이 부모에게 매우 큰 영향을 미친다는 사실
을 파악했다. 심지어 생활 습관을 바꾼 경우도 많았다. 조사팀은
"자녀가 자신의 지식과 태도, 행동 양식을 부모에게 전달하는
방식을 봤을 때 매우 전망이 밝다. 이를 통해 기후변동을 둘러싼
사회적, 이념적 난관을 극복할 수 있기 때문"이라는 말로 보고
서를 마쳤다. 미래를 위한 금요일 운동에 학술적 근거와 새로운
탄력을 실어주는 보도였다. 이제 어른들이 해야 할 일은 온 힘을
다해 기후 보호에 앞장서는 아이들을 응원하는 것이다. 리얼리
티 쇼크는 충격으로 끝나서는 안 된다. 근본적으로 사고를 뒤집

고, 행동 양식을 폭넓게 변화시킬 때 비로소 그 의미가 증폭된다. 지금 우리에게 필요한 것은 급격한 변화를 유도하는 아이디어와 끈질긴 실천, 모범 사례와 적절한 콘셉트, 각종 세금과 규제, 지구를 무한한 자원의 보고로 간주하지 않는 시장 문화다. 이미 눈앞에 다가온 '기후' 쇼크는 우리에게 이렇게 말한다. 21세기 자본주의는 반드시 친환경적이고 지속가능한 방향으로 나아가야 하며, 그렇지 않으면 더 이상 나아가지 못하게 될 것이라고, 적어도 오랫동안 살아남지는 못할 것이라고 말이다.

6th Shock

난민

이민 문제와
디지털 기술의 관계

드러난 문제는
빙산의 일각

소말리아의 시골 마을 시장에서 염소 한 마리는 얼마에 팔리고 있을까? 소말리아 내 자치구 중 하나인 소말릴란드Somaliland에서 염소는 매우 중요한 가축이다. 이곳의 인구수는 약 300만 명인데 주민들이 기르는 염소의 수는 약 700만 마리다. 규모에서 예측할 수 있듯이 시골 시장에서는 매일 염소가 거래된다. 국민의 60%가 가축을 기르는 목축업으로 생계를 유지하며, 대부분 유목 생활을 한다. 이는 주민들의 건강과도 깊은 관련이 있다.

건조한 소말릴란드에서 신선한 염소젖은 아이들에게 필수 영양소 공급원이자 유일한 비타민C 공급원이기도 하다. 염소젖이 없다면 많은 아이가 괴혈병에 걸릴 것이다. 전쟁과 위기로 얼룩진 소말릴란드 경제의 65%를 바로 목축업과 그 가축들을 사고 파는 행위가 뒷받침한다. 그만큼 중요한 염소 한 마리의 가격이 지역마다 매일 달라진다. 그러던 중 염소 가격의 변화에 따라 주민이 대규모로 이탈하는 현상이 벌어졌다. 심지어 2011년에는 가뭄과 정치적 불안 등으로 인해 단 몇 달 만에 소말리아 주민 14만 명이 고향을 등지기까지 했다.

이에 유엔난민기구UNHCR 소속 데이터 분석학자 레베카 모레노 히메네스Rebeca Moreno Jimenez가 염소 가격의 변동 추이를 한눈에 판단할 방법을 개발했다. 그는 현장을 직접 살피며 염소의 거래가를 집중적으로 파고들었다. 소말릴란드에서는 대다수 농가가 염소를 키운다. 염소는 환경 변화에 민감한 동물이라 피난 중 죽어버리는 경우가 꽤 자주 발생하기 때문에 이주 계획을 세운 주민들은 키우던 염소를 되도록 빨리 처분하고 싶어 할 것이다. 만약 어느 마을에서 상당수의 주민이 피난을 계획할 경우, 염소 한 마리의 가격은 급락할 수밖에 없다. 따라서 염소 가격의 변동 추이를 보면 대규모 주민 이탈이 일어날 것인지를 판단할 수 있는 것이다. 최소한 소말릴란드에서는 이 방법이 통한다.

'난민'은 정치적 갈등이나 박해 혹은 빈곤 등 각종 이유로 이주하는 모든 종류의 이동을 통칭한다. 이민자, 이주민 등 다른 표현들도 있지만, 사실상 각각의 차이를 정확히 구분하기가 힘들고, 다소 가치편향적이기도 하다. 여기에서 언급한 '난민'은 이민자, 이주민, 피난민을 모두 포함한다.

개개인의 피난이 대량 난민이나 이민 현상으로 이어질지를 분석할 때 활용할 수 있는 기법은 매우 많다. 대부분 신뢰도도 높은 편이다. UN은 '젯슨Jetson'이라는 프로젝트에 착수했다. 이는 이주민 이동을 예측하는 데이터 플랫폼이다. 그 플랫폼에는 날씨, 정치 분쟁 발발에 대한 예측, 염소 가격 등 다양한 데이터들이 입력되어 있어 일종의 조기경보시스템 역할을 해낸다. 젯슨 프로젝트의 뿌리는 2015년에 발생한 '난민' 쇼크였고, 목표는 그러한 사태가 또다시 일어나지 않도록 미연에 방지하는 것이었다.

당시 단기간에 수백만 명이 EU 국가들, 그중에서도 특히 독일로 유입됐다. 그 이전까지는 감히 누구도 상상하지 못할 규모였다. 앙겔라 메르켈Angela Merkel 총리는 국경을 봉쇄하지 않았다는 이유로 여론의 뭇매를 맞았다. 집요한 질타와 공격의 주체는 대개 우파들이었다. 힘을 내라는 의미에서 제시한 '우리는 감당할수 있다!'라는 구호 역시 사방으로부터 십자포화를 받았고, 더많은 난민을 수용하자는 의미에 지나지 않는다는 비난에 휩싸였다. 처음에는 대규모 난민을 환대하며 수백만의 자원봉사자들이 기꺼이 고향을 잃은 이들을 도왔으나 시간이 지나면서 조용하던 반대 여론이 점점 거세게 들끓기 시작했다. 2015년 여름만 하더라도 극우 성향 정당인 '독일을 위한 대안AfD'은 세력을 거의 잃어가고 있었다. 정당 지지도 조사에서 겨우 5% 선을 오락가락하는 정도였고, 3%에 머무른 적도 있었다. 하지만 난민 문제를 둘러싼 집단적 히스테리는 독일을 위한 대안이 새로이 도약할 수 있게 도왔다. 이득을 본 정당은 비단 독일을 위한 대안만이 아니었다. 대규모 난민 수용은 분수령이 되어 우파가 득세하기 시작했다. 오스트리아와 이탈리아, 프랑스에서도 우파 혹은 극우 정당들에 큰 힘이 실렸다. 난민들이 거쳐가는 나라인 헝가리는 말할 것도 없었다. 유럽 전체가 우클릭을 하고 있다고 해도 과언이 아니었다.

2015년 유럽이 맞닥뜨린 '난민' 쇼크는 사회 변화를 촉발하기에 충분했다. 각 정당들은 이 충격적 현실을 목도했고, 앞다투어 정치적 대안을 제시했다. 그러나 대부분 지금까지 보여준 태도와 큰 차이가 없는 대책들이었다. 대규모 난민 문제를 반드시 해결하겠다는 공수표일 뿐이었다. 때로는 위협적인 공약을, 때로는 인간적인 정책을 제시하기도 했으나 돈줄을 쥐고 있는 이들은 움직이지 않았다. 그런 가운데 독일 정치가들은 "난민의 발생 원인을 퇴치하겠다"는 말을 남발했다. 난민 문제 앞에서 정치계가 얼마나 무능한지를 역설적으로 보여주는 구호였다. 독일의 모든 정당이 그 구호에 합의했고, 선거용 플래카드에도 관련 구호를 포함시켰다. 심지어 극우 정당인 독일을 위한 대안도 "서구 경제에 불이익이 된다면 난민 문제의 발생 원인을 문제가 발생한 그 국가에서부터 퇴치할 수 있게 노력해야 한다"며 이를 공식적 당론으로 공표했다. 의회에 진출한 정당들은 대개 각기 다른 노선을 추구하지 않던가. 모든 정당이 똑같은 목소리를 낸다면, 이는 결국 아무 의미도 없어진다는 뜻이다. '난민 발생 원인 퇴치'라는 구호는 공허할 뿐 아니라 눈속임을 목표로 한 거짓말에 불과하다. 해당 구호의 문제점을 세 가지만 짚어보자.

- 첫째, 여론을 호도할 소지가 있다. 전쟁이나 박해로 인한 난민과 경제적 이유와 같은 기타 이유로 인한 이민자들을 동일시하게 만들기 때문이다. 이는 문제 해결을 더 어렵게 만들 뿐이다.

- 둘째, 유럽은 최근 들어 갈등 해결 분야에서 그다지 모범적인 모습을 보여주지 못했고, 개발도상국의 경제적 발전을 지원하는 분야에서도 시원찮았다. 특히 연정 내각이 장기간 집권하면서 이러한 현상이 심화됐다.

- 셋째, 전쟁 난민과 기타 원인으로 인한 난민들이 유럽으로 향하겠다는 것을 왜 막아야 하는지 이유가 선명치 않다. 오히려 유럽이 전쟁 없이 평화로운 대륙, 경제적 부흥을 이룬 대륙, 복지 수준이 높은 대륙, 법치주의가 보장되는 대륙으로 평가받았다고 볼 수도 있는 일이다.

이민자 수는 줄어들기는커녕 더 늘어날 것이다. 난민이 발생하는 원인을 퇴치하자고 말할 때 좌파나 중도, 보수 정당은 그나마 어느 정도 인간적인 해결책을 제안한다. 하지만 극우 정당들은 비인간적인 방법을 쓰더라도 난민 증가 사태를 막아야 한다고 말한다.

모두가 환상 속에서 허우적대고 있다. 이주민 문제는 공권력을 동원하거나 공적 자금을 쏟아붓는다고 해결될 일이 아니다. 기껏해야 잠시 속도를 늦출 수 있는 정도인 데다가, 오히려 더 큰 재앙을 초래할 수 있다. 난민들이 유럽으로 오는 이유는 다른 곳이 아닌 유럽 안에 있기 때문이다.

자국을 등지는 이유와 특정 국가로의 이주를 결심하는 이유에는 분명 차이가 있다. 그런데 난민 발생 원인을 논할 때 대부분 정당은 유럽이 피난민들의 목적지라는 것에만 초점을 맞춘다. 콩고에서 우간다로 이주하는 난민에 대해서는 언급조차 하지 않는다. 사실 아프리카 난민 대부분은 해당 대륙 안에서 이동한다. UN 국제이주기구IOM는 그 비율이 80~90%에 이른다고 말한다. 결론적으로 유럽 정계가 꼽는 난민 발생 원인은 난민들이 유럽 내 특정 국가를 선택하는 이유에 해당한다는 뜻이다.

대규모 난민이 유럽을 이주 대상국으로 선택하는 것에 대한 정계의 대책도 문제지만, 그보다 더 심각한 문제가 도사리고 있다. 유럽 땅을 밟으려다가 도중에 사망한 이들의 수가 수만 명에 달한다는 사실이다. 수십만 명은 이주 과정에서 폭력을 당하거나 노예가 됐다. 약탈과 폭력, 학대는 난민들이 늘 겪는 일이다. 그중에서도 가장 고통받는 이들은 여성과 아동이다. 중부 유럽 국가들이 난민 위기를 주제로 논하는 수준보다 더 큰 문제들이 산더미처럼 쌓여 있다.

현재 유럽 국가들은 위기에 빠진 난민들을 구하지 않고 그대로 방치하면 난민이 줄어들 것이라 믿고 있다. 한마디로 그냥 죽게 내버려 두라는 말이다. 지중해에서 선박을 압수하거나 구호 활동을 일부러 막는 일도 벌어진 바 있다. 극우파가 집권 중인 이탈리아 정부는 구호의 손길을 뻗은 이들을 범죄자 취급했다. 민

주주의 정당이 집권 중인 유럽 내 국가들도 그런 이탈리아를 비
판하기는커녕 덩달아 구호 예산을 삭감했다. 그래도 난민 물결
을 멈출 수는 없다. 네트워크 시대인 오늘날 난민 문제는 디지털
화와 매우 관련이 깊은 현상이기 때문이다.

떠나야 하는 사람들

"물, 스마트폰, 먹을거리. 이 순서대로." 영국의 난민사회학자 마
리 길레스피Marie Gillespie는 즉시 고향을 떠나야 하는 난민들이 생
각하는 우선순위를 이렇게 정리했다. 2012년 옥스퍼드대학 산하
의 국제이주민연구소IMI도 소셜미디어를 이용해 이주 물결을 늦
출 방안을 제시한 바 있다. 당시 학자들은 이주민들에게 중대한
네 가지 기준을 다음과 같이 꼽았다.

- 가족 및 친구들과 주기적으로 연락할 수 있는가
- 소셜미디어를 통해 입에서 입으로 전달해가며 이주를 계획할 수
  있는가
- 목적지까지 가는 힘든 여정에 도움을 주거나 성공적으로 안착시켜
  줄 수 있는 사람을 만날 수 있는가
- 비공식적 채널을 통해 체험담을 유포할 수 있는가

전 세계 사람이 다양한 상황에서 소셜미디어를 활용하고 있
다. 다른 대륙으로 이주한다는 막중한 사안이 SNS에서 외면당

할 리 없다. 정보가 실시간으로 널리 확산된다는 소셜미디어의 장점은 이주 과정에서도 당연히 큰 도움이 된다. 인터넷은 분산적이라는 특징을 바탕으로 어떤 종류의 공격에든 우르르 몰려들며 신속하고 효율적으로 대처하도록 설계되어 있다. 이러한 신기술이 현재 소셜미디어로 전이했다.

사회관계망을 누비는 이들은 자기 앞에 어떤 장벽이 놓여 있든 극복할 방법을 찾는다. 수천 개의 눈과 귀, 그리고 뇌가 온라인상에서 협력하기 때문이다. 난민들도 디지털 네트워크를 통해 정보의 흐름을 추적하고, 그때그때 상황에 맞게 대처한다. 어느 지역의 국경이 차단됐다는 소식은 금세 현장 사진, GPS 위치 정보와 함께 인터넷에 올라온다. 댓글에서는 어느 우회로를 택해야 좋을지에 대한 논의가 활발하게 이뤄진다. 뒤이어 제시된 대안 중 하나를 경험한 누군가가 자신의 체험담을 올린다. 이로써 내 앞길을 가로막는 각종 걸림돌에 대한 대처 방안이 마련된다. 온라인으로 문제를 해결한 것이다.

이주민 문제 전문가 알리야 아하드Aliyyah Ahad는 10개국 이상의 정부와 국제적으로 권위 있는 재단들이 지원하는 이민정책연구소MPI에서 근무하고 있다. 그는 스마트폰과 소셜미디어의 활용 가능성이 "이주의 모든 단계에서 극도로 중대한 요인"이라 말한다. 자국을 이탈하려고 결심할 때, 이주 희망 국가를 선택할 때, 비공식적 채널을 통해 이동 경로를 결정할 때, 그 경로에 따라 이동할 때, 이동 중에 도움을 줄 수 있는 이들과 연락할 때, 외국어를 번역할 때, 이동 수단과 숙소를 고르고 먹을 것을 조달할 때, 이동 중에 흔들리는 마음을 다시 다잡을 때, 고향에 남아 있거나 도착지에 미리 가 있는 가족이나 친구들과 연락할 때, 국경 통과 지점을 선택할 때, 그 국경이 정하는 법률적 규정을 알아볼 때, 도착한 뒤 정착에 필요한 서류를 구비할 때, 모든 것이 디지털 세상인 소셜미디어를 통해 이뤄진다. 하지만 이주민 중에는 스마트폰이 없는 이들도 있다. 그들은 힘든 이주 여정을 마무리하기까지 더더욱 버겁게 난관을 극복해야 한다. 통과하지 못하면 낙오한다. 이주민 사이에서도 디지털 문명을 누리는 자와 누리지 못하는 자들 사이에 큰 차이가 존재하는 것이다.

식민지배가 남긴
상흔

2015년경 발생한 시리아 난민의 대규모 이동에 주의가 완전히 집중된 나머지 중대한 사실 한 가지가 수면 아래로 가라앉았다. 유럽을 선택한 이주민 중 아프리카인의 비중이 가장 크고, 아프리카 출신 이주민 수가 꾸준히 늘어나고 있다는 사실 말이다. 당시 독일 재무장관 볼프강 쇼이블레Wolfgang Schäuble는 난민 이주에 관해 "우리 사회와 세계화 흐름이 만나는 사안"이라고 말했다. 하지만 쇼이블레 장관은 두 가지 핵심 요인을 빠뜨렸다. 첫째, 디지털화가 이주 물결을 가속화하고, 강화하고, 이주를 결정하는 원동력이라는 점을 언급하지 않았다. 둘째, 몇몇 유럽 사회가 직면한 아프리카 난민 문제가 근본적으로 식민지배에서 비롯됐다는 점을 지적하지 않았다. 아프리카 난민들이 아무 이유 없이 유럽을 선택하는 것이 아니다. 유럽이 이주민에 대해 직접적 책임 의식을 느껴야 하는 이유가 바로 거기에 있다.

유럽인들은 아프리카를 일차원적 집단으로 이해하고 있다. 하지만 아프리카 대륙은 우리가 상상하는 것보다 훨씬 더 다차원적이다. 아프리카 사회를 좀 더 여러 측면에서 분석하려는 논의가 부족하다는 사실이 안타까울 따름이다. 케냐 출신 작가이자 성소수자 인권을 위해 싸우고 있는 행동가 비냐방가 와이나이나 Binyavanga Wainaina는 "서구인, 백인의 시각으로 아프리카를 동정하는 것도, 우러러보는 것도, 아프리카에 대해 우월의식을 느끼는 것도 바람직하지 않다"고 지적했다. 유럽 국가들이 공론화의 장에서 식민지배 문제를 난민 문제와 연관시키지 않으려는 태도를 콕 집어서 하는 말이었다. 아프리카 내 54개국은 당연히 각기 다른 특징이 있지만, 특이하게도 하나의 같은 경험을 공유하고 있다. 그들은 20세기 동안 거의 모두 유럽의 식민지였다. 개중에는 1975년까지도 식민 통치하에 놓여 있던 국가도 있다. 유럽은 수십 년 전, 수백 년 전부터 고갈된 자원들을 아프리카로부터 수탈했다. 유럽의 잘못된 행동이 지구상 수많은 국가에 부정적 결과를 초래했다는 사실을 사람들이 인식하기까지 오랜 시간이 걸렸다. 지금도 그 피해는 계속해서 속속들이 드러나고 있다. 아프리카 대륙에서 벌어지고 있는 모든 문제를 유럽이 전적으로 책임져야 한다는 뜻은 아니다. 하지만 세계를 정복하겠다는 유럽의 꿈과 인종차별주의는 분명 지금의 대규모 난민 이동과 직접적 연관이 있다. 난민 문제를 둘러싼 담론과 해결책을 모색하는 과정에서 그 점을 잊어서는 안 된다.

　　토고Togo 출신의 국제문화전문가 요엘 아그니그보Joël Agnigbo
는 2018년 초《자유로 가는 길의 걸림돌Stolpersteine auf dem Weg zur
Freiheit: Von der Kolonisation Afrikas zur Migration》이라는 책을 발표했다. 아
그니그보는 유럽이 과거 아프리카에서 저지른 행동과 오늘날 난
민 사태 사이의 연관관계를 논했다. 책과 관련된 어느 인터뷰에
서 아그니그보는 다음과 같은 소견을 밝혔다. "식민지배는 경제,
정치, 교육, 문화 등 다양한 제도를 폭력적으로 도입하고 강요하
는 과정이었다. 그 과정은 아프리카 국가들을 돕기 위해서가 아
니라 아프리카를 약탈하기 위해 진행된 것이다. 엘리트 집단들이
그 제도를 계속 이어가고 있다. 아프리카 대부분 국가에서 민중
들은 (그 엘리트 집단들의) 관심 밖이다. 엘리트 집단들은 자신의 이
익에만 눈이 멀어 있다. 그 결과, 많은 이들이 빈곤에 빠지고 희
망을 잃었다. (⋯) 난민들의 이주와 개발은 서로 맞물려 있는 사
안이다. 그런데 그 뒤에는 식민지 시대 유물인 각종 제도가 미묘
하게 숨어 있다."

　　아프리카의 대다수 국가가 독재자나 권위주의 체제 아래에 있
었다. 각종 비리에 물든 현지 지배층도 문제지만, 유럽의 공격적
인 식민 정책도 분명 일조했다. 1960년에 들어서야 식민지였던
나라들이 대거 독립하면서 '아프리카의 해'가 찾아왔다. 그때부
터 지금까지 긴 세월이 지나지 않았다. 그때 태어난 사람은 현시
대를 살고 있다. 아프리카 국가들이 식민 통치에서 벗어나기까지
그 길고 고단한 과정 중에 정체성을 회복하려는 사회의 노력이

무엇보다 큰 원동력으로 작동했을 것이다. 그런데 미국과 유럽 내 식민 통치자들은 아프리카 국가들이 정치적으로 독립한 이후에도 그 나라의 경제와 체제를 좌우하기 위해 온갖 작전을 펼치고 있다. 1960년부터 1973년 사이 식민지배에 반대하던 통치자들이 대거 살해당했다. 이 명단에는 콩고의 총리를 비롯해 카메룬의 야당 총재, 서아프리카 해방운동을 주도한 신마르크스주의자가 포함되어 있었다. 공개된 문서들에 따르면 그중 많은 사건에 서구 국가의 첩보국이 개입한 것으로 드러났다.

식민지배를 받던 국가들의 경제는 모두 예외 없이 자원 수출에 의존했다. 부족 단위로 살아가던 생활 방식은 깡그리 무시당했고, 서구 국가들은 마음대로 국경선을 그었다. 유럽의 식민지배자들은 아프리카 국가들을 공권력의 압박에 의해서만 돌아가는 국가로 둔갑시켰다. 독립 이후 서민들이 체감할 수 있는 변화는 많지 않았다. 지배층의 피부색만 바뀌었을 뿐이다. 특히 독일은 식민지배에 대한 책임이 자국에 그다지 없다고 믿는다. 제1차 세계대전 승전국들이 독일의 식민지를 몰수했기 때문이다. 이는 과거사를 완전히 망각한 작태다. 독일제국은 20세기 초 오늘날 나미비아에 거주하던 헤레로족Herero을 대상으로 대량 학살을 자행했다. 유럽 대륙 전체가 지고 있는 역사적 책임을 외면한 채 하나가 된 유럽, 공동의 유럽이라는 비전을 외칠 수 없다.

미국에서 〈데일리쇼Daily Show〉를 진행하며 큰 인기를 끈 남아프리카공화국의 코미디언 트레버 노아Trevor Noah는 "식민주의는 가장 건방진 형태의 애국심이다. (⋯) 다른 나라에 가서 그들에게 자신과 똑같이 살 것을 강요하기 때문이다"라며 날을 세웠다. 그는 영국을 예로 들며 식민주의와 난민 문제의 관계를 다음과 같이 조롱하기도 했다. "영국인들은 외국인이 자꾸만 자국으로 이주해오는 바람에 나라가 달라지고 있다고 푸념을 늘어놓는다. 아프리카 흑인 입장에서 나는 이렇게 말하고 싶다. '그래? 정말? 양심이 있으면 당신들이 과연 그런 불평을 할 수 있을까?'라고."

식민주의는 기본적으로 한 개 혹은 여러 개의 나라를 폭력적으로 정복하는 행위다. 식민지배주의자들은 심지어 자신의 식민지가 아닌 나라를 대할 때도 그와 비슷한 태도를 취한다. 더 이상 폭력을 쓰지는 않지만 그러한 태도는 여전히 관행이라는 이름하에 유지되고 있다. 예전의 식민지배가 정치적 예속을 뜻했다면 이제는 경제적 예속이라는 또 다른 식민주의가 만연해 있다. 유럽은 수십 년간 독재자들을 지원해왔다. 지하자원을 확보하고 돈이 되는 대규모 계약을 유럽 기업들이 낙찰받게 하려는 의도에서였다. 거래 상대국이 민주주의 국가, 법치국가인지 여부는 중요치 않았다. 2002년 9월 1일까지 독일은 비유럽 국가에 뇌물을 제공하는 행위를 처벌하지 않았다. 처벌 대상이 아니었을 뿐 아니라 '유익비useful expenses'라며 세금까지 공제해줬다. 독일 대기업들이 수십 년간 조사한 결과에 따르면 뇌물 제공 없이는 아프리카에서 비즈니스를 할 수가 없다고 한다. 국제투명성기구TI가 발표한 국가별 부패인식지수CPI 순위에서 보츠와나의 순위가 스페인, 이탈리아, 리투아니아보다 높았다. 이는 유럽 국가들의 상거래 행태가 경제적 식민주의에 얼마나 물들어 있는지를 단적으로 보여준다.

유럽은 수많은 권력자에게 유럽산 무기를 구입할 수 있도록 거액의 차관을 제공했다. 물론 그 돈 중 일부는 권력자의 호주머니로 들어갔을 것이다. 20세기 말까지 유럽이 추구한 차관 정책은 자금력을 동원한 또 다른 식민 통치였다. 뇌물을 꿀꺽한 현지 지도자들은 유럽이 기꺼이 빌려주는 돈을 마다하지 않았고, 아프리카와 유럽 사이의 부패한 거래로 인한 고통은 고스란히 국민들의 몫이었다. 지금도 많은 아프리카인이 그 고통에서 벗어나기 위해 유럽으로 이주를 시도하고 있다.

개발원조와 공정거래

지난 수십 년간 유럽이 제공한 개발원조 역시 장기적 안목에서 원조 대상국의 자립을 돕는 행위라기보다는 식민지배자의 낡은 태도를 답습하는 행위에 가까웠다. 원조 자금을 모으기 위한 자선 파티, 굶주린 이들의 사진, 대문짝만하게 실린 사설들은 사람들의 머릿속에 '우리가 불쌍한 이들에게 일종의 적선을 해주고 있다'는 그릇된 의식을 심어준다. 게다가 생존 위기 앞에 놓인 이들에게 동정심으로 무언가를 무턱대고 마구 퍼주는 행위는 오히려 비생산적이다. 인본주의적 차원에서 제공되는 구호식량은 단기적으로 굶주림을 달래는 데 도움이 되겠지만, 식량 지원이 계속되면 해당 지역의 식료품 시장은 붕괴하고 만다. 각종 구호단체가 끊임없이 무상으로 식량을 나눠주면 자신이 경작한 곡물을 내다 파는 것으로 생계를 꾸리던 현지 농부는 물건을 팔 시장을 잃는다. 단기적 문제였던 기근이 이러한 과정을 통해 만성적 문제로 굳어진다. 2008년 UN이 발표한 세계농업보고서는 기아에 대처하는 가장 강력한 수단이 지역 단위 소규모 농업의 활성화라고 강조한 바 있다. 환영할 만한 분석이지만, 개발원조를 해온 지 수십 년이 지나서야 제시됐다는 것이 아쉽다.

아프리카에서 소규모로 농사를 짓고 살아가는 이들은 유럽으로부터 촉발된 또 다른 문제를 떠안고 있다. EU산 농산물이 아프리카 농산물 시장에서 절대적 우위를 차지하고 있다는 점이다. 막대한 국가 보조금을 지원받아 효율적 경작법으로 생산된 유럽의 농산물들은 아프리카의 농경 구조나 거래 시스템을 송두리째 망가뜨릴 수 있다. 아프리카의 경제가 회복세로 전환하려면 자체적 거래 시스템들을 반드시 갖춰야 한다. 2016년 ZDF가 방영한 탐사보도에 따르면 독일 전체 밀 수출량 중 약 4분의 1에 해당하는 1,000만 톤이 매년 아프리카로 향했다고 한다. 독일은 밀 농사에 거액의 국가 보조금을 지원하고 있기 때문에 아프리카의 소규모 농장주들은 경쟁력이 없다. 1960년대 이후 세네갈에서도 가장 중요한 곡물인 기장의 1인당 소비량이 4분의 1로 쪼그라들었다. 그와 동시에 독일산 밀 수입량은 4배나 늘었다. 독일산 분말 우유, 네덜란드산 가금류, 토마토 퓌레를 비롯한 이탈리아산 채소 등 공공자금을 지원받아 대규모 공장에서 대량으로 생산된 EU의 제품들은 값이 매우 싸고, 세계화 시대에 발맞춰 효율적 물류 관리와 신속한 수송도 가능해졌다. 아프리카의 소규모 농장주들은 그 앞에서 무릎을 꿇을 수밖에 없다. 게다가 EU는 열정적으로 자유경쟁 시장을 옹호하고 있고, 전방위적으로 압박을 가하며, 그걸로도 부족해서 아프리카 국가들이 저항의 싹을 틔울 수 없게 때로는 협박도 불사하고 있다.

2014년 유럽은 10년간의 협상 끝에 동아프리카공동체와 자유무역협정EPA을 체결하고자 했다. 그런데 케냐가 자국 농업을 보호한다는 이유로 서명을 거부했다. 자국의 소규모 농부들이 거액의 지원금을 받는 유럽산 과일과 채소에 맞설 힘이 없다며 협정 체결에 반대한 것이었다. EU는 앞으로 케냐의 주요 수출 품목인 화초, 커피, 과일, 차에 30%의 관세를 부과하겠다고 했다. 그 후 몇 주 사이에 케냐의 수출액이 눈에 띄게 감소했다. 케냐 정부는 불만을 토로하는 자국 수출업체의 압박을 이기지 못하고 결국 협정에 서명했다. 유럽 언론들은 협정 체결 과정에서 일종의 협박이 있었다고 보도했다. 어느 케냐 경제연구소의 추산에 따르면 자유무역협정 체결로 유럽산 제품의 수입이 늘면서 케냐 경제가 1억 유로에 상당하는 손실을 입었다.

아프리카 국가들은 국가 간 거래를 통해 큰 이익을 볼 수 있다. 세계화 추세 역시 여러 측면에서 개도국들에 크고도 유일한 기회로 작용한다. 하지만 그 기회가 유의미하려면 거래 당사자들이 공정성을 유지해야 한다. 유럽은 관세나 각종 금융 관련 속임수를 동원하면서 자국 산업을 강력하게 보호하고 있다. 자유무역은 단순한 개념 같지만 안을 들여다보면 권력 분배라는 현상이 입을 쫙 벌리고 있다. EU는 연간 거금 60억 유로를 농업 분야에 지원한다. 그러니 관세를 매기지 않는다 하더라도 아프리카 제품들이 유럽 시장에 진출하기는 녹록지 않다. EU가 스스로 선점한 경제적 우위를 아프리카 국가에 활용하는 방식을 보면 식민지배자들의 착취 행위가 연상된다. 독일 보수당 소속인 개발부 장관 게르트 뮐러Gerd Müller조차도 이와 관련해 2017년《슈테른》과의 인터뷰에서 일침을 가했다. "이제 포스트식민주의식 착취를 중단해야 한다. 그러지 않으면 착취당한 이들이 우리에게로 올 것이기 때문이다." 아프리카 국가들의 경제와 정치, 문화와 사회를 바로 세우려면 그의 말처럼 포스트식민주의적 착취는 중단해야만 한다. 그럼에도 불구하고 난민들의 이주는 계속될 것이다. 이주는 유사 이래 늘 있어온 상수이자 일상이다. 다른 모든 분야가 그렇듯 디지털화와 세계화로 이주의 속도가 요즘 들어 더욱더 빨라졌을 뿐이다.

어차피 오게 되어 있는
사람들

미국의 이주정책연구가 마이클 클레멘스Michael Clemens는 2017년 9월《슈피겔 온라인》과의 인터뷰에서 앞날을 예견하는 말을 남겼다. "아프리카 청년들은 일자리를 구하기 위해 유럽으로 올 것이다. 어차피 오게 되어 있다." 클레멘스는 난민 문제를 연구하는 과정에서 알게 된 사실 하나를 귀띔했다. "빈곤국이 '어느 정도 사는' 국가로 발전하면 주민의 이탈이 줄어드는 것이 아니라 오히려 더 급속도로 늘어난다." 클레멘스는 과거 데이터에서 얻은 경제 관련 정보를 바탕으로 말리, 니제르, 세네갈 국민의 이주가 3배나 늘어난 사례를 예로 들었다. 나라의 경제적 상황이 개선됐다는 말은 유럽으로의 이주를 감행할 때 드는 비교적 높은 경비를 감당할 수 있는 이들이 더 많아졌다는 뜻이다. 물론 경기가 크게 호전되면 자국을 등지는 이들의 수가 줄어들 기반은 마련된다. 하지만 클레멘스는 빨라야 2080년 혹은 2100년에나 이주민

감소를 기대할 수 있다고 말했다.

개발원조로 난민의 수를 줄일 수 있다는 믿음은 환상에 불과하다. 자금을 지원했는데도 난민이 늘어난다면 과연 어떤 인본주의적 대책이 가능할까? 극단적 혐오로 난민을 위협하고, 울타리를 설치하고, 폭력 사태를 일으키는 것 또한 해법이 아니다. 이주를 계획하고 있는 이들은 수천 명이 이주를 하는 과정 중에 지중해에서 익사했다는 사실을 잘 알고 있다. 그런데도 목숨을 걸고 바다를 건넌다. 난민들에게 임시 거처를 마련하겠다는 대책을 통해 난민의 수를 중단기적으로는 줄일 수 있다. 예를 들어 2016년 터키, 리비아, 모로코에 설치된 난민촌도 그러한 대책의 일환이었다. 그럼에도 불구하고 수백만에 달하는 난민들이 유럽 전역으로 몰려들었고, 이에 EU는 난민촌이 설치된 국가에 수십억 유로의 지원금을 제공했다. 그러나 난민들의 생활은 더 비참해지고 위험해졌다. 임시 거처가 마련된 국가들이 인권을 존중하거나 적절한 보살핌을 제공하는 데도 특별한 노력을 기울인 것은 아니었기 때문이다. 위로부터 각종 협박에 시달리던 난민들의 절망감은 더 커졌고, 그럴수록 유럽으로 가고 말겠다는 의지가 강해졌다.

이주민 경감을 위한 각종 대책은 제대로 작동하지 않았다. 예컨대 사헬 남쪽 지역에서는 통하지 않는 것을 넘어 역효과만 낳았다. 2017년 미국의 퓨리서치센터Pew Research Center는 5,000명 이상을 대상으로 설문조사를 실시하고 경종을 울리는 수치들을 제시했다.

- 인구 1,500만 명인 세네갈에서는 성인 2명 중 1명(전체 인구의 44%)꼴로 5년 안에 이민을 떠나고자 한다. 인구 2,900만 명인 가나는 42%, 나이지리아는 38%가 이민 갈 의향이 있다고 밝혔다. 나이지리아 인구가 약 2억 명인 것을 감안하면 결코 적지 않은 수다.
- '적정 수준의 자금이 마련되면 이민할 것인가?'라고 묻자 케냐인 54%, 나이지리아인 74%, 가나인 75%가 '그렇다'라고 답했다.
- 가장 가고 싶은 나라를 묻자 나라마다 답변에 차이가 있었지만, 미국과 EU 국가로 가고 싶다는 대답이 압도적으로 많았다.

아프리카의 여러 지역에서 이민은 더 나은 미래와 다름없는 말이다. 수많은 가나인이 '그린카드 복권'으로 불리는 미국의 영주권 추첨에 참여하는 것도 그 때문이다. 2015년 미국 영주권 추첨에 참가한 가나인이 무려 전체 인구의 6%에 달했다. 이민을 갈망하는 문화는 새로운 현상도, 아프리카에서만 나타나는 현상도 아니다. 20세기 초반 수많은 유럽인도 부푼 꿈을 안고 미국이나 아르헨티나로 향했다. 물론 지금 이주민의 수는 그때와 차원이 다르며 이주 현상에 인구과잉 문제가 덧붙어 있다.

이민을 원하는 사람이 많은 아프리카 국가의 출생률은 유럽의 4배에 달한다. UN의 발표에 따르면 2010년부터 2015년 사이 출생률이 가장 높았던 국가 25개 중 24개국이 아프리카 나라였으며 25위는 동남아시아에 위치한 동티모르였다. 그런데 최근 여러 아프리카 국가의 출생률이 낮아지고 있다. 출생률을 꾸준히 유지하려면 유아부터 성인에 이르는 여성에게도 교육 서비스가 제공되어야 한다. 이를 제대로 수행하지 못하고 있는 것이 해당 국가들의 고질적 문제다. 전체 인구수의 증가 속도가 예상보다 느리기 때문에 장기적 관점에서 인구과잉은 문제가 되지 않을 것이라 말하는 학자도 많다. 하지만 그들의 주장에는 맹점이 있다. 임신율의 감소 속도도 그만큼 느리다는 것이다. 예전에는 영유아 사망률이 매우 높았고, 불안해서라도 자식을 많이 낳는 추세였다. 지금은 어린이 사망률이 많이 낮아졌지만, 신생아 출생률 자체에는 큰 변동이 없어서 인구수는 점점 더 늘고 있다. 이슬람 극단주의자나 기타 가부장제 지역들은 출생률 감소나 여성 교육에 관심이 없다. 따라서 아프리카 국가들의 인구과잉 문제가 해소되기까지는 꽤 오랜 시간이 걸릴 것이다.

세계 최대의 자선 기구 중 하나인 게이츠재단Gates Foundation 나이지리아 지부 대표는 2050년이 되면 나이지리아 인구가 4억 명에 이를 것으로 예측했다. 아프리카 전체로 봐도 인구수가 2배가량 늘어날 것이라고 한다. 이로 인해 많은 이들이 사회적 성공에 대한 압박을 느끼게 될 것이다. 일부 청소년들은 희망도 탈출구도 없이 절망에 빠질지도 모른다. 독일의 전 대통령 호르스트 쾰러Horst Köhler는 2018년 어느 연설에서 이렇게 말했다. "아프리카 청소년에게 희망을 제시하는 것이야말로 21세기가 직면한 가장 큰 도전 중 하나다."

이주하고 싶은 나라

옥스퍼드대학 소속 학자들이 《국제이주International Migration》라는 저널에 난민들이 이주 희망국을 선택하는 기준에 관한 논문을 발표했다. 그들은 도착지의 이미지와 그곳에 이미 정착한 가족이나 동포들과의 접촉 가능성을 관건으로 꼽았다. 가족 혹은 자국 출신 이주민과의 교류는 페이스북, 왓츠앱, 바이버 혹은 몇몇 아프리카 국가에서 자주 사용하는 채팅 앱 등 다양한 소셜미디어를 통해 이뤄진다. 지인이나 친척이 어느 정도 정착한 곳을 목적지로 정하는 난민이 많은 것도 그 때문이다. 이러한 이유로 소셜미디어를 통해 이주를 결심하는 이들의 수도 늘어난다.

해당 논문에서 이민을 결심하는 내적 동기를 두 가지로 꼽았다. 주관적 판단에 따라 조금씩 다르겠지만, 일자리를 얻을 기회가 충분한지, 그리고 자신에게 이주에 필요한 서류를 구비할 능력이 있는지를 따진다고 한다. 이주민들은 당연히 장벽이 낮은 나라를 선호한다. 이때 각국의 난민 정책보다는 소셜미디어를 통해 전파된 경험담이 더 중대한 기준이 된다. 특히 난민 관할 당국과의 갈등 소지가 적어야 한다. 그래서 이주민들에게 해당 국가가 요구한 조건을 충족했다는 것이 명백히 드러나 있는 서류가 가장 필요하다. 프로이센이나 대영제국의 자부심이었던 복잡한 관료주의는 수백 년이 지난 오늘날까지도 그 명맥을 이어오고 있다. 유럽인들은 복잡한 서류와 절차를 따지는 관료주의에 염증을 느끼고 있다고 하지만, 아프리카 난민들에게 관료주의 시스템은 오히려 매력적이다.

　난민 위기를 맞아 지금껏 수많은 난민이 이주를 결심하는 동기에 관해 다양한 연구가 이뤄졌다. 연구 결과들은 대체로 비슷했다. 2017년 퓨리서치센터는 아프리카 내 난민이 주로 발생하는 6개국을 대상으로 대규모 설문조사를 실시했다. 그 결과, 높은 실업률 및 낮은 임금 때문이라는 대답이 가장 큰 비율을 차지했다. 아프리카 전체가 그런 것은 아니지만 아프리카 청년 대다수가 경제적 빈곤과 분쟁으로 생존의 위협을 느껴 자국을 버리고 다른 곳으로 간다. 21세기에 들어 아프리카도 경제성장을 거듭했다. 2017년 외국인이 살기에 세계에서 물가가 가장 높은 도시 1위는 앙골라의 수도 루안다Luanda였다. 홍콩, 도쿄, 취리히, 싱가포르보다 높은 순위였다. 석유산업이 호황을 이룬 루안다에서 집세가 무려 1만 유로에 달하는 곳도 속출했다. 매달 내야 하는 월세가 그만큼이다. 그 외에도 아프리카 대륙 곳곳에 희망이 가득하고 경제가 붐을 일으키는 지역이 등장했다. 아프리카 자체의 힘으로 경제가 일어선 것이다. 문제는 성장 지역이 고르게 분포되어 있지 않기 때문에 아프리카 대륙 내에서 이동하는 난민의 수 또한 대규모로 불어났다.

　대량 이주가 하나의 사회현상으로 자리 잡으면서 이민자를 떠나보내는 나라와 이민 과정 중 통과하게 되는 나라에 새로운 시장이 형성됐다. 이른바 회색지대라고 할 수 있는 온라인을 통해 탈법을 시도하는 난민과 밀항 같은 불법도 불사하는 이주민들이 생겨난 것이다. 21세기답게 인터넷 광고가 이주민들이 유럽을 선호하는 데 큰 역할을 했다. 2016년 이주 과정에서의 스마트폰 및 소셜미디어 이용에 관한 연구 결과를 발표했던 난민사회학자 길레스피는 유엔난민기구가 발행한 논문에서 다음과 같이 말했다. "이주 중개업자들은 머리가 매우 비상한 광고나 PR 분야 전문가들이다. 온라인상의 어두운 사이트(이주 문제를 해결해주는)에 가보면 이상화된 유럽의 이미지들이 가득하다. 직장과 주거지, 의료 체계 등 모든 것을 제공하고 보장하는 것으로 묘사되어 있다. 이로 인해 난민들은 매우 비현실적인 기대를 품게 된다."

2017년 영국의 《가디언》은 가족들로부터 어서 이민을 가라고 잔소리를 듣는 감비아 청년들의 현실을 보도했다. 감비아의 경우 가족구성원 중 누군가가 유럽으로 이주해 그곳에서 성공하면 사회적 위상이 매우 높아진다. 어느 NGO 직원의 말에 따르면 감비아 출신 이주민들은 대개 변호사나 의사 등 비교적 탄탄한 직업군에 속해 있다고 한다. 나아가 자국 청소년들에게 꼭 본받고 싶은 롤모델로 여겨진다. 물론 유럽으로 갈 수만 있다면 어떤 직업에 종사하든 개의치 않는다는 청소년도 많다. 유럽에서 살 수만 있다면 유명 축구선수가 되든, 인기 있는 뮤지션이 되든, 그저 평범한 난민으로 살아가든 중요치 않다는 것이다. 가족을 유럽에 보내는 이 문화 속에서 SNS가 다양한 활약을 펼치고 있다.

소셜미디어의 기본 메커니즘은 인생의 즐거웠던 (연출된) 몇몇 순간을 소개하고, 이로써 자유로운 삶과 그 삶의 기쁨을 전파하는 것이다. 인스타그램은 소비를 조장하고 자신의 성공을 자랑하는 플랫폼 역할을 충실히 수행하고 있다. 그러한 게시물들이 선진국에서는 감탄과 질투, 소비 욕구를 부추기는 정도에 불과한 반면, 부유하지 않은 편에 속하는 나라에서는 이민 욕구를 극도로 자극하는 도구로 변모한다. 자신의 성공을 SNS에서 과시하는 행위를 비난할 마음은 없다. 유럽으로 건너간 이들은 나름대로 얼마나 성공적으로 정착했는지 만천하에 보여주고 싶을 것이다(개중에는 객관적 기준으로도 큰 성공을 거둔 이들이 적지 않다). 반면 원하던 탈출에 실패한 이들은 입을 꾹 다문 채 아무 말도 할 수 없다. 혹은 바다를 건너는 과정에서 목숨을 잃었을 수도 있다. 아프리카 난민들은 한번 탈출을 결심했으면 돌아갈 다리가 끊긴 것이나 다름없다고 말한다. 어느 BBC 다큐멘터리에 출연한 난민은 빈손으로 돌아가는 것은 상상도 할 수 없다고, 가족과 친구들 앞에서 무한한 수치심에 빠지느니 차라리 죽음을 택하겠다고 했다. 보통 자녀 한 명을 유럽에 보내기 위해 온 가족과 친지가 돈을 걸 때가 많은데, 만약 탈출에 실패하고 돌아갈 경우 어려운 상황에 돈까지 다시 토해내야 한다. 이는 위협적인 난민 억제책이 효과를 발휘하지 못하는 이유이기도 하다.

이주가 아프리카에 미치는 영향

이주는 서아프리카 많은 가정에 있어 경제 성공의 모델이기도 하다. 그 규모도 선뜻 고개가 끄덕여지지 않을 만큼 엄청나다. 세

계은행은 감비아의 국내총생산GDP 중 22%가 이주민들이 자국
으로 송금해온 자금이라 추정한다. 감비아에서 제일 중대한 산업
인 농업이 전체 GDP에서 차지하는 비중은 약 30%였다. 감비아
국민 3분의 2 이상을 먹여 살리는 농산물 산업이 GDP의 30%인
데 해외에서 송금한 금액이 22%라는 뜻이다. 아프리카 일부 지
역에서는 돈벌이를 위해 자녀를 외국으로 보내는 가족이 적지
않다. 그와 동시에 그 가족들은 가장 능력 있고 힘이 넘치는 노
동력을 상실한다. 단순히 도착국 입장에서만 난민 문제를 바라
보는 것은 너무도 편협한 관점이다. 난민을 환영하든, 원칙적으
로 거부하든 그것은 그다음 문제다.

　감비아 현지의 UN 담당관인 아다 레코에트예Ada Lekoetje는 "남
아 있는 청소년이 거의 없는 지역도 있다. 이렇게 동시에 많은 이
들이 빠져나가는 엑소더스 현상이 있은 뒤에는 농사일을 도울
인력이 전무해진다"고 지적했다. 감비아 정부는 2017년부터 주
민 이탈 방치책을 실행하고 있다. 계속 이렇게 가다가는 교사나
경찰, 공무원 등 고급 인력이 전부 빠져나갈 것이기 때문이다.
온 가족이 한 푼이라도 아끼고 저축하며 일종의 투자를 해야 한
사람이 다른 나라에 정착할 수 있다. 이때 선택되는 자녀는 대개
형제자매들 중 뛰어난 아이, 교육 수준이 높은 아이다. 그래야
도착국에서 성공할 기회가 높아지기 때문이다. 아프리카 국가
의 관점에서 보자면 이주는 '두뇌 유출brain drain' 과정이다. 교육
수준이 높고, 젊고, 의욕이 넘치는 이들을 돈을 써가며 나라 밖으

로 내보내는 행위에 가깝다.

아프리카 내 이민자 유입국에서 필요로 하는 이들도 바로 그런 이들이다. 아프리카 각지에서는 그간의 험난한 과정에도 불구하고 기업가적 희망이 싹트고 있고, 청소년들도 자신의 운명을 직접 개척하겠다는 포부를 지니고 있다. 2018년 컨설팅 업체 롤랜드버거Roland Berger가 실시한 조사에 따르면 아프리카 내 여성 창업률이 24%로 다른 모든 대륙을 앞질렀다고 한다. 북미는 12%, 유럽은 6%에 그쳤다. 이주민의 최대 집결지라 해도 과언이 아닌 사헬 남쪽 지대의 경우, 2015년 이후 모바일로 인터넷에 접속하는 이들의 수가 EU나 미국보다 많았다. 하지만 세계 어느 지역을 막론하고 늘 그렇듯 아프리카에서도 발전의 달콤한 열매를 따 먹는 이들은 일부에 지나지 않는다. 뒤처진 이들은 발전의 결과물인 복지 혜택을 거의 누리지 못한다. 행여나 약간의 과실을 수확했다 하더라도 그 과실은 좀 더 큰 희망을 제시하는 다른 나라로 이주하는 데 탕진한다. 이러한 상황에서 유럽이 취해야 할 태도는 난민의 인권을 보호하는 이주 방식을 모색하는 동시에 이주자를 사회에 제대로 통합하기 위해 온 힘을 쏟는 것이다.

7th Shock
통합

다른 것에 대한
심각한 오해와 편견

포용을 밟고
올라선 혐오

2015년 1월과 11월의 파리, 2016년 3월의 브뤼셀, 2018년 12월의 스트라스부르, 이슬람 테러단체가 자행한 네 차례 공격으로 180명 이상이 사망했다. 인터넷을 통해 연락을 주고받으며 테러를 모의한 무슬림 청년들의 폭력성을 보여주는 동시에 유럽 통합 정책의 허점을 고발하는 상징적인 일이었다. 테러 가담자 중에는 유럽에서 태어났거나 유럽 국적을 소지하고 있는 이들, 혹은 유럽의 학교에 다니며 직업 교육을 받기 시작했거나 유럽에서 자신의 삶을 꾸려나갈 계획이었던 이들이 적지 않았다. 유럽인으로서는 받아들이기 힘든 리얼리티 쇼크였다. 유럽의 통합 정책은 고장 나버렸다. 사실 고장이 났다는 말은 예전에는 제대로 돌아갔다는 뜻을 포함하기 때문에 현 상황을 미화하는 표현에 가깝다. 현재 세계는 통합 문제로 골머리를 앓고 있다.

　몇몇 개개인의 테러 행위 때문에 유럽의 난민 통합 정책이 무너졌다고 주장하는 것이 아니다. '방리유Banlieue'라 불리는 파리 교외 지역과 벨기에의 빈민가 등은 이미 범죄와 테러의 온상으로 낙인찍혔고, 독일은 아랍계 범죄단들의 극성으로 수십 년째 몸살을 앓고 있다. 유럽 전역에 걸친 통합 실패의 증거는 그 외에도 곳곳에 널려 있다. 성공적으로 통합하려면 사회 구성원 모두가 참여해야 한다는 점에서 유럽 내 극우 세력의 확장도 통합의 걸림돌이라 할 수 있다. 하지만 그보다 더 큰 문제는 흔히 '정통'이라고들 하는 유럽인이 아직 유럽의 가치 체계와 발맞출 준비가 되어 있지 않다는 것이다.

난민들 또한 열린 사회를 거부하고 있다. 한 집단은 인종차별적 이유에서 다른 집단을 외면하고, 반대편에 선 집단은 그들만의 사회를 구축하며 평행선을 달리고 있다. 앞으로 난민 문제와 관련해 논란의 중심이 될 소지가 가장 큰 아프리카 이주민과 더불어 무슬림 아랍계나 터키계 이민자의 통합에도 관심을 쏟아야 한다. 현재 이들이 유럽에 거주 중인 이주민 중 가장 큰 비중을 차지하고 있다.

독일에는 모두가 마음에 새기고 살아가야 할 도덕률이 하나 있다. 그것은 홀로코스트와 반유대주의에 관한 경계심을 늦춰서는 안 된다는 원칙이다. 홀로코스트와 반유대주의는 독일 역사를 구성하는 주요 단면이자 유대인이나 그 외의 희생자, 그리고 전 세계에 대한 독일의 책임 의식을 상징한다. 유대인 대학살에서 교훈을 얻지 못한 이는 그 어떤 것도 깨닫지 못한다. 제대로 통합을 이루려면 그 사실부터 인정해야 한다. 그런데 친아랍, 친팔레스타인을 표방하는 여러 시위에서 반유대주의적 폭력 사건이 이따금 벌어지곤 한다. 2014년 가자Gaza 지구 분쟁을 둘러싼 베를린 시위에서는 "유대인들을 말살하라!"는 함성이 울려 퍼졌고, 겔젠키르헨Gelsenkirchen의 시위대는 "하마스! 하마스! 유대인들을 가스실로!"를 외쳤다. 그 구호를 우렁차게 외친 아랍 출신의 청년 수백 명 중 대부분은 독일에서 성장한 이들이었다.

독일 길거리에서 이와 같은 구호를 대놓고 외치는 사람은 통합된 사회의 구성원이라 할 수 없다. '통합된 사회 구성원'이란 독일 연방이민난민청BAMF이 정한 목표를 따르는 사람이다. 그 목표는 법을 준수하며 독일에 거주하는 모든 사람을 계속해서 사회의 일원으로 받아들이는 것이다. 달리 말해 출신국과 무관하게 모두가 독일 사회의 구성원이 될 수 있다는 뜻이다. 어떤 사회의 구성원이 된다는 말은 해당 사회에 참여할 수 있는 권리와 해당 사회를 구성하는 기본적인 토대를 인정한다는 의미를 포함한다. 독일의 사상가 테오도르 아도르노Theodor Adorno는 교육과 관련해 매우 중대한 말을 남겼다. "아우슈비츠가 다시는 재발하지 않아야 한다는 요구야말로 교육에서 가장 우선시해야 할 항목이다. 그 요구보다 더 중요한 것은 없다. 왜 그래야 하는지 이유를 찾을 필요도 없고, 찾아서도 안 된다." 이 가르침이 오늘날 사회 통합 문제에도 고스란히 적용돼야 한다.

2013년 갈등 연구가 빅토리아 슈파이저Viktoria Spaiser와 위르겐

만젤Jürgen Mansel은 《배척의 역학Ausgrenzungsdynamiken》이라는 책에서 반유대인 정서에 따른 폭력은 단지 소수가 저지른 각각의 사건이 아니라는 사실을 확인했다고 말했다. 같은 제목으로 설문조사를 실시한 두 학자는 '이스라엘이 펼치는 정책을 보면 사람들이 왜 유대인을 미워하는지 납득이 간다'라는 질문을 넣어놓고, 이는 유대인을 매우 적대시하는 진술임을 미리 강조했다. 이에 아랍 출신 청소년 중 43.9%가 해당 진술에 공감한다고 답했다. 터키 출신은 약 25%, 독일 출신은 약 2.1%가 공감했다.

EU 기본권청FRA이 2018년 EU 회원국에 거주하는 유대인 1만 5,000명에게 반유대주의와 관련된 경험을 물었다. 응답자의 90%가 지난 5년 사이 유대인에 대한 적대감이 더 커진 것 같다고 대답했다. 특히 소셜미디어에서 유대인 혐오 문화가 널리 퍼지고 있고, 한눈에 유대인임을 알 수 있는 외모인 경우 공공장소에서도 흔히 갈등을 겪게 된다고 했다. 또한 80%가 유대인이라는 이유로 모욕을 당하거나 공격을 받아도 경찰에 신고하지 않겠다고 했다. 유럽을 떠나는 것을 고려하고 있다는 응답자도 40%에 가까웠다. 충격적인 것은 폭력이나 모욕 사건 가해자의 30%가 이슬람 극단주의자였다. 그중 독일과 스웨덴에서 일어난 사건이 각각 41%와 40%로 가장 높은 순위를 차지했다.

범죄자에 관한 통계는 아직 뚜렷하게 파악되지 않았다. 빌레펠트대학이 2017년에 발표한 〈유대인의 시각에서 바라본 독일 내 반유대주의 정서〉라는 논문에 따르면 유대인 혐오감에서 비롯된 모욕 사건을 경험한 이가 전체 응답자의 62%, 폭력을 경험했다는 응답자는 81%에 달했다. 그들이 말한 용의자는 대개 무슬림단체였다(신고된 폭력 사건 수가 많지 않기 때문에 실제 수치는 더 클 수 있다). 그런데 빌레펠트대학이 제시한 수치와 아주 다른 수치를 도출한 조사도 있었다. 조사 방법에 차이가 있었을 수도 있고, 납득이 어려운 질문이 많았을 수도 있다. 일례로 유대인 혐오와 차별을 퇴치하자는 운동을 펼치는 미국유대인위원회AJC 베를린 지부는 2018년 이슬람 근본주의자들의 과격 무장단체인 히스볼라Hisbollah를 추종하는 무슬림들이 벌인 시위에서 누군가 히틀러식 경례를 하거나 나치식 구호인 '승리 만세'를 외친다면 그 역시 극우파의 반유대주의로 간주할 수 있다고 말했다. 반유대주의 주체가 조사 기관에 따라 달라질 수도 있다는 의미다.

실제 피해를 본 유대인들을 대상으로 한 여러 설문조사에서는 비교적 의견이 일치했다. 빌레펠트대학이 발표한 수치와도 비슷한 결과였다. 세계 최대 유대인 스포츠협회인 마카비 도이칠란트Makkabi Deutschland 회장 알론 마이어Alon Meyer는 독일, 프랑스, 덴마크, 스웨덴, 오스트리아에 경고등이 켜졌다며 우려를 표했다. 2018년 마이어는 스포츠 분야에서 유대인 혐오가 위험한 수준에 다다랐고, 심지어 칼이 동원되기까지 했다고 경고했다. 그가 지목한 가해자 일부는 아랍이나 터키에서 독일로 이주해온 이민자들이고, 또 다른 이들은 아랍 국가에서 온 피난민들이다. 주로 이스라엘인들을 대상으로 한 뻔뻔하고도 과격한 유대인 혐오 행위는 아랍 국가에서부터 시작됐다. 아랍 국가 대부분은 집에서, 학교에서 반유대주의 정서를 가르친다. 독일로 건너간 아랍 난민들이 유대인에 대한 혐오감을 폭력으로 표출할 경우, 그 뿌리가 난민들의 출발 국가에 있을 개연성이 높다는 것이다. 우익 진영은 흔히 이러한 배경과 연관성을 들먹이며 모든 책임을 아랍 국가에 돌리려 하지만, 독일의 반유대주의 역사 역시 그 못지않게 뿌리가 깊다. 연방범죄수사청BKA의 통계에 따르면 신고된 유대인 대상 폭력 범죄의 가해자가 대부분 독일 극우주의자였다고 한다. 자유민주주의 사회라면 모든 종류의 유대인 혐오와 맞서 싸우고, 이러한 움직임에 앞장서야 할 의무가 있다. 독일은 더욱이 그 난민들까지 포용해야 한다.

쇠공을 선택한 터키인

유대인 혐오 정서를 제외하더라도 독일의 통합 과정에 여러 문제가 있다. 현재 독일에는 터키계 이주자 약 300만 명이 살고 있다. 그중 140만 명에게 2017년 터키 대선 투표권이 있었다. 유권자 중 절반이 투표권을 행사했는데, 그중 65%가 에르도안Erdoğan을 찍었다. 에르도안이 무슬림교도이자 반자유주의자, 음모론자에 반민주주의자라는 사실이 막 밝혀진 상황이었는데도 그들은 독재자를 지지하고 나선 것이다. 이미 수백 명의 언론인이 각자의 직업에 충실했다는 이유로 투옥됐고, 언론사들도 탄압당한 뒤 통폐합된 상태였다. 수천 명의 진보 인사들이 정치 성향 때문에 누명을 뒤집어쓰고 밥줄이 끊겼다. 한마디로 터키의 민주주의가 무너져내리는 중이었다. 바로 그 시점에 독일에 거주하는 터키 투표자 65%가 민주주의라는 건물을 완전히 붕괴시킬 쇳덩이 공에 표를 던졌다.

투표자 3분의 2가 독재자를 선택한 그 집단은 과연 자유민주주의적 가치를 마음에 새기고 있었을까? 그렇지 않다는 데 한 표를 던진다. 그렇다고 독일 사회의 나머지 구성원이 똘똘 뭉쳐 그 가치를 수호한 것도 아니다. 각 연방 주마다 차이는 있지만, 이민과 전혀 관련이 없는 독일인의 20~30%도 선거 시 진보적 민주주의 정당이나 후보자를 지지하지 않는다. 그러니 통합은 더더욱 어렵다. 권위주의와 민족주의는 서로 맞서가며 균형을 잡아가는 형태가 아니다. 공존하며 오히려 뒤틀린 형태로 각각 힘을 키워나가는 개념에 가깝다.

독일 내 터키 이민자의 과반이 에르도안을 지지했다는 사실만 봐도 독일의 통합 정책이 얼마나 형편없는지 알 수 있다. 뒤스부르크-에센대학 산하 터키연구센터 소장이자 심리학 교수인 하치할릴 우슬루칸Haci-Halil Uslucan은 에르도안이 독일과 터키 이민자의 표심을 산 이유를 분석한 끝에 충격적인 결론을 제시했다. "오랫동안 소외당하고 배척당한 유럽 내 터키인들에게 터키 출신이라는 사실에 긍지를 지니라는 말로 자기효능감self-efficacy을 심어준 것"이라는 결론이었다. 독일에 거주 중인 터키 이민자 중에는 교포 3세나 4세인 이들도 있다. 그런데도 그토록 많은 사람

이 소외감을 느낀다면 통합 정책이 수십 년째 실패하고 있다는
말로밖에 설명할 수가 없다. 실제로 지금도 터키식 이름을 지닌
이들은 집을 구할 때 여러 난관에 부딪친다. 집주인 중에 세입자
의 국적이나 출신, 인종을 따지는 이들이 꽤 많기 때문이다.

2017년 《슈피겔 온라인》과 바이에른방송BR이 공동으로 대규
모 조사를 진행했다. 조사 방식은 임차인 2만 명이 집을 구하고
있다는 내용의 자동 메일을 보내면 임대인이 오직 이름만 보고
집을 보여줄지 말지를 결정하는 식이었다. 그 결과, 아랍 또는 터
키식 이름을 지닌 사람들이 그 외의 그룹에 비해 집을 보러 갈
기회가 3분의 1 적다는 사실을 알 수 있었다. 뮌헨의 경우, 그 수
치가 심지어 절반밖에 되지 않았다. 반면, 라이프치히와 마크데
부르크는 차별 정도가 20% 이하로 큰 차이를 보였다.

유럽의 사회 통합이 잘 이뤄지지 않는 주요 원인으로 다음 세
가지를 꼽을 수 있다.

- 백인 또는 유럽 출신이 아닌 이들을 향한 일상적, 구조적 인종차별
- 무슬림 그룹을 비롯한 유럽 내 몇몇 그룹의 부족한 통합 의지
- 효율적이고 현실적인 통합 계획을 수십 년째 내놓지 못하고 있는 유
  럽 각국 정부

통합은 차이를 존중하지 않은 채 서로 다른 집단을 억지로 합
친다는 개념이 아니다. 그런데 그 차이를 제대로 이해하지 못한

독일인이 매우 많았다. 독일 내 터키인과 아랍인 중에도 통합에 대해 회의적 시각을 지닌 이들이 다수였다. 그들이 맞부딪치면서 갈등은 더 고조됐다. 성공적으로 통합을 이루려면 토박이와 이주자 모두 통합에 대한 의지가 충분히 있어야 한다.

통합을 원하는 이주자 중 특히 진보적 무슬림들이 다양한 고충을 호소하고 있다. 같은 이슬람교도들에게 무시당하는 것은 일상이나 다름없고, 때로는 협박을 당하기도 한다. 극우주의자들도 진보적 무슬림을 합리화할 알리바이로 그들을 악용할 뿐 이용 가치가 없으면 경시한다. 보수나 진보 성향의 정치인들이 툭하면 진보적 무슬림을 초대해서 대화를 나누지만, 그간 이렇다 할 대책을 마련한 적은 없었다. 좌파는 진보적 무슬림에게 의심의 눈초리부터 보내고, 보수적 무슬림들의 잘못을 비판하는 목소리에 귀 기울이지 않는다. 독일 좌파들은 인종차별에 대해 온 촉각을 곤두세우면서 진보적 무슬림이 보수적 무슬림 집단을 비판하는 목소리는 가볍게 무시해버린다. 사실 성공적인 통합을 일궈내는 과정에서 진보적 무슬림만큼 든든한 동맹군은 없다. 하지만 독일은 무슬림 진보주의자의 목소리를 너무 오랫동안 한 귀로 듣고 한 귀로 흘려버렸다. 이슬람이 국교라 말해도 무방한 나라에서 건너왔지만 자신은 결코 무슬림이 아니라 주장하는 이들도 진보적 무슬림과 비슷한 처지에 놓여 있다.

그간 통합을 둘러싼 수많은 토론이 이뤄졌다. 그 과정에서 '무슬림'이라는 말은 '유럽 백인들의 머릿속에 세뇌된 무슬림'

과 동의어가 되어버렸다. 상대방이 실제로 무슬림인지 아닌지는 중요치 않은 것이다.

똘똘 뭉쳐 통합에 반대하는 약자들

통합 문제에 있어 독일의 보수 정부와 좌파 정부는 지난 50년간 각기 다른 실수를 저질렀다. 그런 가운데 사회적 약자들은 부족한 부분을 자기들끼리 서로 채워줬고, 이 과정에서 그들은 이주민 통합을 오히려 방해하는 존재가 되어버렸다. 보수 진영은 이민자들을 못 견디게 만들어 독일 밖으로 쫓아내는 것이 해답이라 믿었고, 그것이 자신들의 정책이라는 점을 굳이 감추려고 하지도 않았다. 좌파는 이주민들에게 적당한 일자리와 거처만 마련해주면 통합은 자동으로 이루어질 것이라 확신했다. 그사이에 정권은 몇 차례 교체됐다. 우파 정권은 잔인한 정책으로 이에 반대하는 민심을 더욱 자극했고, 좌파 정권은 극단주의자가 활개 치는 것을 허용했다.

보수와 좌파의 실수는 서로에게 힘을 실어주며 점점 더 강해졌고, 통합은 수렁으로 빠져들었다. 이는 이주노동자를 더 이상 받아들이지 않기 시작한 1972년 무렵부터 서독이 이주민을 대하던 태도에서도 알 수 있는 사실이다. 스페인, 이탈리아, 그리스에서 이주해온 가족들에게 위협이나 무관심이 강력한 효력을 발휘했다. 1,400만 명에 가까운 이주노동자 중 1,100만 명이 다시 자국으로 돌아간 것이다. 그에 반해 터키에서 이주해온 가족의 수는 좀체 줄어들지 않았다. 대신 터키인들은 외부와의 접촉을 거의 차단한 채 자신들만의 터를 구축했다. 그 모든 게 인종차별주의 탓이라 말할 수는 없지만, 점점 더 강해지는 인종차별주의에 대한 반응 중 하나였다는 것만은 틀림없다. 자기만의 공간에서 살아가는 이주민들에게는 적극적으로 통합에 앞장설 이유가 없었다. 해당 공동체들은 심지어 자원봉사자들이 참가하는 독일어 강좌의 개수도 줄였다. 독일어가 능숙해져서 영원히 독일에 남는 편을 택하는 사태를 우려한 조치였다. 보수파의 정책은 '사회적 게토화'를 초래했고, 좌파의 자유방임주의와 결합하면서 평행으로만 달리는 사회를 양산했다.

정계와 시민사회가 통합으로 가는 돌파구를 찾기 위한 노력을 게을리한 것은 아니다. 지난 수십 년간 그 모든 노력이 실패로 돌아갔을 뿐이다. 하지만 선구자적 역할을 떠맡은 이들도 있었다. 그중 한 명이 1970년대 중반 노르트라인베스트팔렌 주의회 사민당 대표직을 맡은 하인츠 퀸Heinz Kühn이었다. 그는 통합 정책을 옹호하며 통합 문제를 방치하면 적어도 3세대가 지난 뒤에는 국가가 끔찍한 몰락의 길을 걷게 될 것이라 경고했다. 1978년 퀸은 헬무트 슈미트Helmut Schmidt 총리를 수장으로 하는 사민당, 자민당 연정 당시 최초의 외국인 통합 담당관으로 임명되었고, 1979년에는 '퀸 보고서'라는 공식 문서를 발간했다. 독일 정부 측에서 독일이 이미 유입국이라는 사실을 최초로 시인한 문건이었다. 이후 20년간 이민 유입국이라는 표현을 둘러싼 논란이 분분했다. 협박으로 이주민들을 쫓아내는 나라냐, 통합을 추구하는 나라냐를 판가름하는 표현이었기 때문이다.

영국에서 2013년 보호 기한 지정으로 그간 봉인되어 있던 문건이 공개됐다. 1982년 10월에 작성된 비밀 대화록이었다. 당시 막 서독 총리에 당선된 헬무트 콜Helmut Kohl은 영국 총리 마거릿 대처에게 "다가올 4년 동안 터키 이주민의 수를 절반으로 낮춰야 한다"고 말했다. 국민에게 드러내놓고 말할 수 없었겠지만, 대처와의 회담에서는 "현재 독일에 거주하는 터키인들을 모두 동화시키는 것은 불가능하다"라고도 말했다. 오늘날의 극우파조차도 함부로 입에 올릴 수 없는 말이었다. 통합과 동화를 혼동하는 것은 이주민 문제를 둘러싼 실수 중에서도 가장 악의적인 실수다. 이주민들에게 "기왕 온 것은 어쩔 수 없지만, 눈에 띄게 굴지는 말아달라"고 요구해서는 안 된다. 보수파가 통합 얘기만 나오면 본능적으로 자기방어 체제에 돌입하는 가장 큰 이유는 뿌리 깊은 인종차별주의다. 사실 노선을 불문하고 모든 정당, 정치적 진영, 사회적 계층이 인종차별주의에 물들어 있다.

인종차별주의와
계층이동

─────────

1980년대까지만 하더라도 핍스 아스무센Fips Asmussen을 비롯한 독일 코미디언들은 터키인에 대한 반감을 대놓고 드러내는 인종차별적 유머를 구사하곤 했다. "쓰레기통 위에 앉아 있는 터키 사람을 뭐라 부를까? 그건 바로 '집주인'이다"라는 식이었다. 객석에서는 폭소가 터져 나왔다. 관객 모두가 나치당 당원이 아니었는데도 말이다.

극우 인종주의는 어디에나 존재한다. 서독 시절에는 인종주의에 물든 좌파들도 있었다. 좌파 인종차별주의자들은 외국인에 대한 반감은 없지만, 그렇다고 그들과 함께하고 싶다는 뜻은 아니라고 말했다. 외국인의 수가 너무 늘어나는 것도 경계해야 한다고 지적했다. 앞서 언급한 하인츠 퀸조차도 외국인 수가 급증하는 상황을 우려했다. 퀸은 1980년에 "지나친 인본주의는 진정한 인본주의를 죽이는 행위다. 하지만 어떤 선을 넘어서면 적대감이 친밀감으로 변화할 것이다"라고 했다. 하지만 나중에는 정확히 알기 어려운 '어떤 선'에 관해 설명하면서 "외국인을 수용할 수 있는 능력이 이제 소진됐다. (…) 외국인 비율이 10% 선을 넘어서면 모든 국민이 저항감을 느끼게 될 것이다"라고 말했다. 지금 독일에 거주 중인 이들 중 24%가 이민자 혹은 이민 가정 출신이다(나 역시 그중 한 명이다). 그중 절반가량은 독일 국적이 아닌 외국인들이다. 하인츠 퀸은 통합에 관한 문제를 일찍 깨닫고 통합에 기여한 바도 크지만, 결국은 대다수 독일인이 지니고 있는 '이제 보트에 사람을 더 태울 자리가 없다'라는 감정을 대표하는 인물 중 하나다. 1991년 《슈피겔》은 '난민, 이주민, 망명자, 가난한 이들이 몰려온다'라는 헤드라인과 함께 해당 비유를 암시하는 그림을 표지에 실었다.

　지금도 이와 비슷한 태도가 만연해 있다. 예전보다 표출 방식이 조금 덜 과격할 뿐이다. 사람들은 모두 사회적으로 인정받고 싶어 한다. 사회적 인정은 매우 단순한 욕구인 동시에 어쩌면 목숨만큼 소중한 자산이다. 그런데 백인이 아닌 이들은 여전히 그 자산을 쉽게 획득하지 못한다. 진보 성향의 시민들조차 주거지를 결정할 때 외국인 비중이 그다지 높지 않은 지역을 선호한다. 이러한 양상의 배경에는 인종차별주의와 더불어 실패한 통합 정책과 그 여파가 숨어 있다. 진보 성향인 이들은 예컨대 나미비아 출신의 사회학 교수나 이라크 출신의 외과의사, 베트남에서 온 예술가와 이웃해서 사는 것을 그다지 꺼리지 않는다. 하지만 많이 배우지 못했고 가난하기까지 한 터키 출신 대가족을 이웃으로 두는 것에는 강한 거부감을 드러낸다. 난민 중에는 저학력자 비율이 꽤 높은 편이다. 어쩌면 학벌이 낮은 이들과 거리를 두려는 심리 안에 인종차별주의가 똬리를 틀고 있는 것일 수 있다.

여러 유럽 국가의 통합을 위한 노력 혹은 통합 실패를 논하면서 사회 계층에 관한 이야기를 빼놓을 수는 없다. 장기적 통합을 가로막는 최대의 걸림돌도 문화적 문제가 아니라 사회적 문제인 것으로 드러났기 때문이다. 독일은 유럽 국가 중에서도 유독 계층 간 이동이 매우 힘든 나라다. 타고난 계층에서 탈피해 신분 상승의 꿈을 이루기가 너무도 힘든 것이다. 그런 면에서 독일 내 이주민들은 이중고를 겪고 있다고 할 수 있다. 그들 대부분은 빈곤층 혹은 극빈층에 속한다(사회 계층을 구분하는 중대한 기준 중 하나가 소득이기 때문이다). 이주민들은 독일 사회에 적응하기 위해 노력하면서 그와 동시에 신분 상승을 위한 노력도 게을리할 수 없는 상황에 놓여 있다. 그러나 독일을 포함한 유럽 국가들이 제공하는 계층이동 기회는 몹시 제한적이다.

2018년 OECD는 계층이동 가능성에 관한 조사를 실시했다. 그 결과, 유럽 통합 실패에 경제적 요인이 크게 작용했다는 것이 드러났다. 스페인, 벨기에, 네덜란드에서는 빈곤층 가정이 중간층으로 옮겨가기까지 4세대가 걸린다. 오스트리아, 이탈리아, 포르투갈, 아일랜드에서는 5세대, 독일과 프랑스에는 심지어 6세대를 거쳐야 경제적 신분의 사다리를 한 칸 올라설 수 있다. 인구학

적 기준으로 생각해보면 결국 평균적으로 150년이 걸린다는 뜻
이다. 이주민이나 이주 가정 출신인 사람의 경우, 소요 기간이 훨
씬 더 길어진다. 시장경제가 장담하는 핵심 약속 중 하나가 신분
상승의 기회를 보장한다는 것인데, 유럽에서는 더 이상 그 약속
이 지켜지지 않고 있다.

　한스뵈클러재단Hans-Böckler-Stiftung 산하의 경제사회연구소는
2016년 독일 내 빈곤층의 비율을 추산했다. 국제적 비교에서 자
주 활용되는 개념으로 가족구성원 1인당 평균 생활수준을 유지
하는 데 드는 비용을 성인 1인 가구 기준으로 표준화한 '균등화
가처분소득equivalised disposable income'을 기준 삼았다. 그 결과, 이주
경력이 전혀 없는 가구의 경우, 빈곤층 기준 아래에 있는 비율은
12%밖에 되지 않았다. 이주 경력이 있는 가구의 빈곤율은 28%,
이민자 가정 자녀들의 빈곤율은 무려 54%였다(난민이 급증하면서
빈곤율이 높아지기도 했다). 이 숫자들을 종합하면 이주민과 그 자녀
들은 그렇지 않은 이들에 비해 소득이 매우 낮고, 그 상태에 오래
머무를 확률이 매우 높다는 것을 알 수 있다. 한스뵈클러재단은
다음과 같은 결론으로 보고서를 마무리했다. "이주 경력이 없는
국민이 빈곤에 빠지게 될 위험률은 지난 몇 년 사이 줄었다. 반면
이주민과 그 자녀들은 지금도 빈곤에 빠지게 될 위험률이 매우
높다." 계층이동의 기회나 경제적 신분은 다른 많은 문제와 직접
적으로 연관되어 있다. 저소득층의 경우 교육 혜택을 많이 누리
지 못하고, 그렇기 때문에 소득은 낮을 수밖에 없고, 이에 따라

범죄율은 높아지고, 일상생활 속에서 다양한 문제를 겪고, 사회적 긴장감을 고조시킨다. 가난에 찌들어 사는 이주민 가정의 구성원이 범죄를 저지를 확률은 그렇지 않은 이들에 비해 훨씬 높다. 따라서 이주민들을 초기에 사회로 통합해야 한다. 시간이 지날수록 통합은 점점 더 하향곡선을 타기 마련이다. 2016년 실시한 어느 조사에서 시리아 출신 이주자들의 빈곤율이 81.9%라는 충격적인 결과가 나왔다. 지금이야말로 행동이 시급하게 필요한 때다.

지금도 여전히 인종차별적 행태들이 공공연히, 혹은 은밀하게, 구조적으로 자행되고 있다. 이주민 스스로 통합에 대한 의지를 전혀 보이지 않는 경우도 많다. 그 가운데 각기 다른 노선을 걷는 정당들이 번갈아 가며 정권을 잡아 정책도 오락가락했고, 신분 상승의 기회는 주어지지 않았다. 한마디로 통합이 실패로 돌아갈 수밖에 없는 상황이었다. 통합이 구조적으로 실패한 원인은 여러 가지다. 하지만 무엇보다 중요한 원인은 정계의 승자들이 이민자 통합 정책을 중대하게 다루지 않았던 것이다. 그 결과 유럽 민주주의 사회들은 혐오와 분노에 휩싸였다. 이주민을 환영하는 문화는 미미한 수준에 머무르고 있다. 내실 있는 통합 정책이 마련되지 않을 때 어떤 결과가 나오는지는 베를린의 사례를 통해 확인할 수 있다.

아랍계 집단의 역사

베를린 내 아랍계 집단은 루르 지역이나 브레멘 등 여러 인구 밀

집 지역에 분포되어 있다. 통합에 반대하는 정서가 작동하는 원리는 그들의 역사를 보면 알 수 있다. 현재 베를린에 거주하는 것으로 추정되는 10개 이상의 가족 집단 중 대부분은 아랍 레바논계다. 쿠르드족도 일부 포함되어 있다. 그들은 1970년대 내전으로 몸살을 앓고 있는 레바논을 떠나 베를린으로 건너왔다. 무려 40개의 정당이 난무하던 시절이었다. 레바논에서 태어나 지금은 베를린에서 활동 중인 정치학자 랄프 가드반Ralph Ghadban은 자신의 저서 《아랍 범죄단Arabische Clans: Die unterschätzte Gefahr》에서 아랍계 가족 집단 대부분 레바논 난민촌 출신이라 말했다. 그곳에서 엄격하고도 방어적인 집단의식을 구조적으로 발달시키면서 생존의 길을 모색했던 것이다.

그들은 동서 간 냉전 시대에 체결된 협약들이 지닌 허술한 틈을 적극 활용했다. 아랍계 범죄단의 선조들은 1970년대 중반부터 베이루트발 비행기를 타고 동독으로 흘러 들어왔다. 당시 서방 연합군은 동베를린을 수도의 일부로 인정하지 않았고, 그런 까닭에 동서 베를린 사이에 출입경 관리도 제대로 하지 않았다. 동독 측은 주민들이 서독으로 넘어가는 것을 막기 위해 엄격히 감시했지만, 레바논 난민들은 복잡한 절차 없이 프리드리히 거리Friedrichstraße를 통해 서독으로 넘어갈 수 있었다. 심지어 서류 한 장 없이도 월경이 가능했다. 눈으로만 외국인임을 확인하고 도장을 찍어준 것이었다. 이는 아마도 '인종 프로파일링racial profiling'을 통해 무언가를 금지하는 대신 무언가를 허락해준 유일한 사례일 것이다. 가드반은 당시 이와 같은 방식으로 서베를린에 간 레바논 사람들이 망명 신청을 했다고 전했다. 실제 망명자로 인정받은 사례는 많지 않았다. 하지만 무국적자 신분은 인정받았고, 그 덕에 강제 추방은 면했다. 체류 기간이 명시된 서류를 발급받게 되면 고의로 그 서류를 분실했다. 그래야 체류 기한을 연장받을 확률이 높아지기 때문이었다.

베를린 상원 의회는 레바논 출신 성인들은 누구도 직업을 가질 수 없고, 모든 가정은 정해진 공동 숙소에만 거주해야 한다는 법을 통과시켰다. 자라나는 청소년들에게 대학에 입학할 기회를 허용하지 않았다. 아동이 받아야 할 의무교육도 중단시켰다. 가능한 빠른 시일 내에 아랍계 가족들이 베를린을 떠났으면 했던 것이다. 하지만 결과는 기대와 완전히 다른 방향으로 흘러갔다.

아이들은 성장 과정에서 일하고 싶어도 하지 못하는 부모를 지켜봤다. 정계는 그 가족들에게 소정의 사회복지 수당을 제공했다. 그것이 유일하게 합법적인 수입원이었다. 난민촌에서부터 몸에 밴 집단의식, 레바논 내전을 보며 체화된 폭력적 성향, 언제든지 범죄를 저지를 수 있는 태세 등이 거기에 더해지며 문제가 커졌다. 국가가 정한 준칙 따위는 중요치 않았다. 자신들의 집단이 정하는 법이 국가법보다 더 중요했다. 레바논 난민들은 마약 밀매, 성매매, 사기 등 다양한 범죄 분야를 개척했다. 하지만 관리 당국은 그 문제를 외면하거나 축소하기 바빴다. 가드반은 "다문화 이데올로기를 제대로 이해하지 못한 것이 원인"이었다고 지적했다. 그러나 그것만으로는 1980년대 베를린 시 정권을 장악한 기민당의 정책 실패를 모두 설명할 수 없다. 당시 베를린 시 내무장관직을 오랫동안 수행한 하인리히 룸머Heinrich Lummer는 자신이 1970년대부터 극우 집단과 긴밀한 관계를 유지해왔다고 털어놓았다. 1990년대 들어서 룸머는 당국도 파악하고 있는 극우 협회에서 명예회장직을 맡았고, 《독일은 독일로 남아 있어야 한다Deutschland soll deutsch bleiben: kein Einwanderungsland, kein Doppelpaß, kein Bodenrecht》라는 책을 발표했다.

베를린 시가 난민 지원금을 터무니없이 축소하고 지원 시스템을 부실하게 운영했던 것도 통합 실패의 원인 중 하나다. 장기간 베를린 시장을 지낸 클라우스 보베라이트Klaus Wowereit는 "가난하지만 섹시한 도시 베를린"이라는 말을 남긴 바 있다. 멋진 말 같지만 함정이 숨어 있음을 알 수 있다.

지난 몇십 년간 아랍 집단의 힘은 더 커졌다. 베를린 시 당국은 2017년에서야 비로소 아랍계 집단의 범죄를 줄이기 위한 효과적인 대책들을 내놓았다. 늦어도 너무 늦은 조치였다. 그사이에 아랍계 집단은 수많은 폭력 범죄를 저질렀고, 그렇게 번 돈으로 독일 수도 베를린에 수많은 부동산을 소유하게 됐다. 가드반은 아랍계 난민들이 자신들의 권력 기반 확장에 나설 수도 있다며 우려를 표명했다. 최악의 시나리오가 아닐 수 없다. 제대로 작동하는 통합 전략을 지금 당장 실행에 옮겨야 할 필요성이 다시한번 부각되는 시점이다.

난민과 극단주의자

베를린에 거주 중인 아랍계 집단을 통합하는 작업은 실패로 돌아갔다. 가히 재난에 가까울 정도의 대실패였다. 하지만 일각에서는 주로 최근 유입된 이주민에 관한 희소식이 들려온다. 2018년 말 독일 경영자총연합회BDA의 회장은 다음과 같이 발표했다. "2015년 이후 독일로 이주해온 이들의 수가 100만 명이 넘는다. 그중 40만 명이 현재 직업훈련을 받고 있거나 취업에 성공했다." 이와 관련해 전문가 2명이 의견을 밝혔다. 한 명은 이민자 가정 출신이고 한 명은 본인이 이민 1세대로 두 사람은 비교적 친한 관계지만, 이 문제에 있어서만큼은 의견이 갈린다.

부모가 시리아 출신인 알라딘 엘마팔라니Aladin El-Mafaalani는《통합의 역설Das Integrationsparadox: Warum gelungene Integration zu mehr Konflikten führt》의 저자다. 그는 독일의 이주민 통합이 대체로 성공적이라고, 최소한 지금보다 더 나은 때는 없다고 평했다. 책과 관련한 인터뷰에서 엘마팔라니는 이렇게 답했다. "통합이 잘 이뤄질수록 논란도 더 분분해진다. 차별이 줄어들수록 차별받고 있다는 인식은 더 고조되고, 더 큰 논란에 휩싸일 것이다." 독일로 이주한 이스라엘 국적의 아랍인 아마드 만수르Admad Mansour는《통합에 관한 명쾌한 답변Klartext zur Integration: Gegen falsche Toleranz und Panikmache》에서 무슬림의 통합은 제대로 이뤄지지 않았고, 종교와 반민주주의적 정서로 점철된 평행사회만 양산했을 뿐이며, 그 사회의 구성원들은 오히려 통합에 적극적으로 맞서고 있다고 주장했다. 나아가 독일 내 무슬림 난민 문제를 이슬람 단체들의 손에 넘겨준 것이야말로 "세기적 실수"라 지적했다.

두 사람의 의견이 생각보다 크게 다르지 않다고 볼 수도 있다. 사실 나는 통합이 대체로 성공했다는 엘마팔라니의 명제에 동의하지 않지만, 적어도 한 가지 주장에는 동의한다. 엘마팔라니는 서로 가까워질수록 둘 사이의 장벽이 더 눈에 띈다고 했다. '통합' 쇼크를 이해하는 데 매우 중대한 대목이다. 두 집단 사이에 서로 겹치는 부분이 없으면 마찰이 일어날 이유도 없다. 엘마팔라니는 토론이 이뤄지고 있다는 사실이 이미 통합을 위한 진전을 의미하고, 그렇게 서로 대화를 나누다 보면 선명하게 드러나는 차이에서 출발해 해결책을 찾을 수 있다고 봤다. 통합이 성공할수록 그 반작용으로 인종차별주의가 강화될 것이라는 점도 지적했다. 지금까지 누렸던 특혜를 남들과 나누거나 포기해야 하기 때문이다.

과격한 무슬림 수감자들을 설득하는 작업을 하고 있는 만수르는 엘마팔라니와는 달리 구체적 문제를 짚고 있다. 통합이 실패로 돌아갈 경우, 암살 테러나 여성을 대상으로 한 명예살인이 더 빈번하게 일어날 것이다. 만수르는 그러한 사태를 방지하기 위해 구체적 문제에 더 집중하는 것이다. 보기에 따라 "독일 과거사를 통틀어볼 때 지금이 통합이 가장 잘 이뤄지고 있는 시점"이라는 엘마팔라니의 주장이 옳을 수 있고, 수십 년째 통합이 제대로 이뤄지지 않았다는 만수르의 주장도 납득이 간다. 디지털화된 정보사회 덕분에 이를 제대로 인지하는 이의 수도 늘어나고 있다.

엘마팔라니와 만수르의 주장을 연계하기 위해 추가해야 할 가장 중요한 요소는 바로 시간이다. 통합은 긴 시간을 필요로 하는 작업이다. 어떤 정책이 부실했는지 성공적이었는지를 확인하기까지는 대개 수십 년이 걸린다. 하지만 독일이 제대로 된 통합 정책을 추진하기 시작한 지는 얼마 되지 않았다. 헬무트 콜을 수장으로 한 보수 정부는 이민자 유입국이라는 이미지가 굳어지는 사태를 방지하기 위해 포괄적 이민 정책을 의도적으로 회피했다. 하지만 그 이후 출범한 사민당과 녹색당 연정은 2000년 이민 문제만 다루는 독립 위원회를 구성하고, 이민자들이 독일 여권을 보다 쉽게 발급받을 수 있도록 시민권법을 제정했다. 2001년부터는 이민을 합법화하기 위한 노력도 꾸준히 실행에 옮겼다.

처음에 그들이 내놓은 제안은 강한 저항에 부딪혔다. 보수 성향의 몇몇 연방 주들이 강력히 반발하고 나선 것이었다. 2000년대 중반에 와서야 비로소 정부가 제시한 포괄적 통합 계획들이 성공을 거두기 시작했다. 2005년 1월 1일, 독일 최초로 이민법이 통과됐다. 이주노동자를 대거 받아들이기 시작한 시점으로부터 무려 50년이나 지난 뒤에 관련법이 제정된 것이다. 이민법은 이민자들에 대한 독일어 교육이 의무적으로 이뤄져야 한다고 규정했다. 이주자들의 독일어 습득과 관련된 독일 최초의 구속력 있는 법안이었다.

2006년에는 연방 차원에서 '사회 통합 및 이슬람을 위한 회담'이 개최됐다. 각계각층의 지도층이 모여 다양한 민족이 조화롭게 어울려 살아갈 방법을 모색했다. 하지만 연방통합법이라는 이름의 단독 법은 2016년에 와서야 비로소 발효됐다. 2015년 갑자기 늘어난 난민 문제를 해결하기 위한 조치였다. 올바른 정책이 마련되기까지 이렇듯 긴 세월이 걸릴 때가 많다. 그사이에 세계 많은 이들이 통합과 관련된 리얼리티 쇼크에 휩싸인다.

유럽은 지난 수십 년간 유럽에 거주 중인 무슬림들의 종교에 큰 관심을 기울이지 않았다. 하지만 유럽 내 이주민들에게 종교는 자신의 정체성을 확립하는 결정적 요인이다. 유럽 각국은 이 문제와 관련해서 실수를 저질렀다.

세속주의 전통을 지니고 있는 프랑스는 무슬림들이 이슬람 예배당을 지을 때 지원을 거의 하지 않았다. 정부 당국이 모스크와 거리를 두는 바람에 무슬림의 사회 통합이나 통제가 힘들어졌고, 그 덕분에 극단주의자들은 마음 놓고 활개 칠 수 있었다. 최근 유럽에서 이슬람 테러가 가장 많이 일어나는 나라로 프랑스가 손꼽히게 된 데는 여러 이유가 있겠지만, 이슬람교 사원을 방치했던 것도 분명 그 원인 중 하나였을 것이다.

벨기에의 상황은 더 심각하다. 벨기에의 무슬림 통합 과정은 보고 있자면 가슴이 답답해질 정도다. 1967년에 벨기에의 보두앵Baudouin 국왕은 사우디아라비아의 파이살Faisal 국왕과 협약을 맺었다. 현시점에서 되돌아보자면 매우 근시안적이고 치명적인 거래였다. 벨기에는 사우디아라비아로부터 석유를 값싸게 수입하는 대신, 자국 내 모스크에 대한 관할권과 벨기에 내에서 자유롭게 선교 활동을 해도 좋다고 허가했다. 이에 따라 모로코와 알제리 출신 이주자들 틈에 사우디아라비아 출신의 과격한 와하비파들이 흘러들었다. 사우디아라비아는 심지어 동양풍의 파빌리온이라 일컫는 벨기에 최대의 이슬람교 사원을 99년간 무상으로 임대한다는 약속까지 받아냈다. 브뤼셀 대모스크Great Mosque of Brussels는 유럽 최대의 이슬람 과격주의자 소굴이 됐다. 오늘날 무슬림 청년들이 이토록 과격해진 양상 뒤에 벨기에의 공로가 숨어 있었던 것이다. (무상임차계약은 2066년에야 만료될 예정이었지만 '통합' 리얼리티 쇼크에 휩싸인 벨기에 정부는 2018년 2월, 예정보다 훨씬 더 이른 시점에 해당 계약을 철회했다.)

몰렌베크Molenbeek 지구에 위치한 브뤼셀 대모스크를 본거지로 두고 있던 이슬람 과격주의자들은 청소년들의 머릿속에 폭력의 씨앗을 퍼뜨렸다. 몰렌베크에는 프랑스와 벨기에에서 자행되는 각종 테러의 도화선이라는 치욕스러운 꼬리표가 달렸다. 현재 벨기에는 서방 국가 중 전체 인구수 대비 '이슬람국가Islamic State'에 가입한 무슬림의 수가 가장 많은 나라다. 난민에 대해 반감이 있거나 인종차별주의에 물든 자국인과 급격하게 유입된 이슬람 과격주의자들 때문에 통합 갈등은 더욱 커졌다.

독일에서는 1960~1970년대에 수많은 모스크협회가 신설됐다. 그 협회들을 통해 곳곳에 있는 이슬람 기도실이나 예배당의 운영비를 조달했다. 이러한 구조가 의도와는 달리 이슬람국가가 독일 사회에 보다 큰 영향력을 행사할 수 있도록 하는 역할을 했다. 현재 독일 내에 있는 약 900개의 모스크를 사실상 터키계 과격단체들이 장악했다고 봐도 무방하다. 모스크에서 예배를 주관하는 이슬람 사제 '이맘imam'은 심지어 공식적으로도 터키 공무원 신분이다. 2018년 헌법수호국은 모스크에 대한 관리와 감독을 책임지는 터키 종교청 소속의 '터키이슬람연합DITIB'이 요주의 관찰 대상에 속하는지 조사했다. 총 900개의 모스크 중 300~500곳은 '밀리 괴뤼쉬Millî Görüş'라는 단체가 운영하고 있다. 터키 국수주의자들이 조직한 밀리 괴뤼쉬는 헌법수호청이 반민주, 반서구, 반유대주의 성향을 띤 단체로 규정한 모임이다. 독일 내 시아파 계열의 모스크 150곳 정도는 '함부르크 이슬람센터Islamic Center Hamburg'가 뒤를 봐주는 협회에 의해 운영된다. 함부르크 헌법수호청은 해당 센터를 이란 정부 소속 기관으로 간주하고 있다. 이쯤 되면 난민 통합 문제를 이슬람 단체들에게 맡긴 것이 세기적 실수라는 아마드 만수르의 주장과 2016년 시리아 난민들이 독일 내 모스크들이 너무 보수적이라고 불만을 토로한 것에도 고개를 끄덕이게 된다.

독일 대중은 2016년 말 아니스 암리Anis Amri라는 테러범이 베를린에서 12명의 희생자를 내고 난 뒤에야 모스크에 테러범들이 몰린다는 사실을 인지하기 시작했다. 암리는 급진 이슬람계 사상을 신봉하는 베를린 기도실 살라피즘salafism을 자주 찾았다고 한다. 그간 유럽 각국 정부가 무슬림 이주민들의 영적인 문제를 소홀히 여기면서 통합으로 가는 길에 놓친 틈을 이슬람 극단주의자들이 정확히 공략한 것이다.

인종차별 아닌
비판이 없다

그간 인종차별 없는 건강한 비판이 너무도 부족했다. 당파나 진영을 가리지 않고 모두가 이 문제에 별 관심이 없었다. 보수파나 극우파로부터 인종차별주의자라는 비난을 들을까 봐 모두 말을 아꼈다. 좌파나 우파가 건전한 비판에 소홀했던 가장 큰 이유는 바로 무관심이었다. 문화적 다양성이 사회문제의 발단이 될 수도 있다는 사실을 깡그리 무시하는 등 합병증 예방을 위한 노력을 게을리했다.

좌파가 난민을 동정의 대상으로 바라보면서 업신여긴 것도 일종의 인종차별이었다. 좌파는 난민을 희생자 프레임에 가뒀다. 그로 인해 난민들은 웬만해서는 자주적, 독립적 인격체로 인정받기 힘들었다. '보호'라는 말은 주로 좋은 의미로 쓰지만, 때에 따라 타인에게 모욕감을 줄 수도 있고 또 다른 차별이 될 수도 있다. 게다가 많은 사람이 다문화 개념을 얕게 이해하면서 누군가를 업신여기는 행위가 그다지 나쁘지 않은 것으로, 때로는 심지어 필요한 것으로 착각했다. 무슬림 이주민들이 소중하게 여기는 가치관, 그들의 태도와 행동에 수십 년째 무관심으로 일관한 것이 패착이었다. 무슬림의 반유대주의가 얼마나 심각한지를 인식하기까지 너무도 오랜 세월이 걸렸다. 특히 프랑스에서 벌어진 유대인의 대거 이탈 사태는 그들에 대한 프랑스인의 적대감이 직접적으로 영향을 미쳤다고 볼 수 있다.

외국인 범죄율과 인종차별주의

2016년 11월 호주는 여성을 대상으로 한 폭력을 근절하기 위해 회담을 개최했다. 세계 곳곳이 그렇듯 호주의 가정폭력도 심각한 수준이다. 호주 총리가 주관한 당시 회담에 호주 원주민 대표단 애버리지니aborigines도 초대받았다. 원주민 여성들의 폭력 피해가 원주민이 아닌 호주인 여성 피해보다 34배나 높았기 때문이다.

어떻게 이 참담한 수치를 인종차별적 발언을 배제한 채 논할 수 있을까? 원주민에 대한 편견을 말하지 않고 어떻게 여성의 삶 전체를 망가뜨리는 폭력 행위를 근절시킬 적절한 대책을 모색할 수 있을까? 하나의 수치에 불과하다거나 특정 계층, 소수 계층에 국한된 사안이라고 하기에는 너무도 선명하고 위협적인 이 문제에 자유민주주의 국가들이 어떻게 대처해야 좋을까? 최소한 그 심각한 수치들에 대해 침묵해서는 안 된다. 문화적 특성에 의해 형성된 가치관은 우리의 태도와 행동에 영향을 미친다.

따라서 문제의 해결책을 모색하거나 특정 그룹의 범죄율 통계를 분석할 때 문화적 다양성도 고려해야 한다.

노르트라인베스트팔렌 주 경찰은 다양한 통계 수치를 보유하고 있다. 독일 국적이 아닌 용의자에 대한 통계도 확보했다. 2015년 독일 거주 외국인의 범죄율은 10.5%였다. 살인사건 중 외국인이 범인인 비율은 38%에 달했고, 차량 절도를 비롯한 절도범의 비율은 41%, 주거 침입은 48%, 소매치기는 80%였다. 이 수치를 두고 경찰 당국은 범인이 잡힌 경우에만 범인의 국적을 파악할 수 있다는 점을 강조했다. 벌어진 사건의 절반가량은 범인을 밝히지 못한 것이다. 덧붙여 보통 사건의 배경을 이루는 연령대나 생활환경, 사회적 지위와 같은 정보가 중요하지만 그 부분은 고려 대상에 들지도 못했다고 했다. 이 정도 범죄율이면 경찰 입장에서는 반드시 해결해야 할 선결 과제에 속할 수밖에 없다.

수사관들은 외국인 절도율이 이토록 높은 이유가 알제리 출신들의 조직적 범죄나 해당 범죄자들의 높은 재범률 때문이라 추정한다. 개중에는 자국에서 일부러 모집해서 파견된 이들도 있다고 한다. 이때 범죄 조직의 우두머리들이 타깃으로 삼는 대상은 대개 집도 가족도 희망도 없는 청년들이다. 가정집에 쳐들어가는 범인들의 경우, 여행객을 가장한 동유럽이나 남유럽 출신의 범죄단이 큰 비중을 차지한다. 고도로 조직된 범죄단들이 이 나라 저 나라를 마음껏 누비고 다니는 것이다. 그 말은 곧 외

국인 범죄율이 높아진 것은 통합 실패의 결과라기보다 세계화
와 이동할 자유가 확대됨에 따른 것이라 볼 수 있다는 뜻이다.

통합을 보다 깊이 이해하기 위해 단순히 이주민의 수만 파악
하는 것이 아니라 이주민 중 독일 국적 취득자의 비율까지 파악
하는 수치가 꼭 필요하다. 그러한 통계 중 가장 논란이 많은 동
시에 반박의 여지가 거의 없는 분야가 하나 있다. 2017년 경찰의
공식 발표에 따르면 독일 내 성범죄 용의자 수가 총 3만 9,829명
에 달했다. 그중 1만 1,439명은 비독일인이었다. 백분율로 따지
면 28.7%였다. 독일 국적이 아닌 용의자 중 12.6%는 시리아계,
10.7%는 아프가니스탄 출신, 10.6%는 터키 국적이었다. 성범죄
가담자 중에는 몇몇 특정 국가 출신이 유독 많았다. 이에 당국은
해당 국가에 만연한 풍조나 문화가 원인일 것이라는 합리적 의
심을 품게 됐다.

2017년 말 독일에 거주하는 외국인이 약 1,050만 명이었다.
그중 25만 명(2.4%)이 아프가니스탄 출신이었다. 아프가니스탄
출신의 성범죄 용의자 수는 다른 국가 출신 내 성범죄자 수보다
10배나 더 많았다. 조사 범위를 아프가니스탄 출신의 젊은 남성
으로 좁히면 그 수치는 더 높아진다. 조사 범위를 남성이 여성
에게 저지른 강간 사건으로 좁히면 그 수치는 또다시 높아진다.
2015년 외국인 범죄 용의자의 비율은 46.1%였다. 2016년에는
53.6%, 2017년에는 52.2%였다. 2016년, 여러 명의 남성이 여성
을 갑자기 공격한 뒤 윤간한 사건에서 외국인 용의자가 차지한

비율은 67.8%였다. 그 이듬해에도 해당 수치는 아주 미미하게만 줄었다. 연간 윤간 사건 용의자의 수도 500명 이상이었다.

윤간 같은 흉악 범죄는 피해 당사자에게만 상처를 남기는 것이 아니다. 그 여파는 사건 소식을 접한 모든 여성에게 미친다. 모두가 외출 시 불안감을 느끼게 되는 것이다. 이렇게 문화적, 사회적 배경 때문에 특정 범죄가 더 자주 발생한다면 방법은 하나밖에 없다. 제대로 상황을 분석해서 더욱 적합한 방향으로 통합의 길을 모색하는 것이다. 이주 경력을 지닌 이와 그렇지 않은 이들 모두가 합심해서 통합에 앞장서야 한다.

통계 수치로 실상을 낱낱이 밝히는 과정이 인종차별적이라 할 수 있을까? 그렇지 않다. 심기가 불편해지는 통계를 무시하거나 은폐해서는 통합을 둘러싼 건강한 토론이 이뤄지지 않는다. 알아서 기분 좋을 게 없다는 이유로 중요한 수치들을 아예 파악이나 분석조차 하지 않는 경우도 있다. 범죄율처럼 민감한 통계들을 감추는 이유는 다양하지만, 기회주의적 정치꾼들의 술수인 경우도 적지 않다. 그런 이들은 오히려 인종차별 반대자들을 통합의 걸림돌로 지목하곤 한다. 구체적 통계에 관심을 보이는 이들 때문에 통합이 지연되고 있다며 누명을 씌우는 것이다.

2017년 독일에서는 45분에 한 번꼴로 외국인 성범죄 용의자가 등장했다. 독일인 용의자는 18분에 한 명이었다. 후자는 언급하지 않고 전자만 언급할 경우, 거짓을 말하지 않으면서 끔찍한 시나리오를 써 내려갈 수 있다. 실제로 사회관계망에는 이런 식의 '팩트를 이용한 장난질'이 난무하고 있다.

이주자나 비독일인 출신의 범죄 용의자가 늘어나고 있는 걱정스러운 현실을 돌파하려면 각 수치를 정확히 파악하고 구분해야 한다. 전체 이주민에서 젊은 남성이 차지하는 비율은 다른 연령대에 비해 훨씬 더 높다. 폭력이나 범죄를 저지를 공산이 가장 높은 이들이 인종과 사회 계층을 불문하고 전 세계에 널리 퍼져 있는 것이다. 우리는 실제로 일어난 사건들의 수치에서 그 뒤에 숨은 배경을 파헤치고 해법을 찾아야 한다. 아마드 만수르는 무슬림 남성의 성범죄율이 높은 이유로 이슬람 사회의 가부장적 문화를 꼽으면서 그 문화가 이주 후에도 많은 이민자의 머릿속에 각인되어 있다고 지적했다. 나아가 범죄 성향을 지닌 무슬림 남성들에게 자신들의 태도에 어떤 문제가 있는지를 일깨워주고, 그러한 태도를 바꿀 수 있게 유도해야 한다고 말했다. 심리학자로서 젊은 무슬림 남성들의 과격성을 깊이 연구한 만수르는 독일 내 이슬람계 이주민들이 지닌 세 가지 대표적 문제를 다음과 같이 정리했다.

- 반유대주의(이스라엘을 타깃으로 한 반유대주의도 포함)
- 의사 표현의 자유를 경시하는 태도(종교나 도덕률을 내세우며 납득할 수 없는 행동도 용인하고 수용하는 태도)
- 헤테로 남성의 지위가 여성이나 기타 모든 그룹에 우선한다는 가부장적 가치관

유럽 내 이주민의 높은 성범죄율을 논하는 토론에서는 으레 이슬람 문제가 거론된다. 실제로 무슬림 국가들의 여성 대상 성범죄율은 매우 심각한 수준이다. 2013년 UN이 실시한 조사에 따르면 99%가 넘는 이집트 여성이 성추행을 당한 적이 있다고 고백했다. 많은 이슬람 국가가 여성을 구조적, 사회적으로 폄하하고 있다는 건 부인할 수 없는 현실이다. 실제로 반여성적 행동들이 수없이 자행되고 있다. 하지만 모든 가부장적 폭력의 원인을 이슬람문화 탓으로만 돌려서는 안 된다. 이는 오히려 바람직한 통합을 방해할 뿐이다. 남아프리카공화국을 예로 들어보자. 남아프리카공화국은 주민의 약 80%가 기독교도다. 무슬림의 비율은 1.2%밖에 되지 않는다. 하지만 수차례에 걸친 조사 결과, 남아프리카공화국에서는 강간이 일종의 유행병처럼 번지고 있다고 한다. 1990년대 말 어느 NGO가 발표한 자료에 따르면 4,000명의 남아공 여성 중 3분의 1이 최소 한 번은 강간을 당한 적이 있다고 답했다. 1,500명의 남아공 남성들 중 3분의 1은 윤간이 "재미있는 이벤트"라고 답했다. 그러는 사이 기독교인이 과반인 케이프타운은 세계 최대의 '강간 도시'라는 불명예스러운 별명을 얻었다. 해당 수치는 문화적, 종교적 배경이 어떻든 간에 가부장적 구조가 폭력의 물꼬를 트는 요인이 될 수 있다는 점을 시사한다.

올바른 통합을 위한 최선의 방법은 열린 마음과 진보적, 적극적 태도로 여성단체들과 함께 성범죄에 맞서 싸우는 것이라 생각한다. 여성과 성소수자들의 인권 보호에 전투적으로 앞장서야 한다. 이주자들의 성범죄에 극렬한 분노를 표출하지 않는 우파들의 관련 발언은 편협하고 인종차별적이다. 그들이 이주민들의 가부장적 성의식과 맞설 때 내세우는 논리 속에는 또 다른 가부장적 성의식이 포함되어 있을 때가 많다. 여성에게 자행되는 폭력의 뿌리에 공감하고 있기 때문이다. 해결책을 찾기 위해서는 이주민 통합 문제를 재정비해야 한다. 이때 할랄 인증을 받지 않은 돼지고기를 먹느냐, 안 먹느냐가 논란의 중심이 되어서는 안 된다. 자유민주주의적 가치에 기초한 통합이 담론의 중심에 있어야 한다.

제5단계
통합

통합에 관해 논할 때 '주도 문화guiding culture'라는 용어가 등장하곤 한다. 지금은 통합의 방향을 엉뚱한 쪽으로 끌고 간다는 평을 받는 단어이기도 하다. 주도 문화 혹은 지배 문화라는 이 표현은 1990년대 시리아 출신의 독일 정치학자 바삼 티비Bassam Tibi가 사용하면서 널리 퍼졌다. 티비는 강연과 저서를 통해 모두가 공감하는 가치에 기초한 주도 문화가 존재한다고 주장했다. 티비는 주도 문화가 "유럽 현대 문화에서 비롯된 문화, 민주주의와 세속주의, 계몽주의, 인권 사상, 문명사회 등 자유민주주의 사회의 핵심 질서들을 골자로 하는 문화"라고 했다. 이는 대중에게 잘못 전달된 뜻이다. 해당 단어의 의미가 왜곡된 가장 큰 이유는 무엇보다 이름을 잘못 붙였기 때문이라 생각한다.

대부분 '우리 문화'라는 말을 들으면 우리와 어울리는 것, 우리와 비슷한 것을 떠올린다. 티비는 문화적 다원주의에 반대되는 개념으로 주도적 문화라는 개념을 소개하고 싶었겠지만, 문화라는 말을 들을 때마다 자신과 비슷한 무언가를 떠올리는 습성 때문에 주도 문화는 누군가를 소외시키는 수단이 되고 말았다. 그가 말한 주도 문화는 직관적으로 이해할 수 있는 개념이 아니었고, 오히려 통합 관련 논의에 인종 문제를 끌어들이는 효과만 낳았다. 마치 '무슬림'이라는 표현을 듣자마자 검은 머리의 아랍계 사람을 연상하는 이가 많은 것처럼 문화는 금세 인종차별적 코드로 변질할 소지가 많다. 통합이 아닌 동화를 원하는 이들이 자신의 신념을 그럴싸하게 포장할 때 이 표현을 쓴다는 점 또한 통합이라는 숙제를 처음부터 다시 시작해야 할 이유다.

전문가들은 독일의 통합 단계를 대개 4단계로 나눈다. 이주노동자들이 대거 유입된 1955년 이후가 그 첫 단계고, 이주민들을 통합하기 위한 첫 시도들이 이뤄졌던 1973년 이후가 두 번째 단계, 이주민들의 유입을 막기 시작한 1981년 이후가 세 번째 단계다. 1988년 이후 이주민들을 포용 및 통합하기 시작한 때가 네 번째 단계인데, 그즈음 주도 문화를 둘러싼 논쟁이 불거졌다. 몇몇 사회학자는 이주민들이 다시금 대거 유입된 2015년에 이미 다섯 번째 단계가 시작됐다고 주장하지만, 개인적으로 이제 제5단계 통합을 개시해야 할 시점이라고 생각한다. 주도 문화라는 실패한 개념이 남긴 잔재들을 정리하고 '주도 가치'에 집중해야 할 때다. 주도 문화라는 말속에는 통합이 아닌 복속과 적응을 강요하는 태도가 포함되어 있고, 이에 따라 여러 가지로 해석될 소지가 크다. 반면, 주도 가치라는 표현은 자유민주주의를 구성하는 질서들, 유럽 각국의 토박이들이 그간 소홀히 대해왔던 질서들을 바로 세우자는 직관적인 개념이다. 그것이 통합의 본질이다.

베를린에서 활동 중인 통합 전문가 나이카 포루탄Naika Foroutan 은 통합과 관련하여 '이민 이후post-migratory 사회'라는 새로운 방향을 제시했다. 포루탄은 통합 문제에 있어 이주민만 대상으로 삼을 것이 아니라 예컨대 신분 상승 기회가 주어지지 않아서 국가와 민주주의로부터 소외당한 모든 계층을 대상으로 삼아야 한다고 강조했다. 즉 의회나 대학을 비롯한 각 분야로 진출할 기회를 가지지 못한 소수 계층도 껴안아야 한다는 것이다. 포루탄이 말한 이민 이후 사회라는 개념을 간단하게만 정리하기는 어렵다. 우리는 지금까지 각자의 머릿속에 각인된 문화라는 개념, 그것이 미치는 영향, 그것이 윗세대에서 다음 세대로 전달된다는 사실을 과소평가해왔다. 정치계도 외면해온 그 누적된 문제를 해결하려면 특별한 조처가 필요하다. 이민 이후 사회의 통합 기회도 거기에 있다. 주도적 가치 위에서 '문화 다원주의 2.0' 시대를 열어야 하는 것이다. 이는 나만의 몽상이 아니라 이미 적극적으로 실현되고 있는 현상이다.

문화 다원주의와 주도 가치의 결합

벨기에는 유럽에서 가장 많은 무슬림이 거주하는 국가다. 이주민의 범죄율도 매우 높다. 그에 비해 이주민의 취업률은 상대적으로 낮은 편이다. 벨기에 거주 이주민 중 고용시장에 진출한 이의 비율은 65%로, 유럽 내 OECD 국가 중 최하위다. 포르투갈과 스위스는 80%를 웃돌고, 90% 이상을 기록한 아이슬란드가 고용률이 가장 높았다. 벨기에 정부의 이주민 통합 실패는 수십 년간 심각한 골칫거리였다. 각계각층에서 대책을 제안할 정도로 사태가 심각했다. 그중 메헬런Mechelen은 큰 성공을 거둔 사례로 널리 알려졌다.

앤트워프와 브뤼셀 사이에 위치한 도시 메헬런은 인구 8만의 작은 도시다. 1990년대까지만 하더라도 메헬런은 벨기에 안에서 가장 더럽고 지저분하고, 범죄율이 높은 도시였다. 그러다가 2000년대 초, 시장에 당선된 바트 서머스Bart Somers가 치안 유지와 통합이야말로 메헬런을 지지하는 두 기둥이라 선언했다. 메헬런에 거주하는 아동 중 절반이 이주민 가정 출신이고, 전체 시민의 20%가 무슬림이었기 때문이다. 서머스는 범죄나 극단주의에 대해 일절 관용을 베풀지 않겠다고 선포했다. 그와 동시에 소외나 일상적인 무관용에 대해서도 맞서 싸우겠다고 말했다. 서머스의 무기는 문화 다원주의였다. 새로운 도시로 거듭난 메헬런의 특징이 무엇이냐는 질문에 서머스는 이렇게 답했다. "이 도시는 언어, 종교, 문화와 관련된 모든 장벽을 뛰어넘어서 함께 성장해왔다."

서머스는 문화 다원주의를 존중하는 사회가 무엇인지 보여주는 바람직한 사례들을 남겼다. 이를테면 이주민 자녀가 거의 없던 메헬런의 공립학교에 재학생을 다양하게 구성하기 위한 팀을 설치했다. 서머스는 문화적 다양성을 홍보하는 축제를 조직하기도 했다. 2018년에만 그와 비슷한 행사를 200건이나 개최했다. 메헬런 시립 묘지에서는 무슬림식 장례도 치를 수 있다. "시혜를 베푸는 척하면서 사람들에게 특정 정체성을 강요하는 온정주의식 정치는 거들떠볼 필요도 없다"며 철저히 배제했고, 유럽 대부분의 도시가 안고 있는 가장 큰 문제는 "단일 문화를 추종하는 일종의 군도로 변질되고 있는 것"이라 지적했다. 문화 다원주의 2.0은 문화적 다양성을 허용하는 가운데 서로의 공통점을 강조하는 것, 조화와 화합을 적극적으로 지원하는 것, 문제가 있는 상황에서도 자유민주주의적 가치를 관철하는 것을 의미한다.

2010년 기민당 청년연합 전당대회에서 앙겔라 메르켈은 "문화 다원주의를 위한 노력이 실패로 돌아갔다, 완전히 실패로 돌아갔다!"라고 외쳤다. 유럽 내 비평가와 정치인들이 정치색이나 노선을 불문하고 반복해서 외친 구호다. 실제로 많은 이들이 문화 다원주의가 통합 실패의 근본적 원인이라고 착각할 정도였다. 하지만 서머스 시장은 문화 다원주의가 오히려 통합을 위한 해결책이며, 법치국가가 방치하지 않는 이상 결단코 무슬림은 최대 위협이 될 수 없다고 강조했다.

나이카 포루탄은 구동독인들도 이주민으로 간주할 수 있고, 그들 역시 낙인효과의 희생양이었다고 주장했다. 이주민 중에는 자발적으로 떠나온 이들도 있고, 상황에 떠밀려 어쩔 수 없이 자국을 등진 이들도 있다. 통합을 둘러싼 리얼리티 쇼크와 독일 동부에서 현재 일고 있는 우경화라는 리얼리티 쇼크를 해소할 수 있는 열쇠는 결국 자유민주주의적 가치와 문화 다원주의를 적극적으로 실행에 옮기는 데 있다. 하나 된 사회를 구현하기 위해서는 이주민들의 문화적 배경에 대한 논란은 제쳐두고 자유민주주의적 가치를 실현할 수 있는 방법을 집중적으로 연구해야 한다. 나아가 어떻게 하면 이민 이후 사회를 바람직하게 구축할 수 있는지를 논해야 한다.

논의의 대상은 이주민만이 아니다. 조상 대대로 1,000년째 한 곳에 사는 원주민, 외국인 혐오 범죄를 저지르는 독일인을 모두 아우르는 논의가 이루어져야 한다. 문화 다원주의 및 법치국가에 의한 자유민주주의적 가치 실현이야말로 통합을 향한 적절한 방향이다. 여기에 폭넓은 관용과 범죄 퇴치를 위한 대책도 더해져야 한다. 흉악한 범죄는 반드시 철저하게 수사해야 한다. '이곳에 사는 이상 나는 안전하다'라는 느낌이 없으면 개방적인 사회를 추구할 수 없다.

서머스 시장은 이주민들에게 현지어 습득의 필요성을 강조하는 동시에 유럽 자유민주주의가 지켜온 가치에 따른 사회규범의 중요성도 설파했다. 이 전략은 여러 면에서 성공을 거뒀다. 이제 메헬런의 범죄율은 그 어느 때보다 낮아졌고, 이슬람주의에 따른 각종 문제의 발발률도 벨기에 내 다른 도시에 비해 훨씬 줄어들

었다. 브뤼셀과 앤트워프 사이에 사는 유럽인 12명 중 1명은 이
슬람국가에 소속되어 있다. 메헬런 인근에 규모는 그보다 절반인
도시 빌보르데Vilvoorde만 해도 이슬람국가 회원이 40명이 넘는다.
하지만 메헬런에 거주하는 무슬림 청년 중 IS에 가입한 사람은
단 1명도 없다.

8th Shock

우경화

민주주의의 근간을 뒤흔드는
권위주의의 잔재

극우가
원하는 것

———————

2016년 11월 9일, 워싱턴 DC로부터 6,698킬로미터 떨어진 브란덴부르크Brandenburg의 주민들은 아침에 일어나 커피를 내리고 스마트폰으로 세상 돌아가는 소식을 확인했다. 브란덴부르크 최대의 지역 신문인《매르키셰 알게마이네Märkische Allgemeine》를 집어 든 이들은 '굿모닝, 프레지던트!'라는 헤드라인 옆에 힐러리 클린턴의 사진이 실려 있는 것을 봤다. 해당 기사의 편집 마감 시간이 미국 대선 결과 발표 시간보다 더 빨랐던 탓에 일어난 실수 같았다. 그런데 신문 1면의 위아래를 뒤집으면 거기에는 '트럼프, 당선!'이라는 기사가 함께 있었다. 힐러리를 향한 당선 축하 메시지는 웃음을 유발하기 위해 의도된 고의적 실수였던 것이다. 이 사례는 진보 진영의 확신이 얼마나 터무니없는 것인지를 입증하는 대표 사건으로 기억되고 있다.

11월 초《뉴욕타임스》는 힐러리의 승리 가능성이 88%라 보도

했다. 세계 최대 통신사인 로이터 통신도 힐러리가 이길 확률이 90%라 주장했다. 선거 전날 CNN 역시 힐러리의 승리 가능성을 91%로 점쳤고, 2016년 대선 분석을 위해 특별히 조직된 프린스턴 출신 학자들의 모임은 심지어 힐러리가 다음 대통령이 될 확률이 99% 이상이라고 주장했다.

모두 다 틀렸다. 나 역시 힐러리의 승리를 예측하고 이미 기고문 하나를 작성해둔 터였다. 집단적 예측 실패의 원인이 무엇이었을까? 통계 기법이나 조사 시 활용된 공식에 문제가 있었던 것은 아니다. 불확실한 설문조사에 너무 큰 기대를 걸었기 때문도 아니다. 어떤 일에도 100%는 존재하지 않기 때문에 99%면 사실상 최대의 확률이라 할 수 있다. 그런데 이 경우에는 소위 전문가들, 기자, 정계 관계자 대부분이 힐러리의 승리를 예상하며 실제 결과와 전혀 다른 결론을 냈다. 트럼프의 당선은 10년 이내에 일어난 다양한 정치 사건 중 가장 충격적이고 큰 논란을 일으킨 대사건이었다. 정치 관련 연구소에서 활용하는 각종 측정 기법, 시뮬레이션 도구들, 설문조사 기법, 관계자들의 해석과 같이 그 이전까지는 비교적 신뢰할 만하다고 믿었던 각종 도구가 별안간 무용지물이 되고 말았다. 그 기법들은 모두 과거를 향해 눈금자를 들이대고 있었다. 이때 새로운 현상이 마치 폭탄처럼 우리 눈앞에서 터져버렸다.

트럼프의 당선과 그 여파는 심각한 양상으로 치닫고 있는 '우경화'라는 리얼리티 쇼크의 상징이자 결과물이다. 최근 전 세계

가 우경화로 몸살을 앓고 있다. 어쩌면 몸살보다 더 심한 고통일
수도 있다. 20세기 사회와 경제를 성공적으로 이끌었던 자유민
주주의라는 가치는 많은 이들이 생각했던 것보다 훨씬 더 취약
했다. '우경화' 쇼크는 대중 사이에서 중요한 주제로 부상하다가
이내 각종 선거에서 우파와 극우파가 승리하는 결과로 이어졌다.
우파 성향의 정치인들이 대거 정계로 뛰어들었고, 의회로 진출했
고, 각종 요직을 점령했다. 이후 여론이 장악되고, 민주주의와 법
치국가를 지탱하는 여러 근간이 무너졌다. 사회 곳곳에 권위주의
와 가부장주의, 인종차별주의라는 이념들이 투하됐다. 민주주의
를 비판하는 극우파들의 기세는 진보 진영 엘리트들의 예측이나
바람보다 훨씬 더 강력했다. 중도 보수를 지향하는 정당들조차도
현재 돌아가는 상황에 어리둥절해 하고 있다. 권위주의에 사로잡
힌 정부를 비판한답시고 자기야말로 진정한 보수라 주장하고, 그
것을 행동으로 보여주던 수법이 더 이상 통하지 않아서 당황한
것이다. 그런 가운데 전 세계 많은 국가의 정부가 극우파의 손에
넘어갔다. EU 회원국 의회에도 대부분 극우파들이 진출했다.

　미국 대선에서 트럼프를 찍은 이들, 독일 극우 정당 '독일을
위한 대안'이나 오스트리아의 극우 정당 자유당FPÖ, 이탈리아의
동맹당 레가Lega, 마린 르 펜Marine Le Pen이 이끄는 프랑스의 국민
전선FN, 브라질의 파시스트 보우소나루Bolsonaro를 지지하는 이들
사이에 공통점은 생각보다 많지 않다. 개중에는 빈곤층도 있고
부유층도 있다. 학벌이 높은 사람도 있고 낮은 사람도 있다. 그

모두를 한데 묶는 가장 중대한 요인은 인종차별주의다.

인종차별주의는 이미 일상 속 깊이 침투했다. 이는 둘 중 하나만 고를 수 있는 이분법적 이념이 아니기 때문에 더 쉽게 일상에 스며들었을 것이다. 자신이 인종차별주의자라고 대놓고 말하는 사람은 많지 않으나 인종차별적 편견이나 100% 평등이 없다고 보는 사람은 많다. 네덜란드의 인류학자 필로미나 에세드Philomena Essed도 1991년 〈일상적 인종주의의 이해〉라는 논문에서 식민지 배문화의 뿌리를 제거하려는 노력을 아예 하지 않거나 청산 작업이 부족했던 서구 국가에서 인종차별 현상이 더 빈번하게 관찰된다고 말했다. 많은 사람이 인종차별주의를 납득할 수 있는 하나의 현상으로 이해하기 시작하면서 정치적, 사회적 영향력이 발휘된다. 인종차별주의를 사회악으로 본다고 하더라도 결과는 마찬가지다.

2016년 오스트리아 대선에서도 미국과 유사한 현상이 나타났다. 결국 무소속 후보가 당선되기는 했지만, 유권자의 절반 가까이가 인종차별주의 극우 정당인 자유당 소속 후보를 지지했다. 자유당 소속의 노르베르트 호퍼Norbert Hofer에게 표를 던진 이들이 모두 극우주의자는 아니었을 것이다. 그럼에도 불구하고 자신의 소중한 한 표를 극우주의자에게 행사한 이유는 무엇일까? 아마도 인종차별주의가 이미 존재하는 현상 중 하나라는 사실을 인정했기 때문이었을 것이다. 프랑스 총선에서도 국민전선의 후신인 국민연합RN이 35%가 넘는 득표율을 기록했다. 인종주의와 관련된 구호와 연설은 좌파가 생각하는 것보다 훨씬 더 많은 이의 뇌리에 깊이 각인됐다. '내게도 그런 성향이 아예 없지는 않아'라고 생각하는 사람이 그만큼 늘어난 것이다.

에세드가 지적했던 것처럼 서구 선진국에서는 구조적 인종차별주의가 너무나 일상화되어서 피해당사자가 아닌 이상 그런 일이 일어나고 있다는 사실조차 인지하지 못하거나 저도 모르게 그러한 행위를 따라하는 경우가 적지 않다. 언론의 사각지대일수록 인종차별적 범죄는 더 많이 발생한다. 자유민주주의의 심장이라 할 수 있는 캐나다 대도시 토론토에서도 경찰이 쏜 총에 맞아 사망하는 흑인의 수가 백인 사망자의 20배에 달한다. EU 국가 어디를 가든 터키식 혹은 아랍식 이름을 가진 이들은 집이나 일자리를 구할 때 나머지 사람들에 비해 훨씬 더 큰 곤란을 겪는다. 난민 수가 급증하기 한참 전인 2008년 빌레펠트대학이 유럽인을 대상으로 조사한 바에 따르면 응답자의 50.4%가 '우리나라에 이주민이 너무 많다고 생각한다'라는 진술에 '전적으로 동의'하거나 '일부 동의'했다. 그 응답자들 모두가 인종차별주의자는 아니다. 우파의 주장에 어느 정도 공감하는 사람 수가 그 정도는 된다는 뜻이다. 2016년 난민이 대거 유입된 후에는 범유럽 차원의 통계가 아직 나오지 않았다. 하지만 이와 같이 응답한 이의 비율이 낮아졌을 거로 기대하기 어렵다.

이런 현상들은 우경화 잠재력이 얼마나 큰지를 보여주는 동시에 헝가리, 이탈리아, 폴란드 등에서 치러진 다양한 선거에서 극우파들이 압도적 지지율을 획득한 이유를 설명해준다. 나아가 독일, 브라질, 미국, 프랑스에서도 극우 정당이 집권한다고 해서 경제적으로나 사회복지 차원에서 득이 될 게 아무것도 없는 이들이 왜 그토록 극우 정당을 지지했는지를 알 수 있게 한다. 우파 정당들이 제시하는 사회복지 관련 공약은 대부분 과대포장 상품에 지나지 않는다. 외국인을 쫓아내고자 하는 개개인의 욕망은 번지르르한 말만 늘어놓는 엘리트층에 대한 반감과 결합하며 기이한 힘을 발휘한다. 자신에게 지급될 각종 복지수당을 삭감하겠다고 소리치는 후보자에게 실업자들이 오히려 열광할 만큼 강력한 힘이다. 극우파 운동에서 얼핏 보기에 모순되는 현상들이 동시에 일어나는 것도 그 때문이다. 예컨대 동성애자들이 극우 정당 최고위층에 오르는 식이다. 그 와중에 인종차별주의자들은 극우 정당이 채우지 못하는 부분을 메우며 우경화를 가속화한다. 권위주의에 물든 집단은 자신의 투쟁을 더욱 시대에 적합해 보이도록 연출하고 더 많은 지지자를 확보한다.

우경화라는 리얼리티 쇼크가 주는 가장 큰 교훈은 인종차별주의가 생각보다 훨씬 더 유용한 정치 수단이 될 수 있다는 것이다. 적어도 '피해를 당하지 않은 이들이 짐작했던 것보다' 더 유용한 수단임은 틀림없다. 독일의 칼럼니스트 멜리 키야크Mely Kiyak는 2016년 어느 시상식에서 명연설을 남겼다. 그는 어느 날 갑자기 극우주의자들로부터 '가짜 뉴스 신문'이라는 비방을 듣게 된 동료 기자들이 보였던 반응에 관해 이야기했다.

"그 동료들이 그러한 혐오주의에 대한 문제의식을 느끼고 입에 담기까지 10년이 걸렸다. 나는 그 동료들이 대체 왜 '예전엔 그래도 이 정도는 아니었다. 요즘 와서 훨씬 더 저급해졌고, 훨씬 더 고삐가 풀린 것 같다'고 주장하는지 알 수 없었다. 그 말은 사실이 아니기 때문이다. 당시에도 지금과 똑같이 상황이 나빴고, 역겨웠고, 저질이었고, 원초적이었다. 그런데 그 문제가 당장 자신에게 닥치니까 더 심하게 느껴지는 것일 뿐이다. (…) 내가 말하는 '자신'은 이름이 다르다는 이유로, 혹은 용모가 다르다는 이유로 타인을 소외시켜온 이들이다."

혐오주의는 인종차별주의 형태로 늘 존재해왔다. 직접 피해를 입지 않은 사람, 위축되지 않은 이들이 관련 범죄의 강도와 발생 횟수를 과소평가했을 뿐이다. 우경화 현상은 예전부터 늘 존재했으나 눈에 잘 띄지 않던 가치관을 수면 위로 끌어올렸다. 이전에는 최대한 조심스럽게 내뱉던 말들이 이제 거리낌 없이 드러내놓고 말해도 되는 주제가 됐다. 독일의 경우, 베를린 시 재정 담당 의원이었던 틸로 사라친Thilo Sarrazin이 인종차별적 주장으로 독일 대중을 격렬한 토론의 장에 끌어오면서 변화의 전후를 구분 짓는 전환점을 맞이했다. 무슬림들은 그의 첫 저서이자 밀리언셀러 《독일은 망한다Deutschland schafft sich ab》가 극우주의자들의 혐오를 한 차원 더 높이는 계기가 됐다고 말한다. 인종주의적 성향을 이미 존재하는 현상으로 받아들여야 하고, 특히 무슬림에 대한 인종차별주의를 진지하게 다시 생각해봐야 한다는 주장이 실제로 판을 치고 있다. 다양한 집단에 대한 혐오는 극우파들의 핵심 주장으로 수렴된다. 그들은 무슬림 외에도 반유대주의나 동성애 자와 같은 기타 소수자에 대한 혐오감도 거리낌 없이 표출하고 있다. 오스트리아 빈의 철학자 이졸데 카림Isolde Charim은 극우파 들이 "단일민족 사회homogeneous society 환상에 빠져 있다"고 지적 했다. 카림은 자유민주주의 사회에서 그러한 꿈이 왜 환상에 지 나지 않는지도 설명했다. 역사적으로 봐도 단일민족 사회는 거의 없었고, 간혹 있었다 하더라도 오직 폭력과 억압에 의해서만 유 지됐다는 것이다. 극우적 사고방식은 순혈주의에 대한 환상과도 밀접하게 연결되어 있다. 하지만 순혈주의는 존재하지 않는다. 그들이 생각하는 순혈주의는 결국 자기와 닮은꼴을 찾는 일이거 나 폭력을 동반한 가부장적 사회질서일 뿐이다.

독일의 사회학자 프란치스카 슈츠바흐Franziska Schutzsbach는 인 종차별주의와 인종차별주의에 대한 관용이 서로 연결된 고리라 면 "반페미니즘은 극우적 애국주의에 입문하는 마약"이라 주장 했다. 슈츠바흐는 여성 비하에 찌든 남성 우월주의자나 극우주 의자들 사이에서 그러한 현상을 관찰할 수 있다고 말했다. 나아 가 남성이 자신을 "도처에 만연한 페미니즘의 희생자"로 여기는 현상도 결국 극우주의자들이 불리할 때마다 취하는 전형적 태도 라 지적했다. 그의 지적은 또 다른 독일 사회학자 아르민 나세히 Armin Nassehi의 주장과도 일맥상통한다. 나세히는 "극우주의적 신 념은 개개인이 특정 그룹에 고정된 한 부분이라는 생각에서 출발한다. 각자의 위치가 정해져 있는 사회, 각 인종이 모여 살아야 할 곳이 지정된 사회, 남성과 여성이 각자의 성역할에 충실해야 하는 사회가 그렇게 만들어진다"라고 말한 것이다. 나세히는 또 "(우파들은) '잘 정비된' 사회를 원한다. (…) 그런데 그 질서는 구성원들이 스스로 만들어낸 질서가 아니다. 자연발생했든 신의 입김이 작용했든 늘 거기에 있던 질서"라며 정체성이라는 모호한 개념을 그토록 내세우는 현상에 관해서도 설명했다.

우파가 말하는 정체성은 고정된 역할, 절대 바꿀 수 없는 역할을 의미한다. 백인 우파들은 여성에게 더 많은 아이를 낳아 기를 것을 종용한다. 백인 아이의 수가 늘어나야 한다고 믿기 때문이다. 이는 인종차별적 가부장제로 돌아가겠다는 의지로밖에 보이지 않는다. 이러한 주장이나 신념은 진보 사회나 자유민주주의, 자유민주주의적 기본질서의 정반대 편에 서 있다. 이대로라면 극우주의가 개인의 삶까지 위협하게 될 것이다. 실제로 우경화는 범죄율 상승으로 이어졌다. 게다가 전통적 매스미디어들은 폭발을 앞둔 테러 행위의 잠재력을 오히려 더 부추겼고, 소셜미디어는 거기에서 한 걸음 더 나아가 테러 행위라는 폭탄에 불을 붙이는 역할을 했다. 2011년 7월 노르웨이 우토야Utøya에서 인종차별주의자가 총기를 난사한 사건과 2019년 3월 뉴질랜드 크라이스트처치에서 무슬림을 상대로 벌어진 총기 테러 사건이 대표적인 사례다.

극우 과격파의 테러는 예전에도 자주 있었다. 독일이 재통일

된 이후부터 약 200명이 그들에게 살해당했다. 희생자 대부분이 유색인종이거나 사회적 약자였다. 신나치의 지하조직인 '국가사회주의지하당National Socialist Undeground, NSU'은 1999년부터 2007년까지 최소 10명을 살해했고, 43건의 살인미수를 기록했으며, 3건의 폭탄 테러와 15건의 강도 습격 사건을 저질렀다. 2019년 6월에는 국가사회주의지하당 주변을 맴돌던 신나치 청년이 카셀 시의 행정국장 발터 뤼브케Walter Lübcke를 암살했다. 심문 과정에서 암살 용의자는 난민을 옹호하는 듯한 뤼브케의 발언이 범행 동기였다고 진술했다. 우경화, 특히 극우화는 매우 위험하고도 그간 쌓아 올린 모든 것을 무너뜨릴 만큼 치명적인 불장난이다.

극우주의자 입장에서는 많은 이들이 지금 겪고 있는 리얼리티 쇼크가 새로운 것도 아니고 큰 충격도 아닐 것이다. 그들 입장에서 극우화는 마음속 깊이 쌓여 있던 감정이 드디어 표출되며 겉으로 드러난 것일 뿐이다. 사회가 발전할수록 깊어지는 분노를 떨치고 권위주의 체제가 가져다줄 산뜻한 공기를 갈망하는 마음을 표출하는 도구다. 자유민주주의 옹호자들에게 극우주의자들이 말하는 산뜻한 공기란 더럽고 악취 나는 고약한 것일 테다. 우경화라는 리얼리티 쇼크 뒤에 어떤 배경이 숨어 있을까? 왜 세계 각지에서 이토록 강하게 우경화가 일어나고 있을까? 그 시작은 인종차별주의와 그에 대한 습관적 태도에 있지만 단 한 가지 원인으로 그 현상들을 설명할 수는 없다. 브라질, 이탈리아, 미국, 필리핀, 헝가리 등 서로 성격이 다른 나라에서 동시다발적으로 일어나는 현상에 단 한 가지 이유만 존재하기 어렵다. 그 원인들은 아마 서로 얽히고설켜 있고, 상호 의존적일 것이다. 지금부터 그 뒤에 숨은 원인과 패턴을 분석해보고자 한다. 이는 극우주의를 이해하고자 함이 아니라 원인을 파헤치고, 효과적인 대처 방안을 모색하려는 시도다.

일곱 가지
숨은 원인

미국과 유럽의 전문가들은 우경화가 이른바 '루저들'의 반발로 인해 나타난 정치적 현상이라 평했다. 힐러리 클린턴은 트럼프 지지자들을 '개탄스러운 집단basket of deplorables'이라 불렀다. 독일 사민당 출신의 정치가 지그마어 가브리엘Sigmar Gabriel은 극우주의자들을 '뭉치들pack'이라고 말했다. 프랑스 작가 디디에 에리봉Didier Eribon은《렝스로의 귀환Retour à Reims》이라는 책에서 엘리트층의 무관심과 홀대 때문에 공산주의나 사회주의를 추종하던 노동자 계급이 현재 극우 정당을 지지하게 됐다고 지적했다. 그러나 미국, 독일, 이탈리아, 헝가리, 폴란드, 프랑스와 같은 나라에서 고개를 든 우경화의 원인을 단순히 루저들의 반란이라고만 볼 수는 없다. 루저의 의미를 경제적 의미로만 국한할 경우, 그 어떤 나라에서도 그 집단이 유권자의 대다수를 차지하지는 않는다. 트럼프 지지자 역시 부유층은 아니다. 그렇다고 최빈곤층에 속하지

도 않는다. 민주당을 지지하는 빈곤층과 중산층 사이에 끼인 집단일 것으로 추정된다.

다시 말하지만 경제적 궁핍은 우경화의 본질적 원인이 될 수 없다. 극빈층은 우파의 아스팔트 지지층이 아니다. 그럼에도 불구하고 빈곤층이 우파를 지지할 때는 사회적 신분 하락이 두려워서일 수 있다. 우파 지지자 대부분 빈곤층에 속하지 않지만 개인적, 사회적 입지가 하락할 위기에 처한 이들이 많을 것이다. 이주민들 때문에 자신의 상황이 더 나빠질 것을 두려워하다가 극우주의에 빠지고 마는 것이다.

첫 번째 자양분 단계, 현상 유지를 위한 사투

우파는 난민 때문에 사회가 퇴보한다고 말한다. 하지만 사회는 이주민 유입이나 인종주의와 무관하게 퇴보하기도 한다. 여기에서 말하는 '사회 퇴보'란 사회 구성원으로 하여금 사회나 정치로부터 소외당하고 있다는 느낌이 들게 만드는 현상을 가리킨다. 그 두려움을 떨치기 위한 싸움을 '현상 유지를 위한 사투'라 부르고자 한다. 우파 지지자들만 발버둥 치고 있는 게 아니라 많은 국민이 그러한 사투를 벌이고 있다. 21세기 초반 들어 정치적 성향을 불문하고 수많은 이들이 현상 유지를 위해 안간힘을 쓰고 있다. 이 책도 세계 곳곳에서 일어나는 각종 리얼리티 쇼크에 맞서기 위한 사투의 일환이라 할 수 있다.

모두 매우 다양한 이유로 사투를 벌인다. 이유는 각기 달라도 전 세계를 근본적으로 뒤바꿔놓은 디지털화와 세계화가 그 선봉에 있다는 사실만큼은 틀림없다. 그로 인한 각종 변화의 결과는 부정적일 때보다 긍정적일 때가 더 많다. 하지만 일부 사회 구성원들은 이로 인해 나 또한 변화해야 한다는 압박감에 시달린다. 사실 개인에게 대변혁은 피부로 와닿지 않는다. 삶이나 업무 방식을 조금만 바꾸면 적응할 수 있는 정도로 느껴지기 마련이다. 하지만 디지털화와 세계화는 인류의 삶을 끈질기게 강타했고, 삶의 방식을 완전히 뒤바꾸라고 호령하고 있다. 노동시장이 변화하면서 모든 직장인은 자기계발을 위해 노력해야 하고, 하청업체 직원이 되어야 하고, 계약직으로 일해야 하고, 무인화 기기들 때문에 해고당하게 됐다. 탄탄하던 대기업도 도산 위기에 내몰린다. 모두가 '과연 내가 10년 뒤에도 이 일을 하고 있을까?'라는 불안감에 시달리고 있다.

실제로 많은 이들이 불확실한 미래에 대한 불안감과 공포심을 느끼고 있다. 나에게 무슨 문제가 생기겠느냐며 자신하던 이들도 이 물살에 합류했다. 자신이 원하는 삶을 살 수 없을 것 같다는 불안감은 감정의 과부하와도 긴밀히 연계된다. 디지털화는 기회를 확대함과 동시에 일상의 속도에 불을 붙였다. 디지털 세상으로 바뀌면서 모든 것이 예전보다 더 빨라졌다. 하지만 인터넷이 없던 시절에 성장한 이들은 디지털화로 인해 속도가 빨라지고 밀도가 높아진 생활 방식을 따라잡기 힘들다. 일상적으로 처리하던 모든 일들 앞에서 갑자기 무기력해지고 마는 것이다. 보통 이와 같은 공포감과 방어기제가 발동될 때 누군가가 그 복잡다단한 문제를 간단하고도 명쾌하게 설명해주기를 바란다. 그럴 때 우파는 주적이 누구인지를 지목해준다. 우파 지지자들에게 그런 식의 교통정리가 효과를 거두는 것은 사실이다. 이 모든 게 난민 때문이라고 말하면 해법이 간단해지기 때문이다. 난민들을 다시 자국으로 돌려보내거나 어디로든 추방하면 된다. 기사당 소속의 독일 내무장관 호르스트 제호퍼Horst Seehofer는 2018년 "이민은 모든 문제의 모태"라 말했다. 독일을 위한 대안의 대표나 이탈리아 동맹당 레가의 대표, 혹은 헝가리 총리나 미국 대통령의 입에서 나온 말이라고 해도 전혀 이상할 게 없는 구절이다. 이 말에는 원인만 제거하면 모든 것이 좋았던 과거로 되돌아갈 수 있다는 의미가 내포되어 있다. 미국의 정치철학자 마크 릴라Mark Lilla는 이 둘의 연관성을 다음과 같이 설명했다. "이 시대의 수구주의자들은 과거 좋았던 시절에 대한 향수를 자극하는 것이 어쩌면 희망을 제시하는 것보다 더 강력한 정치적 동기가 될 수 있다는 사실을 발견했다. 희망은 사람들에게 실망을 안겨줄 수도 있지만 향수는 반발의 여지를 남기지 않는다." 향수는 현실에 뿌리를 둔 감정이 아니라 과거를 향한 그리움이다. 따라서 누구에게나 깊은 울림을 줄 수 있고, 극우주의적 선동과도 무관하다.

현재 현상 유지를 위해 사투를 벌이는 많은 이들이 주목하는 현상은 사회기반시설이 부실해지고 있다는 것이다. 2019년 5월,

독일 뮌헨글라트바흐의 어느 초등학교 교실 천장이 붕괴됐다. 바로 몇 분 전까지도 아이들이 수업을 받던 곳이었다. 독일교육학술노조GEW는 낡은 초중등학교를 정비하는 데 총 500억 유로가량이 필요하다는 감정 결과를 내놓았다. 전철이나 버스 노선이 촘촘히 구축되어 있지 않은 프랑스 시골 지역에서는 자동차 없이는 생활이 어렵다. 그런데 2018년 말 정부가 유류세 인상을 발표해 이른바 '노란 조끼'라 불리는 집단이 대규모 시위를 벌였다. 이탈리아에서는 내부 결탁자들에 의한 민영화 추진, 각종 부패와 비리, 마피아 등의 문제가 누적되다가 결국 대재난이 발생하기도 했다. 2018년 제노바에서 고속도로 일부가 무너지면서 43명이 사망한 것이다. 미국의 사회기반시설도 참담하다. 의료서비스는 서민들이 감당하기에 너무 비싸고, 대중교통은 그저 흉내만 내는 정도로 존재한다.

현재 유럽 전역에서 이농현상이 일어나고 있다. 도시가 농촌인구들을 빨아들이고 있다는 표현이 더 정확할 것이다. 오스트리아, 영국, 프랑스, 이탈리아와 같은 나라에서는 고용 창출이 곧 정부의 경제정책 성공이라는 등식이 자동으로 성립되는 분위기다. 일자리들이 생겨나는 지역은 물론 농촌이 아니라 도시다. 농촌지역에서 수준 높은 교육을 받은 이들은 자연히 모두 도시로 향한다. 특히 여성들의 도시행이 두드러진다. 농촌 경제나 인프라가 지독하게 열악해서 떠나는 게 아니다. 그보다는 지식사회, 글로벌화된 사회에서 도시가 지니는 매력 때문이다.

인프라가 빈약한 농촌지역에는 배우자도, 일자리도 찾지 못해 낙담한 남성이 주로 남아 있다. 그들도 현상 유지를 위한 사투를 벌인다. 우파나 극우 정당들에게는 그만큼 손쉬운 먹잇감이 없다. 오스트리아 몇몇 시골 지역에 사는 20~29세 청년들의 성비율을 살펴보면 남자가 40% 이상이나 더 많다. 동갑인 경우, 여성 대 남성 비율이 7 대 10인 경우도 있었다. 2016년 오스트리아 대선에서 극우 성향의 노르베르트 호퍼 후보가 대승을 거둔 지역도 남성의 성비가 더 높은 곳이었다. 녹색당 소속이었다가 무소속으로 출마한 알렉산더 판데어벨렌Alexander van der Bellen은 여성 비율이 높은 지역에서 우세를 보였다. 작센의 크레바노이도르프Kreba-Neudorf 마을은 18~30세 기준 100 대 60으로 남성이 훨씬 더 많았다. 독일을 위한 대안은 2019년 유럽의회 선거에서도 34.5% 지지율을 기록했다. 압도적으로 높은 수치였다. 크레바노이도르프 인근 마을 바이스카이셀Weißkeißel은 남성과 여성의 성비가 100 대 56이었고, 독일을 위한 대안은 35.5%의 지지율을 달성했다. 거의 모든 유럽 국가에서 이런 현상이 관찰되고 있다. 이농의 주역은 여성이며, 우파나 극우 정당의 표밭은 대체로 농촌지역 주민이라는 뜻이다.

두 번째 배경 단계, 기득권에 대한 혐오

상황이 이렇게까지 치달았을 때는 분명 책임져야 할 사람이 있을 것이다. 그 장본인으로 지목되는 것은 대개 지도층이다. 이에 따라 기득권, 정치, 경제, 언론에 대한 혐오가 재등장했다. 그중에서도 특히 언론은 불신 대상 1호다. 기존 대중매체에 대한 불신 때문에 많은 이들이 이슬람 과격주의나 극우 과격주의로 흐르고 있다고 분석했다. 담당 팀은 구글은 과격주의를 조장하는 유튜브 동영상들에 대처하기 위해 보안을 강화하고 악성 트래픽을 차단하는 직소Jigsaw 프로젝트에 착수했다. 정계의 극우파들은 '가짜 뉴스'나 '거짓을 보도하는 언론' 같은 키워드를 남발하며 불신을 더 부추긴다. 그러면 극우파 지지자들은 팩트에 기반한 비판적 보도도 믿지 않으려 하고, 자유민주주의가 허용하는 한도 안에서 언론을 통제하기란 더더욱 힘들어진다. 다양한 미디어가 등장하면서 함께 나타난 부작용이다. 지금은 그야말로 미디어 홍수의 시대다. 각종 미디어가 끊임없이 다양한 소식들을 퍼뜨리고 있다. 어떤 뉴스건 미디어에 올리기만 하면 전 세계로 퍼져나간다. 그러나 대다수가 의심부터 하고 본다. 의심의 대상은 주로 메시지 자체가 아니라 그 소식을 전하는 메신저다. 인류는 예부터 메시지보다는 메신저에 책임을 돌려왔다.

그런데 신기하게도 극우주의와 음모론은 퍼뜨리는 미디어 채널을 따지지 않고 믿어버리는 이들이 많다. 주류 언론에 대한 불신에서 비롯된 태도다. 인터넷을 통해 다양한 미디어 채널이 개발됐지만 기존 언론사들은 달라진 상황에 제대로 적응하지 못했다. 투명성을 높이지도, 납득할 수 있는 보도에 집중하지도, 권력자 미화나 찬양을 중단하지도, 시청자의 참여 기회를 확대하지도, 정계와의 끈끈한 유착을 끊지도, 콘텐츠와 광고를 선명하게 분리하지도, 자사의 소명이 무엇이고 그 소명을 어떻게 충실하게 실행에 옮기고 있는지 밝히지도 않았다. 진정성과 성실성 의무를 위반하는 동시에 접근성을 높이지 않았던 것이다. 다시 말해 달라진 미디어 환경에 발맞추지 못한 것이 불신의 씨앗이었다. 불신의 강도가 얼마나 높은지는 사람들의 반응만 봐도 알 수 있다 요즘은 너나 할 것 없이 미디어를 욕한다. 심지어 미디어가 미디어를 비판할 때도 많다.

자유민주주의 국가의 국민 대부분은 현재 자신이 속한 사회나 체제에 어느 정도 회의감을 느낀다. 정치풍자를 비롯한 각종 풍자가 다시금 인기를 끌고 있는 것도 그 때문이다. 물론 정치 자체에 염증을 느끼는 사람도 많다. 모두 배신자라고 생각하다 보니 믿을 만한 정치가와 그렇지 않은 정치가를 구분하려는 시도조차 하지 않는다. 이 상황에서 우파들은 아웃사이더 역할을 하지도, 현재 체제에 적대감을 드러내지도 않는다. 정치에 대한 총체적 무관심과 염증은 한편으로는 기대를 충족시켜주지 못한 것에 대한 실망감에서 비롯되고, 다른 한편으로는 정치에 관해 지나치거나 불확실한 기대에서 비롯된다.

투명하지 않은 것은 불신을 낳는다. 인터넷의 발달로 투명성에 대한 기대는 더욱 높아졌다. 분명 파헤쳐야 할 사안인데 파헤치지 않을 경우, 많은 사람이 숨은 원인을 궁금해한다. 그러나 정계는 높아진 기대 수준을 간과했다. 2014년 중반부터 유럽 시민단체들은 범대서양무역투자동반자협정TTIP에 대해 협상 과정이 투명하지 않고, 모든 것이 수면 아래에서 진행된다는 점을 근거로 비판하기 시작했고, 2015년에는 소셜미디어의 물결을 타고 비판 강도가 더더욱 거세졌다. 결국 해당 협정 체결과 관련한 협상은 2016년에 중단됐다. 사실 어떤 협정이든 초반부터 관련 내용이 낱낱이 공개되지는 않는다. 그러나 요즘 대중은 모든 것이 투명하게 공개되기를 바란다. 정치의 문제는 그에 재빠르게 대응하지 않는다는 것이다. 이는 정치 불신을 키우는 지름길이다. 정경유착도 정치 염증을 유발한 원인 중 하나다. 대중은 몇몇 부패 사례를 목격하며 정치에 대한 신뢰가 무너졌다. 이제 모두가 현상 유지를 위한 사투를 벌이고 있다. 부패한 관료들을 보며 개개인의 무기력감은 커졌고, 그 때문에 기득권에 대한 혐오도 더 커졌다. 엘리트층에 대한 극도의 경멸은 극우 정당들의 지지도 상승으로 이어졌다.

세 번째 동력 단계, 다원화에 대한 거부감

우경화 현상은 2015년 난민이 급증한 것과 시간적으로 관련이 있다. 난민 사태는 겉으로 불거진 한 가지 현상에 불과하다. 문화, 정체성, 미래 설계 가능성 등이 다양해지면서 사회도 크게 변화했다. 커밍아웃하는 동성애자도 늘었고, 친구나 지인 중에 동성애자가 있다는 사람도 늘었다. 유명 인사들의 커밍아웃과 더불어 동성애는 우리 사회를 구성하는 당연한 일부가 됐다. 1962년 즈음 유럽 도시의 길거리 풍경이 다양해졌다. 이주민 수가 늘어났고, 여러 부류의 사람들이 섞여 있는 모습을 목격할 기회도 늘었다. 폴란드에서 온 간병인부터 교환학생 프로그램으로 스페인에서 온 대학생, 온몸에 문신을 한 아이스크림집 주인까지 그야말로 다양한 이들이 함께 모여 살게 됐다.

《나와 타자들Ich und die anderen》을 쓴 오스트리아 철학자 이졸데 카림은 어느 인터뷰에서 "다원화, 다시 말해 여러 국가의 국민이 함께 모여 살고 이를 통해 세계의 풍경도 다양해진 현상은 모두에게 변화를 일으키며 영향을 미치고 있다"고 변화에 대한 자신의 의견을 피력했다. 나아가 "우리를 둘러싼 세상은 달라지고 있고, 더 이상 어떤 답도 주지 않는다. 예전에 우리의 정체성과 삶의 방식이 분명했다면, 이제 더 이상 표준화된 정체성 같은 것은 존재하지 않는다"라고도 말했다.

백인에 기독교도이면서 이성애자인 유럽인이나 미국인은 시대가 변하면서 자신들의 정체성에 대해 고민할 수밖에 없었을 것이다. 이전에는 늘 자기야말로 '정상인'이었기 때문에 고민할 것도 없었다. 하지만 다원화로 정체성 개념이 달라지면서 그 '정상인'들이 갑자기 자신이 누구인지, 저들은 누구인지, 나와 저 사람들의 차이는 무엇인지에 대해 고민하기 시작했다. 누구나 한 번쯤은 하게 되는 고민 같지만, 자신의 정체성에 대해 단 한 번도 고민해본 적 없는 사람이 어느 날 갑자기 그와 같은 상황에 처하게 되면 으레 가장 쉬운 길을 택한다. 그것은 선을 긋는 행위다.

물론 달라진 삶의 환경에 대한 반응에는 개인차가 크다. 잘사는 동네 사람들은 어쩌면 사회가 다변화돼서 더 좋다고 말할지도 모른다. 반면 가난한 동네 주민들은 학교 문 앞에도 가본 적이 없는 이웃집 사람들의 가치관이나 삶의 방식이 마음에 안 들어서 속이 터질 수도 있다. 그 가운데 소셜미디어에는 다원화의 장점을 강조하는 글이 올라오고 우리 사회가 겪고 있는 가장 심각한 문제는 난민이라는 글도 올라온다. 모두 우리가 겪고 있는 현실이다.

독일에서 다원화에 가장 반대하는 극우 단체는 '정체성 운동Identitäre Bewegung, IB'이다. 규모는 크지 않지만 정체성 운동 측에서 전달하고자 하는 메시지의 확산력은 매우 크다. 기존 언론들이 뉴스 가치나 중요도를 크게 따지지 않고, 그 뉴스가 미칠 여파도 간과한 채 '클릭 장사'를 하고 있기 때문이다. 자극적 뉴스는 실제로 잘 팔린다. 정체성 운동은 이를 최대한 활용해 현재 백인들이 억압받고 있고 멸종 위기에 놓여 있다고 선전한다.

정체성 운동이 제기한 음모론 중 가장 많은 사람이 신봉하는 이론은 '대교체great replacement' 이론이다. 진보 세력이 보다 손쉬운 통제를 위해 유럽 내 백인 원주민들을 몰아내고 그 자리를 무슬림과 아프리카인들로 채우려는 음모를 꾸미고 있다는 것이다. 2019년 뉴질랜드에서 51명의 사망자를 낸 극우 테러리스트도 대교체에 반대한다고 외쳤다. 해당 테러리스트는 그 이전 해에 오스트리아의 정체성 운동 대표와 이메일을 주고받았고, 거액의 기부금을 송금했다. 극우파들이 주장하는 다양한 음모론과 마찬가지로 대교체 이론도 프랑스 신극우파에 속하는 어느 작가에 의해 처음 제기됐다. 프랑스 극우 지성인들은 1960년대부터 주기적으로 만나며 자신들의 이데올로기를 발전시켰다. 자신들의 이론을 공론화의 장으로 끌어낼 전략을 모색한 것이었다. 그중 일부는 인터넷 극우 웹사이트 등에 지금도 등장하고 있다. '종족 다원주의ethno-pluralism'라는 개념도 프랑스 신우파들의 작품 중 하나다. 해당 주장의 요지는 다른 인종을 싫어하는 것은 아니지만 문화 보존을 위해서라도 여러 인종이 섞여서는 안 된다는 것이다. 아프리카인은 아프리카에 살고 유럽인은 유럽에 살라는 말이다. 하지만 종족 다원주의나 민족 다원주의는 인종차별주의자들이 그럴싸하게 포장한 말장난에 지나지 않는다. 프랑스 신우파들은 극우적 태도가 보수 성향 시민의 정상 반응처럼 보이도록 하려고 치밀한 계산을 거듭하고 있다. 우경화라는 리얼리티 쇼크가 등장하고 유럽 전반에 걸쳐 우파 관련 토론이 활발히 이뤄지는 것을 보면 프랑스 신우파의 전략이 잘 들어맞은 듯하다.

네 번째 전환 단계, 수구주의자의 반란

극우파들은 정계와 언론이 그간 지나치게 좌경화됐고, 지금의 우경화는 균형을 회복하기 위한 자연스러운 현상이라는 말들을 늘어놓곤 한다. 좌파들은 터무니없는 소리라며 상대도 하지 않는다. 하지만 좌파나 진보 진영의 이러한 방어기제가 지나치게 성급하게 발동된 것이 아닌가 하는 의구심이 든다. 실제로 어느 정도 좌경화가 진행됐기 때문이다. 좀 더 구체적으로 말해 세계적으로 많은 사람이 좀 더 열린 사회, 진보적이고 자유로운 사회를 만들기 위해 온갖 노력을 기울여왔다. 그리고 어느 정도의 성공을 거뒀다. 이제 가톨릭 국가인 아일랜드처럼 많은 국가가 다양한 종류의 혼인을 인정하고 있다. 성소수자의 법적 권리가 1980년대에 비해 크게 개선된 것도 사실이다. 각종 차별과 인종주의, 혐오에 맞서기 위한 정부 차원의 대책도 꽤 많이 마련했다. 사회 분위기도 예전보다 진보적으로 변했다. 1990년대에는 '정통 보수'라 불리던 이들이 지금은 '수구 꼴통'으로 비난받고 있다.

사회가 진일보하는 것은 일종의 집단적 학습효과라 할 수 있다. 물론 동시대를 살아가는 이들 모두가 동일한 시점에 어떤 사실을 깨닫는 것은 아니다. 독일 철학자 에른스트 블로흐Ernst Bloch는 이와 관련해 '비동시성의 동시성'이라는 명제를 제시했다. 비동시성의 동시성은 갈등을 유발한다. 21세기 사회에 빗대서 말하자면, 소셜미디어 같은 기술적 변화도 서로 다른 마음 자세를 지닌 사회 구성원들에게 각기 다른 영향을 미친다고 할 수 있다. 이에 따라 비대칭 현상이 일어난다. 20세기 이후 사회에 적응한 이들이 있는가 하면 과거로 돌아가는 것만이 현재의 문제를 극복하는 길이라 말하는 이들도 있다. 그런데 아방가르드를 꿈꾸는 진보 세력과 과거로의 회귀를 원하는 극우 세력이 정면으로

부딪치는 무대는 그다지 많지 않다. 양 진영 사이의 전선은 주로 소셜미디어에서 구축된다. 예컨대 누군가가 자신의 페이스북에 "'깜둥이'라는 말은 쓰면 안 된다. 인종차별적 단어기 때문이다" 라는 말만 남겨도 우파들은 21세기 진보 사회가 일상을 위협하고 있다고 생각한다.

'정치적 올바름'이라는 표현이 있다. 어떤 말을 할 때 자신의 말이 초래할 결과나 그 말 뒤에 숨은 역사를 잘 생각해볼 것을 촉구하는 개념이다. 어떤 표현은 써도 되고, 어떤 표현은 절대로 쓰지 말라는 뜻이라기보다 달라진 사회에 어울리는 책임 의식을 지니라는 의미로 보는 것이 옳다. 수십 년째 아무 생각 없이 자주 쓰던 깜둥이라는 말을 왜 갑자기 쓰면 안 되느냐고 묻는 사람이 있을지도 모른다. 그 단어를 쓰면 안 되는 이유는 자명하다. 수십 년 동안 흑인을 비하하는 인종차별 도구로 쓰인 말이기 때문이다. 과격 극우파들은 이 개념을 애초부터 투쟁을 위한 구호로 활용했다. 모두가 어울려 함께 사는 사회를 비웃기 위한 도구였던 것이다. 그들이 정치적 올바름이라는 말에 민감하게 반응하는 것은 자기가 사용한 어휘에 대한 비판을 곧 자기 삶에 대한 비판으로 받아들이기 때문이다. 여기에서 누구의 말이 옳은지를 둘러싼 싸움이 시작된다. 사실 차별적 요소가 전혀 없는 일상용어를 사용하자는 외침도 정의구현을 위한 노력의 일환이라 할 수 있다. 20세기에 당연히 써왔던 용어 중에는 차별적 표현이 많다. 이제 그런 단어들을 걸러내는 집단적, 사회적 운동이 시작됐다. 비판의 목소리가 지나치게 날카로울 때도 있고 조심스러울 때도 있다. 과장이 섞이는 경우도 있다. 그 와중에 소셜미디어는 자국을 남기고 경우에 따라 캡처라는 이름으로 영구히 보존된다. 별생각 없이 쏟아낸 말은 금세 휘발되지만 페이스북에 남긴 댓글들은 사라지지 않는다. 의심 없이 사용하던 표현들이 어느 날 갑자기 공격의 대상이 되기도 한다. 그 싸움터에는 구경꾼도 득실댄다. 예를 들어 누군가 여성 비하적인 음담패설이나 집시를 비하하는 댓글, 혹은 인종차별적 욕설을 지적하면 일대 공방이 벌어진다. 원글 게시자는 이내 표현의 자유가 침해당했다는 느낌에 빠진다. 사실 그게 더욱더 정의로운 사회로 나아가려는 노력이기는 하지만, 많은 극우주의자는 그 현상을 두고 사회가 좌경화되고 있다며 개탄을 금치 못한다.

사회가 서서히, 비동시적으로 진보하고 있고, 조금씩 차별 철폐로 나아가는 것은 사실이다. 그 과정에서 극우에 대한 혐오감이나 적대감이 더 두드러질 수도 있다. 비방의 대상이 된 이들은 아마 각종 인터넷 채널을 통해 자신의 목소리를 더 높이고 조직적으로 투쟁할 것이다. 시간이 지나면서 심해지는 압박에 결국 정치계도 문제의 심각성을 인식하고, 입장을 표명하고, 어쩌면 적절한 대응책을 마련할 수도 있다. 그러나 반응 속도는 느릴 것이고, 모든 사안에 관해 대처 방안이 제시되는 것도 아니며, 대응책이 나왔다 하더라도 일시적 후퇴나 중단 정도의 효과밖에 내지 못할 것이다. 그런 의미에서 우경화는 수구주의자의 반란이라

할 수 있다. 극단적 수구주의자와 우경화를 꿈꾸는 이들은 더 이상 자기가 알던 그 시절이 아니라는 것을 깨달을수록 더 날카롭게 목소리를 높이고 공격적인 태도를 취할 것이다. 하지만 21세기가 가만히 극우주의자의 질주를 좌시하지는 않을 것이다.

다섯 번째 강화 단계, 정계와 언론의 그릇된 대응

정치와 언론은 본의 아니게 우경화를 강화했다. 우경화 가속 과정에서 두 가지 사회적 현상이 번갈아가며 나타났다. 첫째, 언론은 극우적 발언이나 정책을 주제로 한 자극적인 기사들을 마구잡이로 내보내며 가만 놔두면 별것 아닐 일들까지도 이슈의 쟁점으로 끌어올렸다. 둘째, 극우 집단의 입장이나 의견을 합법적 토론의 대상인 것처럼 중화하며 공론의 장으로 끌어들였다.

특히 두 번째는 사회 이슈의 중심을 한쪽으로 기울게 만들었고, 그로 인해 건전한 보수 범주에 속하는 사람들도 극우 의견에 어느 정도 동조하게 됐으며, 극우 정당에 표를 던지기도 했다. 몇몇 정치인은 현상 분석과 사회적 요구라는 미명 하에 예전에는 입에 담지도 못했던 내용들을 서슴없이 입에 올리기 시작했고, 언론은 그 말들을 받아쓰며 '이것이 바로 가감 없는 진실이다', '이것이야말로 선명한 메시지다'라고 떠들어댔다. 함부로 하지 못했던 그 말들을 이제는 자유롭게 해도 좋다는 일종의 허락이었다. 게다가 보수 민주주의 성향의 몇몇 정치인들은 자신이 속한 정당의 이익을 위해 극우주의자의 의견을 일부 수용해야 한다고 주장했다. 그러면서 보수 정당과 극우 정당이 서로 힘을 실어주는 메커니즘이 탄생했다. 언론의 기계적 중립도 극우 입장을 기이하게 중화시키는 데 한몫했다. 이와 관련해 미국 좌파가 자주 인용하는 유머가 있다.

나치 유대인을 모두 다 처형하라!
민주당원 그렇게는 안 되지!
기자 양쪽 극단의 의견을 들었으니 이제 내가 기계적 균형을 잡아줄 차례군.

기자들은 가급적 중립을 지키려는 성향이 있다. 우파들은 일부 집단에 대한 적대감을 드러낼 목적으로 이러한 성향을 교묘히 이용해왔다. 누군가를 극도로 혐오하는 것과 전혀 혐오하지 않는 것 사이에 적절한 중립이란 있을 수 없다. 정치나 언론이 자로 잰 듯한 중립을 추구하면 결국 극단주의를 중화시키는 효과로 이어진다. 수많은 신문사와 출판사, 통신사를 거느리며 언론 왕국을 건설했던 알프레트 후겐베르크Alfred Hugenberg가 히틀러 당선에 일등 공신 역할을 한 지 거의 100년이 지났다. 그런데 네트워크 시대인 지금도 우파 성향 대중매체의 영향력은 매우 강하다. 그 사례로 오스트레일리아 출신 미디어 재벌 루퍼트 머독 Rupert Murdoch이 소유한 폭스뉴스는 통신사로 시작했다가 선전용 채널로 변질되고 말았다. 폭스뉴스는 지난 미국 대선에서 지대한 공헌을 세웠다. 페이스북이 없었어도 트럼프가 당선될 확률은 높았겠지만 장담컨대 폭스뉴스가 없었다면 결코 당선되지 못했을 것이다. 마찬가지로 오스트리아의 유력 일간지 《크로넨차이퉁Kronenzeitung》도 2017년 극우 자유당이 연정 파트너가 되는 데 크게 일조했다. 영국의 브렉시트는 몇몇 권력자의 오판인 동시에 각종 황색 매체의 공격적 캠페인이 낳은 결과물이라 할 수 있다.

파급력 있는 매스미디어가 없다면 우파가 민주주의 단체로 위장하기에 무리가 많았을 것이다. 기존 미디어들은 당연히 우파와 극우를 비판하는 기사도 내보낸다. 그래도 우파는 개의치 않는다. 우파의 목적은 오직 관심을 받는 것뿐이다. 부정적 관심도 관심이라 생각하기 때문에 대형 언론사들이 어쩌다가 공격을 해와도 빠르게 반격하면 그만으로 여긴다. 게다가 우파는 어떤 매체에 대해 '기사가 아니라 소설을 쓰는 신문'이라고 비난한 후 해당 매체가 발끈하면 자신들이 올바른 길로 가고 있다고 확신한다.

경제적 압박이 전 세계적으로 거세지는 시대를 맞아 요즘 사람들의 관심은 소셜미디어에 집중되어 있다. 기존 미디어는 이 판 위에서 어떻게든 살아남으려고 갖은 노력을 기울인다. 그 때문에 기사는 점점 더 선정적으로 바뀐다. 말초신경을 자극하는 제목일수록 조회수와 시청률이 높아지고, 구독자도 늘어난다. 언어학자 조지 레이코프George Lakoff는 미국의 상황을 다음과 같이 정리했다. "트럼프는 기자들이 자신의 메시지를 유포하고 강화할 수밖에 없는 상황을 만들어냈다. 이때 기자들이 하는 일이라고는 자신의 직업에 충실한 것뿐이다. 언론은 (저도 모르게) 트럼프식 소통 전략의 일부가 되어버렸다." 우파와 극우의 이러한 전략은 소셜미디어와 만나면서 새롭고도 더욱 효과적인 차원으로 한 단계 올라섰다.

여섯 번째 터보 엔진 단계, 대안언론의 장 활용

소셜미디어의 발달은 우파 입장에서도 호재였다. 여타 국가들과 마찬가지로 독일 우파들은 오랫동안 목소리를 숨기고 있었다. 하지만 통일 이후 몇몇 이름 없는 출판사에 의해 비교적 좁은 독자층을 대상으로 한 우파 관련 서적들이 풀리기 시작했다. 책의 집필자는 대개 국가 정보기관과 손잡고 일하던 외부 제보자들이었다. 매스미디어와 대안언론 사이의 접점을 만들어내는 것은 대개 몇몇 저술가, 건강한 보수와 수구 세력 사이를 넘나드는 회색분자들이었다. 그럼에도 불구하고 극우 매체들은 반극우 여론에 거의 영향을 미치지 못했다. 그러나 소셜미디어의 등장으로 상황이 급변했다. 여기에서 말하는 소셜미디어는 페이스북, 유튜브, 인스타그램, 트위터, 메신저 같은 대규모 플랫폼을 비롯해 스냅챗, 왓츠앱, 텔레그램 같은 복합적 앱도 모두 포함한다. 그뿐만 아니라 블로그나 각종 인터넷 카페, 메일링리스트, 기존 매체의 사설 코너 등도 포괄하는 개념이다. 비주류 토론 채널에 속하는 각종 소셜미디어 플랫폼이 중요한 이유는 돈을 거의 들이지 않고도 약간의 노하우와 시간만 투자하면 누구나 익명으로 자신의 의견을 개진할 수 있다는 점이다.

우파와 극우파들은 중도나 좌파보다 SNS의 작동 원리를 더 빠르게 파악하고 대중의 마음을 끌 수 있는 커뮤니케이션 방식을 적절하게 활용해왔다. 소셜미디어는 감정이라는 엔진으로 돌아가는 도구다. 독자나 청취자, 시청자의 감정을 원할 때마다 언제든지 자극하기에 최적화된 매체인 것이다. 긍정적 감정뿐 아니라 부정적 감정도 소환할 수 있다. 짜증, 분노, 공포, 혐오를 대량으로 확산하고 강화할 수 있다. 우파는 으레 소셜미디어를 통해 부정적 감정을 더 자극하곤 한다.

중도나 좌파로서는 도저히 납득이 안 될 것이다. 감정을 자극하고 충동질하는 콘텐츠 일색인데 왜 그토록 많은 이들이 대안언론이 펼쳐지는 영역 내 우파 게시물에 열광할까? 우파에게는 공감대를 형성해내는 능력이 있다. 방식은 그다지 다양하지 않다. 가장 많이 활용되는 기법은 가해자와 피해자 구도 만들기다. 실제로 피해를 당했는지는 알 수 없는 상태에서도 누군가 터무니없는 불이익을 당했다는 말을 들으면 대부분 사람은 동정심을 느끼고, 그 감정은 이내 분노로 발전한다. 이른바 용의자나 그 뒤에 숨은 조종자, 기타 책임자들에게 공분하는 것이다. 이러한 가해자와 피해자 구도는 모든 정치적 사안에 광범위하게 활용된다. 우파들이 말하는 피해자는 대개 자기편이고, 가해자는 우파의 적들이다. 무슬림, 흑인, 유대인, 성소수자, 페미니스트, 우파를 지지하지 않거나 반대하는 각종 집단, 우파를 지원하지 않는 각 분야 지도층 모두 가해자인 것이다. 대안언론의 장에 등장하는 우파 콘텐츠들은 가해자와 피해자 타령으로 가득 차 있다. 형식이나 정치색은 때마다 조금씩 달라진다. 생존 본능을 조금만 자극하면 입소문 마케팅 효과는 극대화된다. 그게 바로 우파 커뮤니케이션이 극단의 효율을 이뤄내는 비법이다. 우파는 우리 삶이 위기에 빠졌다는 말을 입에 달고 산다. 이를 통해 메시지를 소비하는 자들의 행동 의지를 부추기고, 현재 진행 중이거나 곧 다가올 공격에 대한 대비 태세를 갖추게 한다.

우경화는 점점 더 큰 리얼리티 쇼크로 이어진다. 내가 누군가로부터 공격당할 수 있다는 생각이 들면 대부분 자기보호본능에 빠진다. 자신의 안전을 지킬 방법과 정당방위에 관해 고민한다. 폭력을 당할 위기 앞에서 정당방위는 합법적인 행위기 때문에 우파들은 해당 이론을 자주 활용한다. SNS에 올라오는 각종 우파 게시물에는 '난민이라는 무기'라는 표현이 자주 등장한다. 유럽 지도부가 대규모 난민들을 국민 공격용으로 활용하고 있다는 음모론과 관련 있는 개념이다. 곧 내전이 벌어질 것이라는 시나리오나 '난민refugee'이 '강간민rapefugee'으로 변하고 있다는 비방도 자주 등장한다. 난민들이 '우리의' 백인 여성들을 마구 강간한다는 내용이다. 유색인종을 '침략자'로 싸잡아 부르기도 한다. 대형 언론사들에도 '난민의 물결'이나 '난민의 홍수'라

는 말이 자주 등장한다. 큰 파도가 몰려오니 나도 모르게 대비해
야겠다는 마음부터 들게 만드는 용어다.

피해자로 가장하는 것은 우파들이 소셜미디어를 통한 접근에
서 매우 중대하게 여기는 방식이다. 나치도 이 수법을 애용했다.
이는 이성적, 합리적 사고에 호소하는 것이 아니라 유색인종 여
성이나 아동에 대한 방화나 살인까지 자기방어를 위한 정당방위
행위로 포장할 수 있는 매우 위험한 기법이다. 가해자는 그 피해
자들이 백인을 말살하려 했다며 자기변명을 늘어놓을 것이다. 뉴
질랜드 크라이스트처치에서 대량 학살을 자행한 극우 테러리스
트도 범행 전에 작성한 선언문에서 자신은 단지 침략자들에 맞
서 일어섰을 뿐이라 말했다. 우파는 자신이 피해자라는 생각에서
벗어나지 못한다. 자신과 외모나 의견이 다른 사람이 존재한다는
사실 자체를 커다란 위협으로 받아들이기 때문이다. 지나치게 우
측으로 편향된 감정이나 사고가 위험한 이유가 바로 여기에 있
다. 집단 피해자 코스프레가 결국 죄가 전혀 없는 사람을 대상으
로 한 폭력으로 이어질 수 있는 것이다.

극우파들은 피해자 코스프레를 위해서라면 가해자와 피해자
바꿔치기도 주저하지 않는다. 이스라엘의 심리분석가 즈비 렉스
Zvi Rex가 남긴 유명한 말이 그들의 성향을 단번에 보여준다. "독
일인들은 유대인이 아우슈비츠에서 저지른 일을 결코 용서하지
않을 것이다" 우파들은 자신의 죄를 인정하지 않으려고 언제 어
디에서든 상대방에게 가해자 누명을 씌운다. 이와 관련된 유머

가 하나 있다. 어느 날 경찰서로 폭력을 저지른 용의자 2명이 잡혀 왔다. 어떻게 된 일이냐는 경찰의 질문에 한 명이 큰소리쳤다. "저 자식이 반격하는 바람에 이렇게 된 거라니까요!" 소셜미디어에서는 이런 식의 가해자, 피해자 바꿔치기가 대놓고 일어난다. 그들은 피해자인 자신이 어디까지나 자기를 방어했을 뿐이라고 진심으로 믿고 있다.

비꼬기와 조롱도 우파들이 비공식적 의사소통의 장에서 자주 활용하는 도구다. 이 두 가지 수단을 동원하면 증오로 가득 찬 비난이나 형사처벌 받을 수 있는 내용을 농담이라는 이름으로 널리 유포할 수 있다. 비꼬기와 조롱은 유대감 강화에도 기여한다. 독일어권 우파들은 종종 난민들을 '금덩어리'라 부른다. 이는 사민당 소속으로 총리 선거에 출마한 마르틴 슐츠Martin Schultz가 한 말을 일부러 곡해한 것이다. 2017년 슐츠는 "난민이 우리에게 가져다주는 것은 금보다 더 값진 것이다. 그것은 바로 절대 꺾이지 않을 유럽의 꿈에 대한 믿음이다"라고 말했다. 우파 진영은 그 말을 "난민이 금보다 더 값지다"로 둔갑시켰다. '금덩어리'라는 냉소적 별명이 거기에서 비롯됐다. 난민을 비꼬아 '문화를 풍성하게 만들어주는 이들'로 부르거나 유색인종을 향해 '스웨덴 남부(난민 유입을 특히 더 싫어하는 지역)'라 조롱하는 일도 허다하다. 우파들은 대안언론의 장에서 하루가 멀다 하고 신조어를 개발하고 있다. 얼핏 보면 칭찬 같지만 오히려 상대방을 폄하하는 단어가 대부분이다. 우파는 그와 같은 풍자적 단어로 의사소통이 이뤄지는 곳에서 동질감을 느끼곤 한다.

그런데 우파 이외의 집단에서도 자주 나타나는 두 가지 사회 현상이 있다. 바로 디지털 부족주의digital tribalism와 음모론이다. 소셜미디어에서 일어나는 무리 짓기 현상을 깊이 연구한 문화학자 미하엘 제만은 "디지털 부족주의는 (인터넷을 자주 활용하는 우파 모임의) 성공의 핵심 요인"이라 말했다. 대안언론의 장에 올라오는 우파 성향의 게시물들은 분명 끼리끼리 뭉치게 하는 패거리 효과가 있다. 그곳에서 유통되는 정보는 제대로 걸러지지 않는다. 진실 여부도 중요치 않고, 반드시 언급해야 할 만큼 중대 사안인지 아닌지도 중요치 않다. 우리 편이 듣고 싶어 하는 말, 우리 편의 목적에 일치하는 정보이기만 하면 된다.

디지털 부족주의는 우파들이 왜 얼토당토않은 주장을 하는지 설명하는 중대한 키워드다. 힐러리 클린턴이 워싱턴 어느 피자 가게 지하에서 아동포르노 웹사이트를 운영하고 있다는 괴담을 퍼뜨린 이도 있었다. 극우파들이 이를 통해 얻고자 하는 것은 자신과 견해가 같은 이들이 많다는 사실을 확인하는 것과 적을 자극하는 것이다. 힐러리 지지자나 선량한 시민의 속을 부글부글 끓게 만들 수만 있다면 진실 여부를 확인할 생각 없이 페이스북에 올리고 본다. 가짜 뉴스가 소셜미디어를 통한 커뮤니케이션의 도구인 동시에 갈라치기의 수단인 것이다. 어디까지가 사실이고 어디부터가 글쓴이의 주관적 의견인지도 분명치 않다. 우파들도 그 사실을 잘 알고 있지만 신경 쓰지 않는다. 지인들과 대화를 나누던 중 나도 다음과 같은 패턴을 자주 경험했다.

> **A** X가 Y라는 짓을 했대!
>
> **B** 흠, 그렇진 않을걸? 여기 이 링크에 들어가 보면 그게 사실이 아니란 걸 알 수 있을 거야.
>
> **A** 그래? 그렇다면 아닐 수도 있겠네. 그런데 그랬을 수도 있잖아.

"그런데 그랬을 수도 있잖아"는 진실에 대한 호기심을 무력화하는 마법의 주문이다. 게다가 소셜미디어에 올라오는 모든 게시물이나 댓글은 내가 그 무리에 속하는지 아닌지를 검증하는 필터로 작용한다. 몰랐던 진실이나 정보를 깨닫는 게 중요한 것이 아니라 집단으로부터 동력을 얻고 내 세계관과 사회적 소속감을 확인하는 게 더 중요하다. 디지털 부족주의가 그렇게 형성된다.

그랬을 수도 있지 않느냐는 말은 디지털 부족주의와 음모론을 잇는 가교 역할도 한다. 그 거대한 교각의 힘이 얼마나 강한지는 익히 알고 있다. 독일의 철학자이자 사상가인 아도르노는 반유대주의를 "유대인에 대한 소문"이라 칭했다. 나치는 유대인에 대해 나쁜 소문을 퍼뜨리면서 대대적인 선전활동을 펼치고 대성공을 거뒀다. 유대인 혐오 뒤에는 대개 힘 있고, 돈 있고, 교활한 소수의 조종자가 숨어 각종 음모론을 양상해낸다. 음모론은 비현실적이고 허황한 이야기도 포함한다. 우파들은 숨어 있는 적, 인류가 아닌 다른 존재이면서 인류를 공격하는 적, 마주치면 인정사정없이 물리쳐야 하는 적이 있다는 주장도 서슴지 않고 늘어놓는다. 실제로 파충류 인간이라고 하는 에일리언이 이미 수천 년 전에 지구를 침공했고, 그때부터 지금까지 인류를 착취하고 있다는 이야기가 전 세계에 떠돌고 있다.

우파들은 진실과 주장, 실제 일어난 행위 등을 편의대로 마구 결합시키곤 한다. 어디까지나 음모론이기 때문에 인과관계를 무시한 채 마음대로 끼적여도 큰 문제가 되지 않는다. 튀빙겐대학 미국 문학 및 문화학과 교수인 미하엘 부터Michael Butter는 《겉보기와 일치하는 것은 아무것도 없다Nichts ist, wie es scheint》에서 음모론자들은 음모론을 통해 정체성을 확립한다고 말했다. 그들이 각종 반박에 꿈쩍도 하지 않는 이유가 납득되는 주장이다. 음모론자들은 누군가 반박하면 자신의 의견에 관해서가 아니라 인격이 침해당했다고 느끼는 것이다. 비공식적 토론의 장에서 우파들이 활용하는 각종 기법과 음모론은 여러 가지 면에서 완벽한 팀을 이루며 큰 성공을 거두고 있다. 디지털 세계 속 우파들이 진실이나 나와 다른 주장, 명백한 증거, 혹은 눈에 보이는 현실에 높은 면역력을 지니기 때문이다.

일곱 번째 조작 단계, 온라인 돌격대

KGB 출신의 러시아 대통령 블라디미르 푸틴이 남긴 가장 인상 깊은 말은 "'전직' KGB 요원 같은 건 존재하지 않는다"일 것이다. 푸틴이 유럽 내 우파 모임들을 지원했다는 것은 이미 사실로 드러났다. 푸틴과 트럼프의 친분관계, 좀 더 정확히 말해 트럼프 쪽에서 푸틴과 친하게 지내고 싶어 했다는 것 또한 모두가 아는 비밀이다. 푸틴이 우파 정당이나 단체와 가까이 지낸 것은 한편으로는 동일한 이데올로기를 추구하기 때문일 것이다. 실제로 러시아도 인종차별적 국가, 극도의 가부장적 국가라는 이미지가 있다. 그런데 독일의 극우 정당인 독일을 위한 대안 지도부나 오스트리아의 자유당, 이탈리아의 파시스트 살비니, 프랑스의 극우주의자 마린 르 펜 등이 비단 정치권력적 이유 때문에 푸틴을 우러러보는 것은 아니다. 그 뒤에는 일종의 노스탤지어가 숨어 있다. 서방 세계 집권자들이 지나치게 많은 자유를 허락한 반면, 푸틴이 집권하는 러시아에는 지금도 남자는 남자로, 여자는 여자로 남아 있고, 무슬림을 퇴치하거나 소외시켜야 할 대상으로 여기는 심리가 기저에 깔려 있다. 푸틴의 러시아는 환상에 사로잡힌 우파들에게 순수의 상징이다. 하지만 그 역시 허깨비에 지나지 않는다. 푸틴은 우파들이 꿈꾸는 세상을 구현하는 것보다는 장기 집권에 관심이 더 많을 것이다. 푸틴은 미국과 EU 등 국제무대에서 자신에게 맞서는 자들의 세력을 약화시키기 위해 안간힘을 쓰고 있다.

러시아는 자신들의 숙적인 유럽 국가들의 세력을 약화시키기 위해 대대적인 선전활동과 더불어 우파 단체들을 적극적으로 지원해왔다. 예컨대 러시아는 '트롤 팜troll farm'이라 불리는 악성 댓글 부대를 양성했다. 이들은 주로 SNS에 의도가 빤히 보이는 글을 올린다. 상트페테르부르크Saint Petersburg에 위치한 '인터넷리서치에이전시Internet Research Agency'도 그러한 온라인 돌격대 중 하나라는 사실이 서구 언론과 몇몇 제보자에 의해 밝혀졌다. 직원은 대부분 연령대가 낮은 젊은 층이다. 수백 명에 달하는 그 청년들은 하루 9시간 블로그와 페이스북, 트위터, 인스타그램에 글을 올린다. 최대한 널리 퍼뜨리는 것을 목적으로 짧고 재미있는 그림과 글의 조합인 '짤meme'을 올린다. 마치 콜센터에서 직원들을 언어별 부서에 배치하듯 댓글 부대도 각자의 언어능력이나 문화적 지식에 따라 독일, 프랑스, 이탈리아, 영국, 미국 부서 등 '부대원'들에게 담당 국가를 배정한다. 러시아 국영방송인 러시아투데이RT, 국영 통신사 스푸트니크Sputnik, 선전용 채널 레드피쉬Redfish, 크렘린이 지원하는 웹사이트 러프틀리Ruptly 등도 댓글 부대를 지원한다. 요즘은 소셜미디어를 통해 논쟁이 진행되고, 여론이 형성되는 디지털 시대다. 이런 상황에서 EU가 유대인이나 무슬림에게 장악될 것이라는 음모론이 확산될 경우, 유럽 사회를 지탱하는 구조는 흔들릴 수밖에 없다.

해결책은
무엇인가

———————

우경화를 우려하는 민주주의자들에게 문제의 해결책을 물으면 다양한 답변이 나온다. 서로 모순되지 않으면서 대부분 그럴 듯하게 들리는 답변이다. 그중 몇 가지 사례를 들어보자면 다음과 같다.

- "그렇다고 소외시키면 안 돼. 그러면 우파들은 더 고집을 부리고 더 강해질 테니까."
- "아예 논외 취급을 하지 않으면 자기들이 옳은 줄 알고 더 세질걸."
- "근거 있는 주장으로 우파들을 설득해야지."
- "무슨 말을 해도 소용없어. 어차피 듣지도 않을 테니까."
- "우파가 중대하게 생각하는 이슈를 민주주의적 이슈로 덮어야 해."
- "우파들이 지적하는 문제는 무시하는 게 최선이야."

여기서 옳은 답변은 '하나의 답을 고를 수 없음'이다. 우파를 제외한 나머지 사회 구성원 전부가 따른다 하더라도 단 하나의 전략만으로는 현재 진행 중인 우경화를 절대 멈출 수 없다. TV 토론에서 특정 전략이 최상이라는 식의 묘책을 제시하는 전문가를 봤지만, 대부분 그 의견에 반박하는 이들이 더 많다. 앞에 나열한 사례를 모두 활용해 다양한 방식으로 접근해야 문제 해결의 출발점에 설 수 있다.

다양한 대응 전략으로 우경화에 맞서는 것보다 나은 묘수는 존재하지 않는다. 우리가 흔히 생각하는 것과는 달리 우파 안에 다양한 인간 군상이 존재하기 때문이다. 모든 우파를 관통하는 이념적 상수는 '가부장적 인종주의' 정도일 것이다. 하지만 단순한 우파 성향자들에게는 그 상수조차 찾아볼 수 없다. 여기서 말하는 단순한 우파 성향자란 우파도 정치적 성향의 한 갈래일 뿐이고, 언제든지 우파로 전향할 용의가 있는 이들을 가리킨다. 덧붙여 홀로코스트의 역사를 부인하거나 그 참담했던 시절을 재현하려는 나치 성향의 극우파도 존재한다. 또 다른 쪽에는 우파면서도 친이스라엘파(혹은 자신이 친이스라엘파라고 믿고 있는 이들)인 이들이 있다. 그들은 우파를 무슬림의 위협에 맞서 함께 싸울 동맹군으로 간주한다.

자신이 중도 우파라고 믿지만, 실은 우파 성향이 더 강하고, 심지어 극우파적 견해를 피력하는 이도 있다. 좌파와 우파의 특성을 모두 지닌 이들은 그 둘 사이를 잇는 다리 역할을 한다. 남성

동성애자이면서 인종차별주의를 옹호하는 이들, 우파 성향의 페미니스트, 우파 성향의 신비주의자, 극우주의를 신봉하는 동물애호가, 우파 사회주의를 표방하는 고금리 정책 반대자, 중도 우파 성향의 사회진화론자, 나치 성향의 인종 다원주의자, 나치당과 녹색당을 지지하는 자연보호 운동가, 보수당과 극우당을 지지하는 생명 보호 운동가, 극우당과 나치당을 지지하는 여성 국경 수비대원 등 우파 안에도 다양한 종류의 스펙트럼이 존재한다. 게다가 사람은 기계가 아니기 때문에 저마다 지지의 강도도 다르고, 두 성향을 동시에 지니면 '배합 비율'에도 차이가 크다. 시간이 흐르면서 그 조건들의 정도가 달라지기도 한다. 우파들의 지지 성향이나 강도, 원인 등은 대개 좌파보다 덜 꾸준하고, 덜 분명하고, 덜 논리적인 경향이 있다. 확실한 것은 우파의 중심에는 강성 극우파들이 있고, 우파 성향자들이 거품처럼 그 주변을 둘러싸고 있다는 것뿐이다. 우파 성향자들은 극단주의자들이 그토록 목에 핏대를 세울 때는 다 이유가 있다고 생각하고, 때로는 거기에 동조한다.

극우나 나치 신봉자들과는 대화를 나눠봤자 의미가 없을 확률이 높다. 유색인종이나 성소수자, 유대인이 그들과 대화를 시도하는 것은 심지어 위험할 수도 있다. 우파 대다수는 이상하리만치 온갖 해괴한 괴담에 익숙해져 있다. 마치 논리가 기괴할수록 인종차별주의나 반유대주의를 찬성하는 동료를 더 쉽게 찾을 수 있다고 생각하는 것처럼 행동하기도 한다. 하지만 단순 우파 성향자들과는 잘만 하면 소기의 성과를 거둘 수도 있다. '잘하는' 것이 무엇인지 정확하게 파악하기 어렵지만 우선 무조건 설득해 야겠다는 생각은 버리고 대화에 임해야 한다. 대표적인 사례라고 는 할 수 없지만 내가 지금까지 100명이 넘는 우파 성향자와 대 화나 채팅을 해본 결과, 최소 절반 정도는 이야기를 주고받을 의 향이 조금은 있어 보였다. 개중에는 우파의 이념 전체를 신봉하 는 게 아니라 특정한 이유 때문에 여기저기 살피다가 최종적으 로 우파 커뮤니티에 발을 담근 이들도 있었다. 다른 곳에서 늘 의 견이 대립해 스트레스를 받던 중 우파 커뮤니티에서 드디어 반 박에 부딪히지 않는 경험을 한 이들이었다. 그들과는 특히 대화 가 더 잘 풀렸다.

앞서 점점 더 세력을 확장하고 있는 우파 정당이나 단체들에 맞서는 다양한 전략이 있다고 했다. 그러나 그중 무엇이 효과적 이고, 비생산적이며, 스스로 우파의 함정에 빠지는 길인지 제대 로 구분하기란 쉽지 않다. 분명한 것은 극우의 목소리가 일상의 영역으로 파고드는 것은 큰 문제라는 것뿐이다.

사회 분위기는 오른쪽으로 조금 더 기울 수 있고, 진보파들 눈 에는 그 상황이 매우 심각해진 것으로 보일 수 있다. 그런데 민 주주의 옹호자들이 그토록 위험하다고 생각하는 양극화가 실은 해결책 중 하나다. 양극화에도 긍정적 양극화가 있고 부정적 양 극화가 있다. 부정적 양극화란 둘 중 하나(혹은 둘 다)가 민주주의 의 스펙트럼을 완전히 벗어난 경우다. 긍정적 양극화란 둘 사이의 거리가 한껏 갈라졌지만, 둘 모두 자유민주주의의 틀 안에 있는 경우다. 긍정적 양극화 상황이라면 양쪽이 합법적 토론을 벌일 수 있고, 감정에 치우친 말이나 완전히 대립하는 의견을 교환할 수도 있으며, 때로는 상대방을 조금 무시하는 듯한 말을 내뱉을 수 있다. 단, 전제 조건은 토론의 대상이 오로지 정치적 입장과 견해에 국한되어야 한다는 것이다. 서로 정치적 입장이 다르다고 해서 인신공격을 가해서는 안 된다.

민주주의 틀 안에서 양극화 현상이 존재하는 것이 좋다는 이론을 제시한 독일 철학자 위르겐 하버마스Jürgen Habermas는 2016년 11월 월간지《독일 및 국제 정치 저널Blätter für deutsche und internationale Politik》과의 인터뷰에서 "제도권 정당 사이의 정치적 양극화가 개별 사안에 대한 대립으로 다시 걸러져야 한다"라고 말했다. 독일은 대연정 체제 속에서 거대 정당인 기민당과 사민당이 서로 어쩔 수 없이 많은 사안에 관한 의견을 합의해야 했고, 그로 인해 극우 정당인 독일을 위한 대안에 성장 발판을 마련해준 꼴이 됐다. 만약 대연정이 이뤄지지 않았다면 그 두 정당이 서로 격렬한 논쟁을 벌이는 가운데 민주적 양극화로 가는 토대가 마련됐을 수도 있다. 개별 현안들도 우경화를 촉진시키는 촉매제 역할을 톡톡히 수행해왔다. 이를테면 난민 통합 문제에서 우파는 특유의 과격함으로 제도권 내 모든 민주주의 분파들과 극렬한 대립각을 세우며 발전해왔다. 만약 민주주의 틀 내에서 집세나 복지 체계, 제한적 자본주의 같은 의제들을 논의했다면 사회 분위기는 지금과 다른 방향으로 흘러갔을 것이다.

좌파들은 집권 세력 모두가 좌파로만 구성되면 우경화에 종지부를 찍을 수 있을 거로 자주 오판한다. 이러한 믿음은 '강한 우파는 약한 좌파'고, '좌파의 정책 실패는 우파 세력 확장의 출발점'이라는 착각에서 비롯된다. 이는 치명적 오판인 동시에 우경화라는 리얼리티 쇼크를 지나치게 안이한 태도로 해석하는 시각이다. 우경화는 진보 지식층이나 일반 시민이 생각하는 것보다 더 많은 이들이 우파를 지지하거나 우파로 전향할 의사를 지닐 때 이루어진다. 우경화와 관련해 보다 적극적인 대책이 필요한 이유가 여기에 있다.

좌파 행동가들은 대개 자신의 노력으로 무언가를 바꿀 수 있다고 확신한다. 나아가 사회 모든 현상의 원인이 좌파 정책의 성패 여부에 달려 있다는 환상에 빠져 있다. 사회가 잘 돌아간다면 좌파 정책이 성공했다는 뜻이고, 각종 문제가 불거진다면 좌파 정책이 실패했다는 뜻으로 해석하는 것이다. 그러다 보니 좌파들끼리 뭉쳐서 정책 노선을 바꾸기만 하면 언제든지 우경화를 중단시킬 수 있다고 믿는 것으로 위안 삼는다. 안타깝지만 그 믿음이 틀렸다는 근거가 옳다는 근거보다 훨씬 더 많다.

하버드대에서 정치학과 국가학을 가르치는 대니얼 지블랫 Daniel Ziblatt 교수는 2017년 출간한 《보수당과 민주주의의 탄생 Conservative Parties and the Birth of Democracy》에서 역사적으로 반복되는 패턴이 있다고 주장한다. 보수 정당이 우파 포퓰리즘의 유혹을 떨쳐내면 극우 세력이 거의 힘을 얻지 못했다는 것이다. 반대로 보수 세력이 극우와 손을 잡은 경우, 민주주의는 심각한 위기에 빠졌다. 지블랫의 주장이 옳다고 가정할 때, 진보나 좌파 세력은 도저히 납득할 수 없는 새로운 차원의 리얼리티 쇼크에 빠진다. 자신들의 결단과 정책보다 건강한 보수의 존립이 우경화 방지에 더 크게 기여한다는 뜻이기 때문이다. 진보와 좌파가 두 손 두 발 다 들고 항복해야 한다는 말이 아니다. 시야를 좀 더 넓히기만 하면 된다. 포르투갈은 극단적 우경화로 가기 위한 다양한 조건을 모두 갖췄지만 지금까지도 우경화에 면역력이 있다. 처한 상황과 배경이 비슷했지만 2019년 4월 총선에서 극우 정당 복스vox가 대약진을 기록하면서 우경화 면역력이 급격하게 저하된 스페인을 보면 분명 포르투갈에 특별한 점이 있다.

2008년 포르투갈은 금융위기의 광풍에 휘말렸다. 사민당 출신의 총리는 EU에 구제를 요청했다. 그런데 포르투갈 의회가 EU 측이 제안한 긴축 정책안 승인을 거부했다. 2011년 다시 선거가 치러졌고, 그 결과 보수 우파 정부가 탄생했다. 새로 출범한 정부는 EU 측의 요구를 수용하고 적자 제로를 목표로 총체적인 긴축 정책에 돌입했다. 노동법을 대폭 축소하고, 사회복지기금을 삭감했으며, 온 힘을 다해 재정 적자를 메웠다. EU가 요구한 긴축 정책 명령도 몇 년간 충실히 따랐다. 포르투갈의 경제는 위축됐고, 빈곤율과 실업률은 급상승했다. 2013년 실업률이 18%에 육박했고, 청년실업률은 그보다 훨씬 더 높은 40%를 웃돌았다. 수많은 청년이 고국을 버리고 다른 곳으로 떠났다. 가뜩이나 취약한 포르투갈의 경제가 바닥으로 무너지고 있었다. 게다가 포르투갈은 1970년대 중반에 와서야 군부 독재가 중단됐기 때문에 민주주의 역사도 길지 않았다.

그러나 2015년 유권자들은 보수 우파 세력을 투표로 심판했고, 넘치는 카리스마와 애국심으로 무장한 사민당 소속의 안토니우 코스타António Costa가 민심을 얻었다. 리스본 시장을 역임한 코스타는 분열되어 있던 좌파 정당들을 통합한 뒤 비록 과반 의석에는 못 미치지만 탄탄한 정부를 수립했다. 이후 코스타 정부는 EU의 강력한 경고에도 불구하고 긴축 정책을 포기했고, 오히려 연금과 임금을 인상했다. 축소된 휴가 일수도 회복시켰다. 인프라를 비롯한 국내 여러 분야에 포괄적으로 투자했고, 우파 정부가 단행한 서민 증세 정책도 폐지했다. 대신 상속세, 재산세, 부동산 보유세 등 부유층에게 부과되는 세금들을 인상했다. 우파 정부가 EU의 명령에 따라 추진했던 민영화 정책도 중단했다. 그러자 이 긴축 정책의 숨은 조종자였던 독일 재무장관 쇼이블레는 "주어진 의무를 충실히 수행하지 않는다면 포르투갈은 심각한 실수를 저지르는 것"이라며 우려를 표명했다.

하지만 코스타의 첫 번째 임기가 마무리될 무렵 포르투갈은 그야말로 빛나는 성적표를 제시했다. 사민당 출신 총리 코스타가 복지와 투자를 공격적으로 확대한답시고 재계를 적으로 돌리는 실수를 범하지 않았던 덕분에 포르투갈 경제는 호황으로 전환됐고, 포르투갈은 EU 최고의 모범생으로 등극했다.

　2017년에는 21세기 들어 최고의 경제성장률을 기록했다. 전략적인 지원과 감세, 그리고 투자가 이뤄진 덕분에 포르투갈에서 매우 중요한 산업 분야인 관광산업이 연이어 기록적 흑자를 달성하기도 했다. 전체 실업률은 6.7%로 떨어졌고, 청년실업률도 절반으로 줄었다. 국가재정 적자도 2%밖에 되지 않았다. 긴축 정책 대신 과감한 투자 정책을 실현한 덕분이었다. 디지털 인프라도 확대했다. 광섬유 광대역망에 접속된 가구수가 전체 가구의 30%로 2.3%밖에 되지 않는 독일보다 무려 10배 이상 많았다. 리스본은 그간 베를린이 지니고 있던 '유럽 스타트업계의 수도'라는 타이틀도 가져갔다. 2017년에는 유럽 최대의 네트워크 회의가 더블린이 아닌 리스본에서 개최됐고, 해당 회의는 2018년 리스본과 10년 계약을 체결했다. 포르투갈의 신생 디지털 산업이 포괄적 투자 및 지원 프로그램으로 활기를 띠게 된 것이다.

　2019년 초 현재, 포르투갈은 비교적 규모가 큰 EU 국가 중 이렇다 할 극우 정당이 하나도 없는 유일한 나라다. 우파들은 포르투갈에서 무슬림이 차지하는 비율이 전체 국민의 0.1%밖에 되지 않기 때문에 포르투갈이 무사한 것이라고 말하지만, 무슬림 비중이 0.08%인 폴란드나 0.03%밖에 되지 않는 헝가리도 극우파가 집권하고 있다는 사실은 어떻게 설명할 수 있을까. 훗날 낡은 사례로 전락할지라도 지금으로서는 포르투갈의 역사에서 희망을 긷고 싶다.

긍정적 양극화 메커니즘에 기초한 정치 수단이 가끔은 우경화 방지에 기여한다. 특정 집단을 소외시키지 않는 가운데 금방 납득할 수 있는 미래 비전을 제시하는 정책이 통하는 것이다. 당장 눈앞에 다가온 선거에서 승리하기 위해 퍼주기식 복지정책, 시혜성 공약을 남발해서는 안 된다. 지금 바로, 누구나, 일상에서 느낄 수 있는 정책을 제시해야 한다. 자유민주주의는 추상적 개념이 아닌 피부로 느낄 수 있는 것이어야 한다. 국민들은 디지털화와 세계화의 거센 광풍을 견뎌내기에도 벅차다. 그런데 주변 인프라가 초라하기 짝이 없다면 더 큰 절망에 빠진다. 이때 내가 살고 있는 나라가 일상을 지켜주고 있다는 느낌을 받는 것이 중요하다. 국가는 국민에게 법질서가 제대로 서 있고, 사회복지 및 의료 보건 시스템, 대중교통망 등 일상과 관련된 모든 것들이 제대로 작동하고 있다는 사실을 느끼게 해줘야 한다. 지금처럼 역동적인 시대에 그보다 더 국민을 안심시키는 소중한 가치는 없다. 경제적인 문제를 앞세우기 전에 국민이 불안과 근심을 덜고 소박하더라도 걱정 없이 살 수 있도록 지금부터 점점 더 나아질 것이라는 희망을 틔워야 한다.

2019년 초 독일 사회학자 아르민 나세히는 《슈피겔》과의 인터뷰에서 "문명을 덮고 있는 페인트칠의 두께는 매우 얇다"고 말했다. 전 세계적 우경화는 우리에게 한 가지 중대한 사실을 알려줬다. 자유민주주의 사회는 시민에게 늘 자신이 원하는 방식대로 살아갈 수 있다는 확신과 더 나은 미래로 나아가고 있음을 느끼게 해야 한다는 것이다. 절망감이 임계점에 달한 나머지 특정 집단을 혐오하거나 적대시해도 된다고 생각하는 이들, 나아가 그런 분위기를 조장하는 이에게 소중한 한 표를 행사하는 이들이 이미 너무 많다.

9th Shock
경제

플랫폼 자본주의와
감정 경제

새로운 시장
플랫폼 경제

페이스북 창립자 마크 저커버그는 다양한 별명을 가지고 있다. 그다지 멋지지 않은 별명도 있지만, 한 가지 별명만큼은 경제학이나 경영학을 공부하는 대학생들(그리고 그 외에도 아주 많은 사람)이 부러워할 만하다. 바로 '자수성가한 최연소 억만장자'라는 별명이다. 저커버그는 SNS 플랫폼을 개발하면서 23세에 이미 억만장자가 됐다. 그런데 2019년 초 그의 기록을 깨고 21세 나이로 억만장자가 된 자수성가형 여성이 등장했다.

주인공은 '카다시안 패밀리' 소속 카일리 제너Kylie Jenner다. 카다시안 패밀리는 유명세로 널리 알려진 가족이다. 제너의 이복언니는 미국의 배우 킴 카다시안Kim Kardashian이고, 킴 카다시안의 남편은 래퍼 칸예 웨스트Kanye West로 하나같이 유명하지 않은 인물이 없다. 카일리 제너에게는 2명의 어머니가 있다. 한 명은 생물학적 어머니인 크리스 제너Kris Jenner이고, 다른 한 명은 생물학

적 아버지였다가 성전환을 통해 여성이 된 케이틀린 제너Caitlyn
Jenner다. 케이틀린 제너는 성전환 수술을 하기 전 1976년 올림픽
철인 10종 경기에서 금메달을 딴 바 있다. 카다시안 가족은 전
세계에 방영된 TV 리얼리티쇼를 통해 만천하에 이름을 알렸다.
그 프로그램이 시작될 당시 카일리 제너는 열 살이었다.

카일리의 어머니 크리스 제너는 두뇌 회전이 빠른 사업가로
알려져 있다. 크리스는 대중의 관심 속에서 자란 자녀들에게 유
명세와 인기를 돈벌이 수단으로 활용하는 방법을 어린 시절부터
가르쳤다. 막내딸인 카일리는 뮤지션이나 모델, 패션업계에 진출
하는 평범한 길을 택하는 대신 새로운 형태의 대기업을 탄생시
켰다. 자신을 마케팅해줄 수단, 자신을 상품화해줄 도구를 직접
설계한 것이다.

2015년 카일리는 입술용 화장품에 중점을 둔 코스메틱 브랜
드를 세상에 선보였다. 그런데 1억 달러에 가까운 매출을 기록
할 때까지 카일리의 회사는 전통적인 마케팅에 1달러도 투자하
지 않았다. 제로 달러 마케팅으로 단 한 푼도 투자하지 않은 것이
다. 카일리는 21세기를 휩쓴 새로운 경제구조인 플랫폼 경제를
완벽하고도 능수능란하게 주물렀다. 어쩌면 카일리야말로 '디
지털 보헤미안'계의 여왕일지도 모른다. 직장에 정식 직원으로
고용되어 일하지 않고 인터넷을 활용해 프리랜서로 수입을 벌
어들이는 디지털 보헤미안은 주로 크리에이티브나 미디어 분
야에서 활동하는 이들이 많다. 카일리는 지구상 그 누구보다 자

기 비즈니스에 인터넷을 적절하게 활용할 줄 알고 있었다. 유례 없는 대성공을 거뒀음에도 그의 브랜드는 아직 프로젝트 성격을 지니고 있다. 경제 전문지 《포브스》는 "HP는 차고를, 제너는 자신의 주방 테이블을 불멸의 장소로 만들었다"라고 말했다. 엄밀히 따지면 카일리의 테이블이 아니라 카일리 엄마의 테이블이다. 차고에서 소자본으로 창업한 HP처럼 테이블이 바로 카일리의 기업이 탄생한 곳이다. 수십억을 벌어들이는 제너의 기업은 20세기형 대기업들과는 달리 지금도 최소 비용만을 지출한다. 2018년 중반까지 카일리는 정직원 7명과 파트타이머 5명밖에 고용하지 않았다.

카일리 제너는 사진과 동영상 위주의 SNS 플랫폼 인스타그램을 애용한다. 인스타그램은 젊은 사람 누구나 애용하는 플랫폼이다. 카일리는 네트워크로 연결된 플랫폼 경제 체제에서 과도한 장비와 연출, 자본이 필요한 전통적 마케팅 기법이 설 자리가 없을 것이라는 사실을 간파했다. 그보다는 유저들의 상상력을 자극하는 마케팅 기법에 집중해야 한다는 것도 잘 알고 있었다. 카일리는 연출의 귀재다. 가히 거장이라 불러도 좋을 만한 그의 능력이 펼쳐지는 곳은 바로 소셜미디어다. 2019년 여름 카일리의 인스타그램은 구독자 수 1억 3,000만 명을 넘겼다. 전 세계에서 가장 많은 구독자를 거느린 25개 인스타그램 계정 중 5개가 카다시안 패밀리 구성원의 계정이다. 카다시안 패밀리의 인스타그램 구독자를 모두 합하면 5억 명이 넘는다.

셀카로 일어선 억만장자

《포브스》는 카일리 제너가 혼자의 힘으로 일어선selfmade 최연소 억만장자일 뿐 아니라 셀카로 일어선selfie-made 최연소 억만장자라고 평가했다. 실제로 카일리의 인스타그램에 올라온 사진 중 가장 큰 비중을 차지하는 것이 자신을 피사체로 삼은 셀카다. 2014년 스캔들을 위주로 다루는 매체들이 카일리의 사진을 대대적으로 싣기 시작했다. 사진 속 카일리의 입술은 몇 년 전에 비해 매우 도톰해져 있었다. 그러자 카일리가 입술 필러 시술을 받았다는 소문이 온라인을 타고 금세 확산했고, 카일리는 비난과 야유의 대상이 됐다. 리얼리티쇼 출연자들 중 특히 여성 출연자들에 대해서는 마음껏 조롱해도 된다고 생각하는 대중이 많은 듯했다. 얼마 지나지 않아 2015년 초 몇 명의 10대가 의기투합해 온라인으로 '카일리 제너 입술 만들기 대회'를 개최했다. 대회 참가자들은 자그마한 위스키 잔을 입술에 대고 공기를 빨아들였다. 그로 인해 부어오르고 핏빛으로 변한 입술 사진을 소셜미디어에 포스팅했다. 사진 밑에는 조롱 섞인 글들이 달렸다. 인종차별적 코멘트를 달아놓은 참가자도 적지 않았다.

　2015년 5월 카일리 제너는 어느 인터뷰에서 입술에 자신이 없어서 가끔 입술 필러 시술을 받았다고 고백했다. 영구 시술이 아니라 시간이 지나면 효과가 감퇴하는 일반 시술을 받았다는 것이었다. 그 인터뷰를 하기 전에 카일리는 모델 활동으로 벌어 모은 돈 25만 달러를 투자해 1만 5,000개의 립 코스메틱 세트를 제작했다. 립스틱과 립라이너로 구성된 패키지였다. 2015년 여름부터 카일리는 소셜미디어 채널을 통해 이제 곧 자신이 직접 제작한 제품을 출시할 것이라는 소식을 널리 알렸다. 소셜미디어에 올라오는 각종 소문에도 재치 있게 대처했다. 오래전부터 그는 자기만의 화장품 브랜드를 만들어보겠다는 계획을 품고 있었다. 그런데 어느 날부터 갑자기 각종 언론이 카일리의 입술에 집착하기 시작했고, 카일리는 완벽한 순간이 왔다고 생각했다. 판매 시작 하루 전날인 2015년 11월 30일에야 비로소 그는 자신이 출시할 제품이 무엇인지 인스타그램을 통해 공개했다.

12월 1일, 판매가 시작됐다. 29달러짜리 립 키트 1만 5,000개가 단 30초 만에 매진됐다. 이베이ebay에는 해당 키트를 1,000달러에 재판매하겠다는 글들이 올라왔다. 카일리는 "그게 바로 소셜미디어의 힘"이라고 말한다. 하지만 소셜미디어의 힘을 활용할 기회를 포착한 것은 그 자신이었다. 사업을 시작할 당시 아직 미성년이었기 때문에 사업 수완이 뛰어난 어머니의 도움을 조금 받았을 뿐이다.

그로부터 세 달도 안 된 2016년 2월, 카일리는 미국 커머스업체 쇼피파이Shopify의 도움을 받아 '카일리 코스메틱스Kylie Cosmetics'라는 독자적 웹사이트를 론칭했다. 쇼피파이는 프로그래밍 지식이 전혀 없어도 손쉽게 온라인 쇼핑몰을 창업할 수 있게 도와주는 이커머스e-commerce 플랫폼이다. 결제나 배송 등 필요한 기능을 퍼즐 조합하듯 클릭해서 모으면 사이트가 완성된다. 해당 쇼핑몰을 통해 6개 색상으로 구성된 50만 개의 립 키트를 출시했는데, 그 역시 순식간에 팔려나갔다. 2016년 11월, 카일리는 긴 겨울 연휴를 노린 컬렉션을 출시했다. 하지만 크리스마스 시즌을 노린 원래의 기획의도와 빗나간 결과가 나왔다. 24시간 만에 매진된 것이다. 2016년 말 카일리는 1년도 되지 않는 기간 만에 3억 달러의 매출을 기록했다. 이후 LA에 몇몇 팝업스토어를 열기도 했다. 며칠 만에 1만 명의 여성 고객이 몰려왔다. 하지만 팝업스토어는 마케팅 수단이라기보다 일시적 이벤트에 가까웠다. 카일리 제너의 진정한 고향은 인터넷과 소셜미디어다.

카일리 제너는 새로운 형태의 기업가다. 카일리 코스메틱스를 운영하며 가능한 모든 분야를 아웃소싱하고 있고, 각종 인터넷 플랫폼을 놀라우리만치 효율적으로 활용하고 있다는 점만으로도 마땅한 평가다. 쇼피파이는 판매와 물류 분야를 담당하고, 인스타그램은 마케팅을 담당한다. 인스타그램이 예전의 커뮤니티 기능은 그대로 유지한 채 쇼핑몰 플랫폼 기능을 추가하고 있는 것도 카일리의 성공 사례 덕분이라 할 수 있다. 2018년 2월 카일리는 기업 고객들과 자신의 쇼핑몰을 연결하는 시스템을 구축했고, 2019년 3월에는 결제 시스템을 완비했다. 인터넷 쇼핑을 하는 고객의 60% 이상이 인스타그램에서 카일리의 제품들을 검색한다고 고백하기도 했다. 인스타그램의 목표는 카일리와 같은 거물급 스타나 인플루언서를 최대한 많이 끌어들여 큰 수익을 창출하는 것이다. 소셜미디어를 잘 활용할 줄 모르는 스타들은 때로 SNS 때문에 고통받기도 한다. 하지만 카일리는 권력관계를 완전히 뒤집어놓았다. 어느 날 카일리가 트윗 하나를 올렸다. 업데이트 문제 때문에 인스타그램의 경쟁자라 할 수 있는 스냅챗을 더 이상 사용하지 않겠다는 내용이었다. 그러자 스냅챗의 주가가 8%나 빠졌다. 얼마 지나지 않아 카일리가 스냅챗 탈퇴 결정을 번복하자 주가가 다시 회복됐고 업데이트 속도도 빨라졌다.

카일리는 이제 막 꽃피우기 시작한 플랫폼 경제에 얼마나 큰 시장잠재력과 소비잠재력이 내포되어 있는지를 똑똑히 보여줬다. 기술 분야에서 말하는 플랫폼은 둘 이상의 이용자가 다양한 상호작용할 수 있는 디지털 인프라인 동시에 인터넷 덕에 등장한 새로운 형태의 기업이라 할 수 있다. 이러한 흐름에 발맞춰 새로운 형태의 디지털 생태계도 조성됐다. 플랫폼 자체만 수익을 창출하는 것이 아니라 이용자들도 플랫폼을 통해 수입을 올릴 수 있게 된 것이다. 여러 특징을 종합했을 때 디지털 플랫폼은 이용자들과 관계가 매우 친화적이면서도 따뜻한 곳 같지만 실제로는 그렇지 않다. 디지털 플랫폼의 시장 독점욕은 오프라인 기업에 결코 뒤지지 않는다. 우버Uber도 플랫폼 경제 원칙을 철저히 따르며 공격적으로 기업을 운영하고 있고, 신흥 경쟁자들이 발붙일 공간을 허용하지 않는다. 실리콘밸리의 전문가들은 장기적으로 볼 때 우버가 선점한 차량공유 시장에 뛰어들어 수익을 낼 수 있는 업체는 두 곳 정도밖에 되지 않는다고 입을 모아 말한다. 한

편 실리콘밸리에서 가장 이름난 투자가 중 한 명이자 미국 대통령 도널드 트럼프 지지자인 피터 틸Peter Thiel은 스타트업에만 자금을 쏟아부으며 시장 독점을 노리고 있다. 승자 독식 논리는 도덕과 윤리의 경계마저 무너뜨리고 있다. 디지털 플랫폼 역시 낡은 시장구조를 타파하고, 기존 업체들과의 경쟁을 피하거나 그들을 시장에서 아예 퇴출시키겠다는 일념으로 오늘도 사업에 매진하고 있다.

몇몇 기술 업체의 공격적 행태를 전문 용어로 '파괴적 혁신 disruptive innovation'이라 부른다. 이 말에는 경제학자 조지프 슘페터Joseph Schumpeter의 세계관이 담겨 있다. 슘페터는 '창조적 파괴 creative destruction'라는 말로 자본주의 경제의 발전을 설명한 바 있다. 비판이 끊이지 않는데도 디지털 분야 대기업들이 공격적 마케팅을 하는 이유는 기존의 비즈니스모델을 정면 돌파해서 큰 성공을 거둘 수 있으리라는 확신 때문이다. 마크 저커버그는 페이스북 창업 초기에 '생각하기보다는 빨리 실행하라'는 표어를 사무실 곳곳에 붙여뒀다고 한다. 디지털 플랫폼은 방대한 데이터를 기반으로 효율성을 극대화할 수 있기 때문에 파괴적으로 시장을 독점하는 데 안성맞춤인 사업 형태라 할 수 있다. 구글의 경우 독일, 프랑스, 스페인, 이탈리아, 인도, 멕시코 등 수많은 국가의 검색시장에서 2018년 기준 90%가 넘는 점유율을 기록하고 있다. 구글이 타의 추종을 불허할 만큼 시장을 주도하는 이유는 공격적 사업전략과 파괴적 혁신 덕분이다. 구글이라는 검색엔진

은 애초부터 여타 기업과는 비교할 수 없을 정도의 큰 규모로 시
장에 진출했다. 구글이 제시한 검색기법은 다른 페이지와 링크된
횟수 등을 연계해 관련성과 중요도를 판단한 뒤 그 순서에 따라
검색 결과들을 제시한다. 이는 인터넷 기술이 발달하지 않았다면
탄생하지 못했을 기법이다. 관련 기술들은 디지털이라는 칠흑 같
은 세상에 등대처럼 나타나 조명이 필요한 지점을 정확히 짚어
빛을 쏴줬다. 구글의 검색 결과에 감탄한 유저들은 다른 검색엔
진의 존재마저 까마득히 잊어버렸고, 이에 광고주들은 앞다투어
구글로 몰려들었다. 구글은 자연스럽게 세계 1위로 우뚝 섰다.

　'플랫폼 경제' 리얼리티 쇼크는 여러 개의 차원으로 구성된다.
디지털 플랫폼은 매우 공격적인 운영 방식으로 각종 시장과 업
종을 차례대로 집어삼키고 있다. 그로 인해 다양한 경제적, 사회
적 문제가 발생했지만 사회는 디지털 플랫폼을 제대로 규제할
방도를 아직 찾지 못했다. 얼핏 그럴싸해 보이지만 전문적 분석
이 결여된 상태에서 찍어 누르고 해체하는 19세기식 대응책을
제시하는가 하면, 거시적 관점에서 각종 병리 현상들을 뿌리 뽑
을 대책이 아니라 세부 사항에만 초점을 맞춘 대응책만 나오고
있다. 둘 다 효과적인 대처법이라 할 수 없고, 그로 인해 발생하
는 손실에 대한 청구서는 디지털 기술과 관련이 적은 기업들과
국민에게 고스란히 전달된다.

　세금 문제만 해도 그렇다. EU를 비롯해 전 세계 다수 국가가
디지털 기업들에 부과할 세금 규정을 제대로 마련하지 못한 상

황이다. 그로 인해 다음과 같은 상황이 발생할 수 있다. EU 국가에서 포털사이트를 통해 구입하려는 물건을 검색하는 고객은 광고를 봐야 한다. 광고주들은 포털사이트 측에 큰돈을 지불한다. 포털사이트 운영자들은 당연히 세금을 내야 한다. 그런데 포털사이트 측에서는 광고를 보여주기 위해 소프트웨어 사용 허가권을 구입했다고 주장한다. 그 사용권을 포털사이트의 자회사가 가지고 있다. 자회사의 소재지는 법인의 소득에 조세를 부과하지 않는 조세피난처다. 그리고 소프트웨어 사용권을 구매하는 데 쓴 비용에 대한 세금은 감면해주는 국가가 많다. 결과적으로 해당 기업들이 EU 안에서 벌어들인 금액 중 EU 안에서 세금을 내야 하는 액수는 얼마 안 된다. 이와 같은 일이 이미 벌어지고 있다.

2017년 페이스북은 영국에서만 15억 유로를 벌었고, 900만 유로의 세금을 납부했다. 세금이 수익의 1%도 안 된다. 2018년 아마존은 미국에서 110억 달러 수익을 냈지만 연방세federal tax는 단 1달러도 내지 않았고, 심지어 1억 2,900만 달러를 환급받았다. 대규모 디지털 기업의 상황이 대개 이와 유사하다. 문제는 이러한 수법이 대부분 합법적이라는 것이다. 이유는 정계에서 제대로 된 대응책을 내지 못했고, 현물거래나 고전적 서비스업종에 초점을 맞춘 조세 관련법들이 개정되지 않았기 때문이다.

디지털 플랫폼은 다양한 얼굴이 있다. 온라인 쇼핑몰일 수도, 포털사이트일 수도, 앱스토어를 포함한 운영체제일 수도 있다. 사업 영역이나 기능을 확장하며 여러 캐릭터가 뒤섞인 모습을 하고 있을 수도 있다. 온라인 서점에서 출발한 아마존은 이제 온 갖 물건을 살 수 있는 온라인 백화점이자 장터, 인프라 제공 업 체로 발전했다. 인스타그램도 디지털 플랫폼 업체라 할 수 있다. 시각적 콘텐츠들을 제공하며 광고를 내보내기도 하고, 페이스 북처럼 쇼핑몰을 열 기회를 제공하며 이용자들의 관심을 끌고 있기 때문이다. 전 세계 스마트폰 운영체제 시장에서 큰 비중을 차지하고 있는 안드로이드를 개발한 구글이나 그 경쟁 제품인 iOS를 개발한 애플도 일종의 디지털 플랫폼이라 할 수 있다. 최 근 유럽에서 가장 큰 성공을 거두고 있는 디지털 플랫폼은 언어 지원이 되는 개인 비서형 기기다. 대표적으로 아마존 에코나 구 글홈과 같은 스마트 스피커에 내장된 알렉사와 구글어시스턴트 가 있다.

　앞에 나열한 각종 디지털 플랫폼의 공통점은 다양한 유저 집 단을 디지털로 서로 연결시킨다는 것이다. 그 안에서 사용자들은 물건을 팔 수도 있고, 주문할 수도 있고, 상품평을 올릴 수도 있 고, 단순히 의견을 교환할 수도 있다. 경제전문가들은 이러한 플 랫폼을 다층적 시장이라 말한다. 경영학 교수이자 최근 주목받 는 '양면 시장 이론theory of two-sides markets' 주창자인 제프리 파커 Geoffrey Parker는 디지털 플랫폼을 다음과 같이 정의했다. "서비스 와 콘텐츠가 포함된 디지털 자원 집합체로, 외부 생산자와 소비 자 간에 가치를 창출하는 상호작용을 가능케 한다." 전문용어가 등장하는데도 비교적 이해하기 쉬운 표현이다.

감정 경제, 관계가
중요한 시대

제프리 파커는 동료 2명과 함께 앞으로 나아가야 할 방향을 제시하는 책《플랫폼 레볼루션Die Plattform Revolution》을 발간했다. 책에서 파커는 기존 경제구조와는 달리 네트워크로 연결된 플랫폼들이 지배하는 세상에서는 자원 관리보다 관계 관리가 절대적 주도권을 잡게 될 것이라 분석했다. 카일리 제너가 경제적 권력을 쥘 수 있었던 것도 자신의 팬인 동시에 고객인 이들과의 관계를 잘 관리했기 때문이다.

디지털 기술 발달을 둘러싼 변화와 경제라는 리얼리티 쇼크를 이해하기 위한 열쇠가 바로 '관계'에 있다. 판매자와 고객 사이의 관계가 첫 번째겠지만, 시장참여자끼리의 관계도 매우 중요하다. 디지털 세계에서 관계를 지배한다는 말은 그 관계를 경제적으로도 매우 다양하게 활용할 수 있다는 의미다. 제대로 구축된 플랫폼은 확장성이 크다. 만약 어떤 온라인 판매자가 고객과의 관계를 탄탄하게 구축한다면 처음부터 유리한 고지를 선점하는 것이다. 휴대전화 생산업체인 애플은 다양한 디지털 도구를 통해 10억 명에 가까운 고객을 관리할 수 있는 시스템을 구축했고, 기술이 진화하면서 기존에 구축한 고객과의 관계망을 점점 더 넓히고 있다. 디지털 관계를 제대로 관리하는 비법을 바탕으로 단 몇 년 만에 다음과 같은 서비스를 개발해냈다.

- **애플 페이**   신용카드 결제를 포함한 각종 결제 시스템
- **애플 뮤직**   음악 스트리밍 플랫폼
- **애플 TV**   영화와 TV 시청을 가능하게 해주는 셋톱 박스
- **애플 헬스**   건강 정보 관리용 플랫폼
- **애플 카플레이**   차량용 플랫폼
- **애플 에듀케이션**   학교를 위한 교육 서비스
- **애플 워치**   다양한 소프트웨어가 포함된 시계
- **애플 홈팟**   언어 지원 플랫폼이 내장된 스마트 스피커
- **애플 홈키트**   스마트홈 앱

애플이 경쟁 대상으로 삼지 않는 기업은 거의 없다고 해도 과언이 아니다. 애플의 핵심 사업인 스마트폰 판매나 앱스토어를 통한 매출을 빼더라도 결과는 마찬가지다. 애플이 그 많은 일을 실현할 수 있었던 것은 결국 탄탄한 고객관리 덕분이었다.

감정 인간, 호모 에모티오날리스

관계가 없으면 시장도 없다. 이는 요즘 들어 새로 나타난 현상이 아니다. 관계를 형성하는 장소가 디지털 세계로 대폭 이동했다는 차이만 있을 뿐이다. 그런데 관계의 중요성이 무엇보다 강조되는 현상은 전통적 경제학자 입장에서 보자면 아주 신기한 일이다. 최소한 최종 구매자들을 대하는 시장에서는 이러한 일이 벌어지고 있다. 시장참여자들이 합리적 소비를 한다는 명제는 경제적 인간이라는 뜻의 '호모 오이코노미쿠스homo oeconomicus' 관점에서 출발했다. 모두가 자신의 이익을 최대화하기 위해 노력하고, 오직 무엇이 내게 가장 큰 이득을 안겨줄지 생각하며, 경제적 잣대에만 의존해 최종 결정을 내린다고 본 것이다. 20세기 서구 사회의 경제 정책은 모두 호모 오이코노미쿠스 정신에 기반을 뒀다.

그러던 중 '감정 인간'이라는 의미의 '호모 에모티오날리스homo emotionalis'가 등장했다. 이는 1999년 오스트리아의 펀드매니저 볼프강 피너Wolfgang Pinner가 가장 먼저 사용한 개념으로 그전까지 공개적으로 언급한 사람은 없으나 많은 사람이 '경제적 인간'에 대립하는 개념으로 여기던 표현이다. 아직 더 자세하게 정의되지 않은 이 개념을 점점 더 디지털화되는 현실을 이해하는 수단으로 활용할 수 있다. 감정 인간은 어떤 물건의 구입 여부를 결정하기에 앞서 '무엇이 내 기분을 가장 좋게 만드는가?'라고 묻는다. 이는 최근 '감정 경제emotional economy'라는 이론이 대두되는 현상과도 맞닿아 있다. 소비자들이 어떤 물건을 구매하거나 사용할 때, 해당 제품에 대해 누군가와 의견을 나눌 때, 혹은 제품 자체에 대해 느끼는 감정이 점점 더 중요해지고 있다는 것이다. 소비자의 감정은 예전에도 중요했지만, 네트워크 사회로 대전환이 이뤄지는 과정 중에 감정 표출의 장이 오프라인에서 온라인 쪽으로 점점 더 기울고 있다는 점이 다르다. 디지털 공간에는 호감과 애정, 웃음과 감탄, 슬픔과 분노 등 온갖 감정이 넘쳐난다. 온라인은 상호작용이 넘치는 공간이고, 그 상호작용은 주로 감정 교환을 통해 이뤄지기 때문이다.

감정 경제에 참여하는 감정적 소비자들은 합리적 소비를 한 차원 뛰어넘은 소비 행태를 보인다. 그들은 특정 제품을 구매할 때 합리적 판단을 하지만, 합리성만이 결정을 좌우하지는 않는다. '감정 인간'의 등장은 필연적이다. 디지털 기술의 발달로 후기 자본주의가 절정기를 맞이하면서 나타난 다음 현상들이 이와 같은 새로운 소비 양상에 결정적 기여를 했을 것이다.

- 잉여 사회에 들어서면서 거의 모든 종류의 제품에 있어 지나치게 방대해진 선택의 기회
- 짧은 시간 내에 합리적 판단을 내릴 수 없을 만큼 방대한 정보 양
- 소비자 개개인의 욕구를 고려한 맞춤형 제품들
- 소비 행위에 제품의 가치를 뛰어넘는 가치를 부여하고 싶은 욕망
- 소비 행위와 구입한 물건을 (디지털 공간에서) 자랑하고 싶은 욕구

감정 인간은 자신의 구매 행위를 누군가에게 알림으로써 스스로 뿌듯해하며 복잡해진 세상에 맞서고 있다. 어떤 의미에서 감정적 소비는 도저히 판단을 내릴 수 없는 상황에 대한 항복이라 할 수도 있다. 디지털 공간에서 물건을 구입한다는 것은 평범한 소비자들에게 복잡한 블랙박스를 해독하는 것과 같다. 온라인 쇼핑객에게 '몰라, 그냥 이거 살래'가 일상이라는 말이다. 예를 들어 환경문제와 인권을 중시하는 소비자가 있다. 그는 공정무역에 따라 수입된 유기농 오렌지주스를 구매하는 편이 나을까, 내 지역에서 기존 농법으로 재배한 사과주스를 사는 게 나을까? 전문가들도 이와 유사한 질문을 던지면 옥신각신하는 마당에 나 같은 평범한 소비자는 어떻게 해야 할까? 이 순간에는 마음의 소리를 따르는 방법밖에 없다.

감정 인간은 계산기를 두드려 자신에게 돌아올 이익을 극대화하기보다 특정 물건이나 사람과의 관계에 의지해 결정을 내릴 때가 많다. 카일리 제너의 팬에게 세계 최고의 립스틱은 카일리 코스메틱스의 립스틱이다. 품질이나 가격도 크게 따지지 않는다. 합리적 잣대만으로는 납득할 수 없는 소비 행태다. 샤넬 립스틱 품질이 더 좋을 수도 있지만 조건과 무관하게 카일리 코스메틱스 립스틱이 더 좋다는 사람을 누가 뜯어말릴 수 있겠는가. 기업 입장에서 감정 경제는 거대한 기회다. 개인감정이 더해진 물건은 세상 그 무엇과도 바꿀 수 없는 것으로 거듭난다. 애플 제품을 이용하는 고객이 비교적 젊다는 소문은 괜히 퍼지는 게 아니다. 카일리 제너의 고객이나 팬 역시 젊은 편이고, 카일리 제너 역시 젊은 여성이다. 감정 소비자들은 감정 기반 경제와 그 판에 속한 시장에서 점점 더 막강해지고 있다. 최종 소비자인 개인 고객들에게는 감정적 어필이 매우 중요하다. 납품업체나 기업 고객 역시 간접적으로 감정 기반 경제의 영향을 받고 있다.

감정 경제란 기업이 제품이나 서비스, 혹은 그와 관련된 커뮤니케이션 분야에 있어 점점 더 높은 강도로 감정을 활용하는 경제구조를 뜻한다. 감정을 자극하고 강화하는 과정이 곧 제품의 이미지가 되는 것이다. 이전까지 소비이론에서는 소비자가 꼭 필요한 물건을 구입한다고 했다. 하지만 그 특징은 점점 휘발되고 있다. 다양한 디지털 플랫폼은 그 한가운데에서 일종의 촉매 역할을 하며 시장 전체를 감정의 도가니로 둔갑시킨다. 감정 경제 구조에서 기업들이 특히 주목해야 할 항목으로 다음 세 가지를 꼽을 수 있다.

- 열광
- 조바심
- 편리성

디지털화에 따른 경제구조의 변환을 오직 기술 변화로만 바라보는 시각은 오해의 소지가 많다. 디지털경제에서 전략적으로 가장 중요한 개념은 바로 '사용자 중심의'라는 수식어다. 이제 더 이상 생산자의 시각에서 제품과 서비스를 제공해서는 안 된다. 사용자의 요구와 욕구로 무게중심을 옮겨야 한다. 그러다 보면 자연스럽게 소비자 감정에 초점을 맞춘 상품이 나올 수밖에 없고, 그것이 바로 감정 경제의 요체다.

감정 경제의 기초, 열광

카일리는 유명세와 적극적인 소셜미디어 활동을 성공의 지렛대로 활용했다. 하지만 카일리의 가장 중대한 자산은 무엇보다 열정이다. 좀 더 정확히 말하자면 팬들을 열광시킬 수 있는 능력이다. 팬들은 진솔한 감정이 담긴 카일리의 메시지를 좋아하고, 카일리가 업로드하는 콘텐츠를 사랑하며, 카일리의 일상을 함께 나눌 수 있다는 것에 열광한다. 카일리는 팬들이 꿈꾸는 삶을 현실에 비춰주는 일종의 투영막이다.

팬들은 자신의 스타가 칭찬하고 권하는 제품들을 구입하는 것이 곧 그 스타에 대한 충성도를 보여주는 잣대라 생각한다. 팬들에게 카일리가 만들거나 권하는 제품은 개인감정이 다분히 포함된 물건이다. 카일리 코스메틱스의 립스틱을 사용할 때면 스타와 나 이외의 또 다른 팬들이 늘 함께한다는 일종의 공동체의식마저 든다. 카일리가 만든 제품 속에 카일리의 인생관과 세계관이 들어 있다고 믿고 그 제품을 사용함으로써 카일리와 자신을 동일시한다. 즉 제품을 구매하고, 사용하고, 남들에게 자랑하는 과정 모두가 정체성을 확인하는 과정인 것이다. 그 모든 과정

속에는 폭넓은 감정이 담겨 있다. 여느 화장품점에서 판매원이
권하는 물건을 구입할 때와는 분명 다르다.

2015년 무렵부터 독일과 영국 등 수많은 나라의 서점가에 유
튜브 스타들이 등장하는 횟수가 늘어났다. 최고의 인플루언서를
게스트로 초청하는 서점도 적지 않다. 구독자가 100만 명 이상인
유튜브 스타가 독일만 해도 200명에 가깝다는 점을 감안하면 이
상할 것 없는 현상이다. 여기에서 주목할 점은 바로 직접적인 메
시지 전달이나 얼굴을 보고 나누는 대화를 통해 수많은 젊은 고
객의 마음을 살 수 있다는 점이다. 그 젊은 고객들에게는 자신이
좋아하는 스타가 책을 통해 무슨 말을 하는지도 중요하지만 책
자체만으로 이미 소장 가치가 충분한 성스러운 아이템이다. 어느
스타의 팬은 "책의 커버를 봐도 내가 좋아하는 스타가 떠올라서
기분이 좋아진다"고 말했다. 감정이 곧 제품이다. 책은 스타와 팬
사이의 유대감을 상징하는 껍데기에 불과하다.

감정 경제는 아직 초기 단계지만, 그 대상은 널리 확대되고 있
다. 특이한 물건이나 좋아하는 스타를 보면 소리 지르며 열광하
는 청소년들만이 감정 경제의 대상이 아니다. 1990년대만 하더
라도 애플 제품들을 사용하는 이들을 가리켜 고작 디자인이 예
쁘다는 이유로 돈을 물 쓰듯 쓰는 '애플빠'라 부르며 놀리는 추세
였다. 하지만 이제 다 큰 어른 수천 명이 새로 출시된 모델을 남
들보다 36시간 정도 빨리 구매하기 위해 애플 플래그십 스토어
앞에 몇 날 며칠이고 줄을 선다. 아예 텐트를 치고 노숙하는 이들

도 있다. 감정 경제가 이만큼이나 성장하고 있는 것이다. 마케팅
전문가들은 애플 제품을 구입하는 이들은 애플의 고객이 아니라
'팬'이라고 말한다. 이러한 감정 마케팅을 통해 애플은 세계에서
가장 많은 팬을 거느린 기업, 글로벌 시가총액 1위를 기록한 기
업으로 부상했다. 지금도 수많은 업체가 제2의 애플이 되기 위해
애플을 모방하고 있다.

  소비자들은 사용할 때 기분이 좋아지는 물건, 짜릿함과 뿌듯
함을 안겨주는 물건을 구입한다. 이러한 감흥은 디지털 세대의
일상에 빠질 수 없는 부분이 됐다. '정리의 여왕'이라 불리는 곤
도 마리에近藤 麻理恵는 넷플릭스 오리지널 시리즈에 자신의 이름
을 건 프로그램을 시작하면서 전 세계적으로 이름을 알렸다. 어
떤 원칙에 따라 물건을 정리하느냐는 질문에 곤도 마리에는 '설
렘이 있는가?'라는 질문부터 한다고 대답했다. 물건을 손에 쥔
뒤 설렘이 느껴지지 않는다면 버려도 된다는 뜻이다. 감정 경제
에서 말하는 물건에 대한 설렘은 소비에 대한 감정적 집착과 분
명 다르다. 특정 제품에 열광하는 현상은 탈물질주의postmaterialism
트렌드가 낳은 결과다. 많은 물건을 소유하는 대신 나를 설레게
하는 물건, 꼭 필요한 물건에 집중하겠다는 것이다. 2016년 미국
에서 실시한 어느 연구에 따르면 디지털 기술과 함께 성장한 첫
세대인 밀레니얼 세대의 75% 이상이 많은 물건을 소유하기보다
는 풍부한 경험을 더 소중하게 여긴다고 한다. 감정 경제는 그 두
가지를 서로 이어주는 다리다.

감정 경제의 양날, 조바심

디지털 기기를 앞에 두고 있을 때 느껴지는 조바심에 대해 모르는 이가 있을까? 2007년 오스트리아의 작가 페터 글라저Peter Glaser는 이 현상을 두고 '지금 당장 증후군Sofortness'이라는 신조어를 만들어냈다. '지금 당장'이라는 뜻의 독일어 'Sofort'와 영어의 명사형 접미사 'ness'를 합성해서 만든 단어로, 지금 당장 원하는 결과가 나오기를 기다릴 때의 조급함을 뜻한다. 디지털 기술과 인터넷 덕분에 즉각적인 소비가 가능해졌다. 머릿속에 어떤 멜로디가 떠오르면 그 즉시 유튜브나 앱에서 노래 전체를 들을 수 있고, 원하는 물건은 단 한 번의 클릭만으로 구입할 수 있다. 집 밖으로만 나가면 당장 손에 쥘 수 있는 물건도 온라인으로 구매하고 배송을 기다릴 때가 많다. 어차피 그 물건을 사용하는 행위는 그다지 중요하지 않다. 중요한 건 무언가를 구입하는 순간의 느낌이다. 원하는 지식이나 정보도 구글링을 통해 단 몇 초 만에 알아낼 수 있다. 지식의 폭발적 확장, 지식의 기적이라 부를 만큼 대단한 기능인 것은 틀림없다. 하지만 그 기적에는 부작용이 있다. 조바심이 온몸으로 퍼질 수 있다는 점이다. 조바심은 이해할 수 없는 방식으로 머릿속을 휘젓는다. 스마트폰을 단 한 번 클릭하는 것만으로 기차표를 사본 사람은 버스표는 왜 그렇게 구입할 수 없느냐며 짜증을 낸다.

감정 경제에서 조바심은 피도 눈물도 없는 독재자다. 기업들은 조바심이라는 독재자가 내리는 준엄한 명령 앞에서 꼼짝도

하지 못한다. 그 명령을 따르지 않으면 매출액이 줄어들 것이고, 나중에는 문을 닫아야 할지도 모른다.

인내심이 바닥나면 대개 예의나 자비라는 개념을 상실한다. 특히 고객의 입장이 되면 더더욱 그렇다. 일상에서 우리는 아주 예의 바르고 깍듯한 '지킬 박사'지만, 무언가를 구매하는 입장이 되면 갑자기 무자비한 '하이드'로 변한다. 눈앞에 점원이 없는 인터넷 쇼핑을 할 때면 조바심의 강도는 고조된다. 온라인 쇼핑몰을 이용하는 전 세계 고객 중 3분의 2 이상이 3초 만에 원하는 페이지가 완전히 열리지 않으면 구매를 포기하고, 그중 80%가량은 다시 그 페이지를 클릭하지 않는다. 온라인 쇼핑몰 고객들이 참을 수 있는 한도가 3초밖에 되지 않는 것이다. 페이지 로딩 속도 때문에 비합리적인 판단을 내리기도 한다. 온라인 고객 중 무려 85%가 쇼핑몰 운영자의 신뢰도를 페이지가 열리는 속도로 판단한다. 원하는 사이트가 빨리 열리지 않는 것은 운영자가 쇼핑몰 운영에 필요한 기술적 지식을 갖추지 않기 때문이라고 이해하는 것이다. 완전히 틀린 유추는 아니다. 하지만 인내심의 한계가 3초라는 사실을 떠올려보면 결국 고객들이 지나치게 조급하다는 뜻이다. 그 조급함이 시장을 좌우하고 있다.

감정 경제에서 조급함은 필연적일 수밖에 없다. 조급함과 유사한 감정이라 할 수 있는 충동이 감정 경제를 돌아가게 만드는 원동력이기 때문이다. 누구나 한 번쯤은 지금 당장 어떤 물건을 손에 넣지 않으면 안 될 것 같은 느낌에 충동구매를 해본 적이

있을 것이다. 그러한 충동은 그야말로 모든 것을 살 수 있는 장
터인 인터넷 쇼핑몰 앞에서 더더욱 커진다. 대형 플랫폼들이 그
사실을 모를 리 없다. 대규모 온라인 쇼핑몰들은 이용자들로 하
여금 '최종 클릭'을 하게 만들기 위해 온갖 수단과 방법을 동원
한다. 플랫폼 자본주의에서는 내가 갖고 싶은 제품을 얻기까지
한 번의 클릭이나 터치하면 된다. 충동에 사로잡힌 고객이 클릭하
기까지 걸리는 시간은 전혀 길지 않다. 고객을 부추기는 것만큼
유용한 돈벌이 수단이 없고, 조급함만큼 유용한 충동질의 수단
도 없다. 이 속도대로라면 인터넷 속도가 더 빨라져서 조급함을
느낄 새도 없이 나도 모르게 이미 구매 결정을 내리고 결제 버
튼을 누르고 있게 될지도 모른다.

감정 경제의 핵심, 편리성

편리성은 자본주의가 낳은 새로운 부산물이 아니다. 카를 마르크
스Karl Marx는 《자본론》의 초안이라 할 수 있는 《잉여가치학설사
Theorien über den Mehrwert》에서 다른 경제학자를 비판하면서 "자본
주의 때문에 편리성이 탄생한 것이 아니라 편리성 때문에 이 특
수한 사회적 생산관계(자본주의)가 탄생한 것"이라 말했다. 나아
가 마르크스는 자본가가 노동자에게 "노동 자체를 상품으로 판
매하도록" 강요하는 이유에 관해서도 역설했다. 편리성은 예전
부터 경제발전 및 재화와 용역의 생산 증대를 촉진시키는 요인
이었다. 다시 말해 어떤 제품이 성공을 거두려면 인간의 삶을 편

하고 달콤하게 만들어줘야 하는 것이다.

디지털 기술과 플랫폼 경제가 발전함에 따라 편리성은 최고의 위력을 발휘하고 있다. 고객에게 편리를 제공해야 하는 기업 입장에서는 그 부분에 초점을 맞출 수밖에 없다. 자본가가 투자자를 모집하는 스타트업들에 가장 먼저 물어보는 것도 '어떤 문제를 해결할 수 있느냐?'라는 질문이다. 이는 고객들의 삶을 무엇으로 얼마나 더 편리하게 만들어줄 수 있느냐고 묻는 것이다.

편리성은 자본주의의 요체라고 할 수 있다. 편리를 추구하는 인간의 본능은 중력보다 강력하게 우리를 끌어당기고 있다. 독일어로 '편리Bequemlichkeit'라는 단어에는 게으름과 같은 부정적 뉘앙스가 내포되어 있어 누군가를 질책할 때 자주 쓰는 표현이기도 하다. 영어의 '편리convenience'에는 씁쓸한 뒷맛이 없다. 간편하고, 용이하며, 뭔가를 이용할 때 기쁘다고 느끼는 것 같은 긍정적 의미만 포함하는 것이다.

디지털 기술 개발 분야에서는 '유용성usability'이라는 단어를 더 즐겨 쓴다. 디지털화가 진행될수록 사용자인터페이스가 더더욱 중요해진다. 이미 오래전부터 사용자인터페이스가 구매를 결정하기 시작했다. 디지털 기기만 구매 대상이 아니다. 최근 출시된 자동차 안에서 스마트폰과 오디오를 연결하려고 낑낑대본 사람이라면 테슬라가 왜 '주행하는 스마트폰'이라 불리는지 알 것이다. 포르쉐와 메르세데스, BMW, 아우디는 물리적 기술 분야로만 좁혀서 볼 때 걸작일지 몰라도 소프트웨어 시스템은 운전자에게 설렘을 주지 않는다.

　감정 경제에서는 디지털 기기를 사용할 때 느끼는 환희와 편의성이 사업의 성패를 판가름한다. 예전에는 어떤 TV 프로그램을 비디오로 녹화하고 싶을 때 뜻대로 잘 안 되면 자신의 능력을 탓했지만, 지금은 모두 기기 탓을 한다. 소프트웨어는 사용자의 욕구를 충족시켜줘야 할 의무가 있기 때문이다. 그다음에야 사업을 성공으로 이끌 기회로 작동한다. 디지털 세대는 디지털 기기와 인간의 관계를 완전히 뒤바꿔놓았다. 사용 설명서를 읽어봐야 비로소 익숙해지는 기기는 인기를 끌지 못한다. 디지털 시대에도 다윈의 적자생존론이 적용된다. 편리를 추구하는 고객의 본능을 충족시키지 못하는 제품은 시장에서 퇴출당하는 것이다.

실시간 데이터 스트림의 힘

플랫폼 사업자들은 데이터의 흐름을 실시간으로 평가하고, 그 결과를 이용해 고객과의 상호작용을 개선한다. 그런 의미에서 지금을 데이터 시대라 말하는 이들이 많은데, 이 정의에는 핵심이 빠져 있다. 수집되는 순간, 데이터는 이미 낡은 것이 되고 만다는 사실이다. 데이터는 스냅사진 역할밖에 수행하지 못하고, 그렇기 때문에 그릇된 결론으로 이어질 수 있다. 우리가 살고 있는 시대는 데이터 스트림data stream의 시대, 각종 정보가 실시간으로 업데이트되는 시대다.

개별 데이터와 스트리밍 데이터의 차이를 간단한 사례로 설명할 수 있다. 방금 열을 재봤더니 38.6도다. 하지만 그 수치는 단하나의 구체적 정보에 불과하다. 그보다 더 중요한 것은 추이다. 조금 전에 체온이 40도였는지 37.1도였는지도 함께 살펴봐야 하는 것이다. 관련 학계에서는 데이터 스트림을 '히스토리 데이터'

라고도 말한다. 이를 제대로 분석하면 현실을 보다 선명하게 판단할 수 있다. 최신 데이터로 구성될수록 결론의 정확도도 높아진다.

정보사회학 분야의 세계적 석학인 마누엘 카스텔스Manuel Castells는 뛰어난 예지력으로 1990년대에 정보화 시대를 앞서 설명했다. 그는 네트워크가 '흐름의 공간space of flows'을 생성하고 사회를 지배하게 되리라 예측했다. 카스텔스의 예상은 너무나도 선명한 현실로 드러났다. 플랫폼 기반 경제가 변화의 흐름을 통해 얼마나 발전하고 있는지, 경제활동의 무대가 온라인 공간으로 얼마나 확연히 넘어가고 있는지 모두가 보고 느끼고 있다. 오늘날 온라인 비즈니스모델 중 가장 큰 영역을 차지하고 있는 것은 바로 광고다. 페이스북과 구글, 트위터 등 이름이 널리 알려진 소셜미디어들은 수익의 큰 부분을 광고로 창출한다. 세계 최대의 제품 검색엔진인 아마존 역시 이 시장을 성큼성큼 장악하고 있다. 광고 시장에서는 소비자의 관심이 성패를 좌우한다. 이용자들의 안구와 고막을 더 강력하게 점령할수록 플랫폼은 더 큰돈을 벌 수 있게 되는 것이다.

광고 담당자나 소셜미디어 관리자 대부분이 처음에는(일부는 지금까지도) 인터넷을 그저 새로이 등장한 미디어 채널로 생각했다. 그 논리가 옳다면 온라인 광고는 예전에 등장했던 광고 채널들과 비슷한 점유율로 만족해야 했을 것이다. 즉, 처음에는 광고 시장의 일부를 공격적으로 점령하며 뻗어 나가지만, 어느 순간

성장세가 둔화하는 시기가 오고, 그다음부터는 다른 광고 채널들과 평화로이 공존하며 자기들끼리 적당히 시장을 나눠 가졌을 것이다. 하지만 온라인 광고 시장은 전혀 그렇지 않았다. 온라인 플랫폼들은 빠른 속도로 거칠게 상권을 침탈했고, 전통적 미디어 채널들은 지금까지도 거의 속수무책으로 당하고 있다. 최소한 광고 시장의 상황은 그렇다. 실시간 데이터 스트림을 활용할 수 있는 플랫폼들의 힘이 그만큼 거대하기 때문이다.

구글과 페이스북은 광고 시장에서 타의 추종을 불허하는 압도적 거인들이다. 두 업체 모두 확보할 수 있는 데이터양이 엄청난 덕분에 시장 주도권을 거머쥘 수 있었다고 하지만, 그 설명만으로는 그들의 장악력을 이해하기에 부족한 느낌이 든다. 두 플랫폼은 사용자들과 긴밀하고 안정적인 관계를 유지한다. 보유하고 있는 정보의 양보다 그 관계가 더 중요할 수 있다. 관계에서 다시 새로운 데이터들을 확보할 수 있기 때문이다.

인터넷에서 무언가를 검색하고 싶을 때 많은 이들이 구글부터 찾는다. '구글링'이 '인터넷 검색'이라는 말을 대체하고 있을 정도다. 인터넷에서 의사소통하고 싶을 때는 페이스북이나 페이스북의 자회사인 인스타그램과 왓츠앱을 연다. 페이스북이나 인스타그램, 왓츠앱이 이토록 큰 인기를 끄는 이유가 오직 인맥 때문만은 아니다. 물론 왓츠앱에서 다른 채팅 앱으로 갈아탈 경우 내 친구들이 따라오지 않을 게 두려워서 계속 동일한 앱을 사용하는 경우도 많지만, 그보다는 고객충성도를 효과적으로 관리했다는 점이 더 큰 몫을 차지한다. 고의로 대안이 없다고 느끼게 하거나 실제로 대안이 없는 상황을 만들었기 때문에 고객들이 높은 충성도를 유지하는 경우도 많다.

대형 플랫폼들은 효율적 고객관리에도 능하지만 수요와 공급 상황을 실시간으로 확인하며 넘치거나 부족한 부분을 미세하게 조정한다는 강점도 있다. 예를 들어 고객 스스로 입력한 데이터와 데이터 스트림을 분석한 뒤 지금 가장 적합한 고객, 잠재적으로 특정 물건을 구입할 소지가 큰 고객을 광고주와 연결해줄 수 있는 것이다. 구글은 거의 모든 사업 분야에서 경매식 공개입찰 방식을 적용하고 있다. 광고 분야를 예로 들자면, 미리 프로그래밍한 지능형 에이전트Intelligent Agent, IA가 1,000분의 1초 만에 어디에 어떤 광고를 배치할지 결정한다. 광고 효과를 수치화하면서 해당 소프트웨어가 스스로 진화하기도 한다. 페이스북은 특정 대상을 다른 플랫폼들보다 더 효과적으로 공략할 수 있고 광고 문구를 자유자재로 바꿀 수 있는 특성이 있다. 대규모 광고전이 실시될 때는 다양한 모티브와 광고 문구가 반자동 방식으로 제시되고, 그중 가장 효과적인 콘텐츠들을 거른다. 페이스북 광고 캠페인 중에는 몇 시간 안에 여섯 자릿수의 다양한 광고를 실험하고 평가한 사례도 있다고 한다.

플랫폼 사업자들은 이와 같이 데이터 분석을 기반으로 업무 과정을 최적화한다. 그 결과, 2008년 구글과 페이스북은 합쳐서 1,900억 달러 매출을 기록했다. 그중 광고 수입이 압도적으로 큰 비중을 차지했다. 전 세계 광고 시장 전체의 3분의 1을 뛰어넘는 수치인 동시에 전 세계 모든 신문과 잡지, 라디오방송, 포스터, 영화관에서 사용되는 광고 모두를 합해서 벌어들이는 액수보다 더 큰 금액이었다. 불가리아나 파나마, 수단의 연간 국고 세입도 훨씬 뛰어넘는 수치였다.

구글과 페이스북은 이미 몇십 년째 전 세계 광고 시장의 절반 이상을 집어삼키고 있다. 예전에는 그 돈이 언론사들로 흘러 들어갔다. 구글과 페이스북은 스스로 콘텐츠를 만들지도 않는 상황에서 광고 수입을 자석처럼 끌어당기고 있는 것이다. 끄떡없어 보이던 TV 광고 시장마저 힘을 잃어간다. 2016년 무렵부터 플랫폼 광고 시장은 비대해지고 있고, 나머지 모든 매체는 점진적으로 쇠퇴하고 있거나 급락을 겪고 있다.

대형 플랫폼들이 공격적으로 시장을 장악하면서 자본주의라는 제도에 한 획을 긋고 있다. 20세기 대기업들은 정의와 공정성을 외쳤고, 규제 철폐를 옹호했다. 하지만 규제가 축소됨에 따라 자신들이 손해를 보게 되자 태세를 급히 바꿔 정치계에 각종 규제 마련을 호소하고 있다. 구글, 페이스북, 아마존의 행태를 보며 신자유주의 시장경제의 맹점을 이제야 파악한 것이다.

의아하게도 일반 시민 중에는 대규모 디지털 기업들에 아무 조건 없이 면죄부를 주고 싶어 하는 이들이 적지 않다. 디지털 환경에 자주 노출되다 보니 그 기업들이 더욱 살기 좋은 세상을 만들어나가는 든든한 파트너라 믿게 된 것일지도 모른다. 사실 이제 구글은 선인지 악인지를 따지기에 너무 덩치가 커졌다. 한때 구글은 '사악해지지 말자Don't be evil'를 비공식 구호로 내세웠고, 이를 심지어 서면으로 작성해 직원 모두에게 윤리 의식을 강조하기도 했다. 하지만 2018년 4월, 특별한 발표 없이 그 조항을 슬그머니 삭제했다.

가상 경제의
등장

———————

플랫폼의 힘은 장차 더 강해지면서 모든 업종으로 확산할 것이다. 플랫폼으로 옮겨갈 수 있는 사업들은 모두 이동할 것이다. 첨단 기술 사회에서 플랫폼은 자본주의의 당연하고도 불가피한 결과물이다. 20세기 후반 체인형 대형마트들이 대거 들어서면서 동네 구멍가게가 설 자리를 잃은 것과 비슷한 현상이 일어날 것이다.

오프라인 시장에서 가치 창출 능력이나 성패를 알려주는 지표들은 지금도 꾸준히 플랫폼 경제 쪽으로 이동 중이다. 점점 더 많은 업종이 온라인 시장에서 현물을 판매하고 있다. 자사 제품을 전적으로 온라인 쇼핑몰을 통해서만 판매하는 기업도 늘고 있다. 하드웨어를 중시하던 환경이 소프트웨어 중심으로 이동하고 있고, 소프트웨어는 다시금 인터넷으로 연결된다. 플랫폼 경제가 성장하고 있는 것이다. 이러한 과정을 일컫는 '가상화'는 아날로그 형태의 무언가를 단순히 디지털로 전환한다는 뜻이 아니다. 여전히 예전의 사업 방식을 고집하는 몇몇 업체의 바람과는 달리 시장과 상품, 전반적 프레임이 빠른 속도로 변화하고 있다는 의미다. 20세기 문화 분야에 일었던 변화를 떠올려보자. 초기 영화들은 연극 무대를 그대로 카메라로 찍어서 스크린으로 옮겨놓은 형태의 일대일 교환이 이뤄졌다. 심지어 영화를 무대에서 상영할 수도 있었다. 그러나 영화 산업계는 이내 연극 무대와의 고리를 끊고 자체적으로 진화해나갔다. 영화만이 지니는 미학과 규칙, 그리고 사업 모델을 개발한 것이다. 이에 따라 연극계에서 꽤 큰 성공을 거둔 배우나 제작자 혹은 감독이 영화 산업계에서도 성공하리라고 보장할 수 없게 됐다.

가상화 과정을 가장 잘 보여주는 사례로 디지털카메라를 들 수 있다. 2007년 사진 분야 전문가들은 캐논의 익서스Ixus 시리즈가 최고의 휴대용 디지털카메라라고 평가했다. 그러나 2012년 즈음 아이폰(정확히 말해 아이폰 속에 담긴 카메라 앱)이 그 자리를 대체했다. 하드웨어 영역이 소프트웨어로 넘어간 것이다. 2016년 무렵에는 인스타그램과 페이스북에 내장된 카메라가 세계인이 가장 많이 이용하는 카메라로 급부상하면서 소프트웨어의 네트워크화가 이뤄졌다. 이윤을 창출해야 하는 기업은 이러한 변화의 물결에 발을 맞춰야 한다. 특정 제품만 덩그러니 제공하는 비즈니스모델에서 서비스가 포함된 제품을 제공하는 비즈니스모델로 갈아타야 하는 것이다. MS 워드나 MS 파워포인트 등 사무용 소프트웨어를 자주 사용하는 사람이라면 얼마 전부터 이를 사용하는 절차가 복잡해졌다는 사실을 알 것이다. MS는 가입이나 구매 혹은 구독을 해야만 해당 소프트웨어들을 활용할 수 있게 변경했다. 서비스 이용료를 여러 차례에 걸쳐 지불해야 하는 경우도 있다. 이렇듯 환경이 바뀌었다. 하드웨어만 달랑 구입하면 되던 시절에서 온라인으로 연결된 소프트웨어를 활용하는 시대로 전환이 이루어진 것이다. 이러한 전환은 제품이나 시장에만 영향을 끼치는 것이 아니다.

하드웨어에서 소프트웨어로, 소프트웨어에서 네트워크화된 소프트웨어로의 전환은 사고방식에도 영향을 미치고 있다. 스마트폰이 아닌 피처폰이 전성기를 맞이했던 2007년, 새 휴대전화를 마련해야 하는 소비자들은 노키아를 살지, 모토로라를 살지 고민했다. 이는 어떤 하드웨어를 살 것인지에 관한 고민이다. 지금은 애플의 iOS인지, 구글의 안드로이드인지부터 들여다본다. 구글의 운영체제인 안드로이드는 현재 유럽 시장 약 70%를 점유하고 있다. 안드로이드 휴대전화 중 어떤 기기를 구입할지는 대개 가격에 따라 결정된다. 특가 행사를 하는 휴대전화라면 더욱 인기가 높을 것이다. 다시 말해 특정 휴대전화에 대한 고객들의 충성도는 그다지 높지 않다. 반면 플랫폼(운영체제)에 대한 충성도는 매우 높은 편이다.

데이터의 흐름이 있는 곳에 플랫폼이 투입될 확률이 매우 높다. 플랫폼 비즈니스가 전혀 예상치 못한 곳에서 큰 성공을 거둘 때도 있다. 그와 관련해 애플워치는 매우 흥미로운 사례다. 2015년 출시된 애플워치는 한동안 소비자들로부터 외면당하는 듯했고, 애플의 실패작이라는 소문마저 나돌았다. 하지만 2017년 가을, 애플 CEO인 팀 쿡Tim Cook이 전 세계 손목시계의 판매 실적 순위를 공개했다. 스위스의 롤렉스나 오메가, 파슬, 카르티에를 모두 제치고 애플워치가 1위를 차지했다. 2017년 4사분기 애플워치의 판매 실적은 800만 달러였다. 스위스의 시계 브랜드 모두를 다 합친 총매출액 약 700만 달러보다도 더 높은 판매량이었다. 애플은 애플워치 하나만으로 기록적 매출을 올렸다. 하드웨어가 아닌 네트워크화된 소프트웨어, 즉 플랫폼 사업으로 이뤄낸 성과였다. 스마트워치의 독보적 장점은 실시간 데이터 스트리밍이다. 애플워치는 단 2년 만에 플랫폼 시장 공략에 성공했다. 특이한 점은 스위스 시계와 같이 디지털 방식이 아닌 고전적 형태의 손목시계 시장도 2018년 엄청난 매출을 기록했다. 일반 손목시계 시장이 화려하게 부활하는 것이 아닌가 하는 의심이 들 정도였다. 하지만 2018년의 성공을 맹신한 채 옛 방식을 고집하는 것은 위험하다. 아이폰이 출시되던 바로 그해 노키아는 세계시장을 50% 이상 점유했다. 창사 이래 최고의 기록이었다. 그로부터 10년 뒤 애플이 시가총액 1위 기업으로 성장하는 동안 노키아는 위기에서 탈출하지 못한 채 두 번의 매각 과정을 거쳤고, 예전의 위엄은 어디에서도 찾아볼 수 없는 기업이 되고 말았다.

　스위스 시계 판매고를 집중적으로 연구한 이들은 스위스 입장에서 탐탁잖을 결론을 냈다. 애플워치를 한 번 사용해본 사람 중 기존 손목시계를 구입하는 이가 거의 없으며 그들은 애플워치 외 나머지 시장을 다시는 거들떠보지도 않는다는 내용이었다. 사실 애플워치를 비롯한 대부분 스마트워치는 건강관리에 초점을 두고 있다. 그 외에는 감탄사가 쏟아질 만한 기능이 딱히 없는 실정이다. 다소 불안하다고 느껴지는 이 지점이 사실 네트워크화된 소프트웨어, 다시 말해 플랫폼 체제의 강점이다. 늘 꾸준히 진화할 수 있는 잠재력을 지니고 있기 때문이다. 고객들은 진화하는 상품을 선호한다. 그러한 상품의 수가 늘어날수록 진화 능력이 없는 상품에 대한 관심은 줄어들기 마련이다.

플랫폼 기반의 감정 경제가 장기적으로 어떤 효과를 불러올지 아직은 정확히 알 수 없다. 그럼에도 불구하고 많은 업종이 전혀 예기치 못했던 방식으로 완전히 달라진 상황을 펼쳐 보일 것으로 예상한다. 시장이 완전히 새로운 형태로 변이하는 것이다. 독일의 핵심 산업인 자동차 분야만 해도 그렇다. 자동차 업계에서는 이미 상품 중심 비즈니스에서 서비스 중심 비즈니스로 이동이 이뤄지고 있다. 차량을 구입하던 도시민들도 카 셰어링으로 갈아타면서 자율주행차량의 장점마저 희석되는 중이다. '클릭만 몇 번 하면 집 앞에 자율주행차량이 대기하고 있을 텐데 군이 내 차를 구입할 필요가 있을까?'라고 생각하는 이들이 자연스레 늘어날 것이다. 감정 경제가 불러올 변화를 정확히 예측할 수는 없지만 열광과 조바심, 편리성이라는 세 가지 요인이 세계를 변화시키는 것만큼은 틀림없다.

10th Shock

미래

나이 든 이들이 젊은이에게
배워야 할 점

디지털 독점 현상이
불러온 변화

2006년 《바보상자의 역습Everything Bad Is Good for You》을 쓴 미국 작가 스티븐 존슨Steven Berlin Johnson은 많은 사람이 우려하는 것과는 달리 요즘 아동과 청소년 사이에서 유행하는 문화가 그다지 해롭지 않고, 오히려 긍정적이면서도 대체 불가능한 영향을 미친다는 명제를 제시했다. 존슨은 TV나 컴퓨터게임, 인터넷이 점점 더 똑똑하고 복잡해지고 있다는 점을 짚어내며, 어른들이 그토록 걱정하는 뉴미디어가 오히려 아이들에게는 불확실한 미래에 대비할 능력을 키워주고 있다고 강조했다.

그는 '만약 500년 전에 컴퓨터게임이 등장했고 최근 들어 책이라는 매체가 새로이 부상했다면?', '그래서 아이들이 아무리 컴퓨터게임을 하라고 해도 책만 파고든다면 우리는 아이들에게 무슨 말을 하고 있을까?'와 같은 생각 실험을 예로 들며 지금의 오락문화를 강력하게 옹호하기도 했다. 존슨은 아이가 자꾸 책만

읽으려 해서 우려에 휩싸인 부모와 문화평론가들이 아마도 다음과 같은 말을 하지 않을까 상상했다.

"우리 아이들이 지금처럼 책만 보면 머리가 나빠질 것이다. 살아 있는 3차원 세계, (…) 움직이는 화면과 배경음악도 보고 들으면서 근육을 많이 움직이는 게 좋다. 그래야 근육을 복잡하게 사용할 줄 알게 되기 때문이다. 이상하게 생긴 그것, 그러니까 침묵으로 일관하는 책들, 종잇장 위에 단어들만 나열된 것을 봐서는 안 된다. 비디오게임은 동작과 감각 센서들을 결합시켜 활용할 수 있게 해주고, 또래집단과 관계를 관리하는 방법도 가르쳐준다. 힘을 합쳐 공동의 세계를 구축하는 방법도 알려준다. 반면 책은 사회적 고립 상태에 빠뜨릴 뿐이다. 어디 그뿐일까. 책은 아이들을 조용한 곳으로 고립시킨 채 친구들과 만나서 교류할 기회도 앗아간다. 최근 도서관이 생겼다는데, 보기만 해도 두렵다. 십수 명의 아이들이 같은 공간에 앉아 있기는 하지만 결국 모두가 혼자이지 않은가. 혼자서 아무 말 없이 무언가를 읽기만 하고, 주변에서 무슨 일이 일어나고 있는지, 누가 있는지조차 모르지 않는가. 책이란 물건이 지닌 가장 큰 위험은 변화가 불가능하다는 점이다. 책은 그냥 한 방향으로 주어진 길일 뿐이기 때문이다. 그 안에서 일어나는 일들에 나 스스로 어떤 식으로든 개입할 수 없고 상호작용이 불가능하다. 그러면 수동적인 아이가 될 가능성이 높다. 자기 삶을 스스로 꾸려나갈 수 없다는 착각에 빠질 위험이 있다. 책 속 내용은 바꿀 수가 없다. 그러니 그 나이 땐 비디오게임을 더 권장한다. 책이라는 이 새로운 기술 문화는 결국 순종과 예속만을 강조할 뿐이기 때문이다."

　요즘 아이들이 디지털 기기 때문에 머리가 텅 비어가고 있다는 걱정만큼이나 위 사례도 비약이 심하기는 하다. 하지만 이 재미있는 생각 실험 속에는 어쩌면 존슨 자신이 생각했던 것보다 더 진지한 고민이 담겨 있을 수도 있다. 물론 저 실험 내용을 읽고 책에 어떤 문제가 있는지 고민할 필요는 없다. 독서의 장점은 모두가 익히 알고 있다. 지금 고민해야 할 부분은 디지털화된 세계와 인터넷을 둘러싸고 난무하는 걱정과 추측이 정당한지다.

　존슨은 뉴미디어야말로 고도로 복잡하고 빨라진 세상, 하루에도 수많은 과제를 처리해야 하는 세상, 각종 리얼리티 쇼크로 가득한 세상에서 살아남는 기술을 가르쳐주는 가장 지혜로운 교사일 수 있다고 주장했다. 그런 의미에서 존슨의 이론은 '기술 진화론techno-darwinism'에 가깝다. 존슨은 의사소통과 관련된 기술 장비들이 자라나는 아이들에게 미래의 도전을 감당할 능력을 함양한다고 말했다. 나아가 청소년에게 긍정적 영향을 미치지 않는 디지털 기기는 찾아보기 힘들다고 강조했다.

　'미래' 리얼리티 쇼크는 사실상 미래를 끌어갈 청소년에 관한 이야기다. 이 쇼크의 실체가 무엇인지는 오래전에 명백히 밝혀졌다. 세계를 이해하는 능력과 관련해 사상 처음으로 세대 간 위치가 변환된 것이다. 많은 어른이 세상이 어떻게 돌아가는지 제대로 파악하지 못하고 있는 반면, 청소년들은 현재 상황을 놀라우리만치 정확하게 감지하고, 돌아가는 상황을 어른들보다 더 빨리 포착한다. 경험을 전달하는 주체와 객체도 전도됐다. 젊은 사람들이 나이 든 이들에게 현재를 설명해주는 시대가 된 것이다. 아이들이 교사에게 인터넷에 관해 설명해줄 때도 있다. 그뿐만 아니라 정치인들에게 기후변화가 왜 중대한 사안인지까지도 행동으로 알려주고 있다.

자녀가 부모에게 많은 것들을 설명해주는 이러한 주객전도 현상은 몇 년 전부터 관찰되기 시작했다. 설명 대상은 주로 디지털 기기와 관련된 것들이다. 매년 12월이 되면 인터넷에 '매년 이맘때가 되면 모든 자녀가 자신이 태어난 곳으로 돌아와 부모님이 풀지 못한 IT 관련 문제들을 해결한다'는 말이 떠돈다. 원래 '매년 성탄절이 되면 자녀들이 자신이 태어난 곳으로 돌아와 부모님과 함께 밥을 먹으며 담소를 나눈다'는 흔한 표현에서 디지털 장비를 잘 다루지 못하는 부모 세대를 풍자한 농담이다. 부모 세대와 자녀 세대의 공수 교대 현상은 이 사례에 그치지 않는다. 일상 속 다양한 상황에서 30세 이하 아동, 청소년, 청년들의 현실 적응력이 나이 든 이들에 비해 훨씬 뛰어나다는 사실을 암시하는 연구 결과도 적지 않다.

2016년 프린스턴대학의 어느 조사팀이 미국 대선과 관련한 조사를 실시한 결과, 청년층이 노년층보다 가짜 뉴스에 덜 현혹되는 것으로 나타났다. 65세 이상이 18~29세보다 4배나 더 많이 거짓 뉴스를 유포한다고도 밝혔다. 시사 관련 기사나 프로그램에서 말하는 내용이 진실인지 사견인지 구분하는 능력에도 연령별 차이가 뚜렷했다. 미국의 대형 여론조사 기관이 2018년 실시한 설문조사에 따르면 50세를 기준으로 그 차이가 확연해진다고 한다. 이 기준을 일반화할 수는 없겠지만 설문조사 당시 50세 이하 응답자의 절반가량 제시된 기사를 보고 개인적 주장이라는 사실을 간파한 반면, 50세 이상은 25%만이 팩트 보도가 아니라는 사실을 알아차렸다.

요즘 미국 인터넷과 소셜미디어를 보면 젊은이들의 한숨 소리가 곳곳에서 들려온다. '우리더러 귀에 딱지가 앉도록 인터넷 좀 그만하라고 잔소리를 하던 부모님들이 오히려 인터넷의 그물에 스스로 걸려들고 있다'는 내용이다. 트럼프를 찍은 이들은 주로 페이스북에 올라오는 각종 인종차별적 시나리오들을 곧이곧대로 믿거나 트럼프 전용 언론사라 불러도 무방한 폭스뉴스가 전하는 소식을 굳게 믿은 노년층들이었다.

요즘 청소년들의 고질적 문제라 여겨지는 소셜미디어 사용 시간에 있어서도 예상과는 다른 통계가 나왔다. 2017년 닐슨미디어리서치는 X세대라고들 하는 35~49세 미국인의 평균 소셜미디어 사용 시간이 18~34세에 해당하는 밀레니얼 세대보다 더 높다고 발표했다. 연령대가 높은 베이비붐 세대라고 저녁 밥상 앞에서 스마트폰을 만지지 않는 것도 아니다. 아동, 청소년, 청년층보다 사용 빈도가 조금 낮을 뿐이었다.

이와 유사한 연구 결과를 나열하자면 끝이 없다. 이 결과들이

나이 든 이들의 무지를 지적하는 것은 당연히 아니다. 하지만 디지털화와 세계화로 인해 세상을 구성하는 근간에서 많은 부분이 달라졌고, 그 맥락을 이해하려면 새로운 세상을 전체적으로 바라볼 수 있는 안목을 갖춰야만 한다. 소셜미디어에 관한 이해도가 전혀 없는 사람이 과연 트럼프가 미국 대선에 혜성처럼 등장해 당선까지 된 과정을 납득할 수 있을까? 디지털 세계에 대한 이해 없이 전기자동차의 성공 원인을 납득할 수 있을까? 디지털 기기에 대한 중국인들의 뜨거운 열기를 전혀 모른 채 중국이 이룩한 경제 기적에 수긍할 수 있을까?

물론 나이에 상관없이 앞서 열거한 능력들을 갖춘 이들도 있다. 능력의 개인차는 위아래를 가리지 않는다. 95세 여성 인터넷 전문가도 있고 오프라인 삶을 더 선호하는 15세 청소년도 있다. 여기에서 논하는 대상은 어디까지나 '평균'이다. 평균적으로 볼 때 나이에 따른 차이가 존재한다는 것이다. 젊은 층은 처음부터 디지털 세계에 발맞추지 않으면 살아갈 수 없는 환경에 노출됐다. 현재 25세인 어느 청년이 있다고 치자. 그 청년이 인생에서 가장 많은 것을 배우는 초등학교, 중등학교와 대학 시절은 이미 디지털 네트워크가 구축되어 있었다. 디지털 네트워크는 수많은 그늘과 단점이 있지만, 그와 동시에 인류가 개발한 최고의 학습 수단이기도 하다. 인터넷 역시 환상적인 학습 도구다.

급변하는 환경으로 변화된 세상에 뒤처지지 않으려면 예전보다 훨씬 더 많은 시간과 에너지를 투자해야 한다. 무시무시한 속도 앞에서 항복을 선언해야 할 때도 있다. 20세기에는 부모가 자녀에게 나중에 성공하기 위해 어떤 직업을 선택해야 할지 조언하는 것이 자연스러웠다. 21세기는 20년 뒤 어떤 직업이 살아남고 어떤 직업이 사라질지조차 예측할 수 없는 시대다. 이러한 차이는 근원적이고 깊은 불안을 조성한다. 때로는 대안이 없어 습관대로 행동하거나 본능에 따라 무언가를 선택하기도 하지만 이와 같은 20세기식 습관은 지금 시대에 어울리지 않는다. 마음의 소리만 듣다가는 현재를 이해하지 못하게 되고, 발전하는 세상에서 뒤처지고 말 것이다.

이른바 전문가라 불리는 이들 중에도 자신의 전문 분야에서 현재 일어나고 있는 엄청난 변화에 말문이 막혀버리는 경우가 있다. 나도 그런 경험을 한 적이 있다. 스냅챗이 젊은 층 사이에서 인기가 높다는 소문을 듣고 이른바 인터넷 전문가라는 타이틀을 달고 있는 나도 당연히 해당 앱을 전체적으로 테스트하고 훑어봐야겠다는 생각이 들었다. 10대 자녀를 둔 나는 채팅과 사진, 동영상 업로드 서비스를 제공하는 앱이 한창 인기몰이를 한 뒤에야 비로소 해당 앱을 설치했다. 이렇듯 디지털화는 수많은 산업과 학문 분야를 리얼리티 쇼크에 빠뜨리고 있다.

이제 세상이 디지털화됐으니 지난 3,000년 동안 발전시켜온 문명과 모든 학술적 지식을 쓰레기통에 던져버리자는 말이 아니다. 하지만 머릿속에 들어 있는 상식이나 사회관, 세계관이 디지털화 이전 시대의 단순하고, 낡고, 조작된 지식에 근거하고 있다는 사실을 직시해야 한다. 전혀 합리적이지 않은 뜬소문을 비판 없이 받아들여서는 안 된다. 상식의 영역이라 굳게 믿어왔던 것들, 당연히 그럴 거로 생각해온 것들을 거시적, 미시적 관점에서 학술적 근거를 바탕으로 재조명해야 할 때가 왔다. 현재 우리를 둘러싼 변화들은 유사 이래 그 어떤 시점보다 더 근원적이고 광범위하다. 최첨단 기술이 하루가 멀다 하고 등장한다. 실시간 데이터 스트림에 기반을 둔 플랫폼들은 거침없이 자라고 있으며 AI가 일상용어가 됐지만, 아직도 내일 당장 세상이 어떻게 달라질지 정확하게 예측하지 못한다.

배움의 주객전도 현상이 일어난 원인은 젊은 층들이 실험과 실패, 실천을 통해 무언가를 배우고 있기 때문이다. 교사나 부모에게 물어봤자 원하는 대답을 얻을 수 없으니 온갖 시도를 하며 스스로 혹은 자기들끼리 문제를 해결할 수밖에 없지 않겠는가. 현재 유럽에는 과제를 할 때 왓츠앱 단체 채팅방에서 의견을 나누지 않는 청소년이 거의 없다. 그러다 보니 자연스럽게 SNS나 디지털 세상에서 조직된 공동체의 장단점에 관한 이해가 깊어질 수밖에 없다. 소셜미디어의 그늘은 물론 따끔하게 지적해야 하지만, 소셜미디어라는 존재 자체는 매우 훌륭한 도구로 활용할 수 있다. 특히 청소년 사이에서 SNS만큼 풍부한 집단 경험을 쌓게 해주는 유용한 도구는 없다고 해도 과언이 아니다.

지금부터 젊은 층의 변화된 행동 양식을 어른들이 왜 본받아야 하는지 논해보고자 한다.

변화된 행동 양식

아직까지는 젊은 층도 '디지털 독점'이라는 문제를 깔끔히 해결하지 못했다. 하지만 청소년들은 독점에 가까운 페이스북의 지위를 완화시키는 데 커다란 기여를 했다. 매우 놀랍고도 효과적인 대처 방식이었다. 사실 젊은 층은 페이스북보다 페이스북 자회사인 인스타그램과 왓츠앱 이용률이 더 높다. 그러나 그들은 늘 새로운 앱, 다양한 앱을 시험한다. 한 번 설치한 채팅 플랫폼을 용도와 상관없이 꿋꿋이 이용하는 어른들과 달리 청소년들은 새로운 소셜미디어 채널을 시험해보고 곧잘 갈아탄다. 그때그때 유행을 따르기도 하고, 목적에 따라 각기 다른 SNS 플랫폼을 동시에 이용하기도 한다. 언제 어떤 앱이 유행할지는 아무도 예측할 수 없다.

독일 학생들이 한동안 가장 애용한 채팅 앱은 '클래시오브클랜Clash of Clans'이라는 게임 안의 채팅 기능이었다. 어른들에게 개인정보보호란 자신의 개인정보를 국가나 특정 기업으로부터 감추는 행위를 뜻하는 반면, 아이들에게 개인정보보호란 자기의 비밀을 부모로부터 지키는 것이기 때문이다. 부모도 함께사용하는 왓츠앱은 검열이 가능하다. 반면 만화를 연상시키는 게임 속 채팅방은 부모가 들여다보기 어렵다.

2019년 미국 10대들이 열광하는 채팅 프로그램은 문서 작성 및 공유를 위한 플랫폼인 구글독스Google Docs다. 과제나 수업 준비 등에 필요한 문서를 작성할 때 유용한 구글독스는 랩톱으로도 접속이 가능해서 'SNS 접속 금지령'이 떨어지거나 '휴대전화 압수 사태'가 벌어졌을 때도 이용할 수 있다.

21세기에 태어난 Z세대는 2017년 미국 기준으로 평균 9개 SNS 프로그램에 가입하고, 그중 5~6개를 주기적으로 이용한다. 여러 개의 채널을 통해 다양한 집단이나 관계망과 교류하며 전환 속도도 매우 빠르다. 때에 따라 가장 '힙hip'한 미디어 채널로 갈아타는 것이다. 청소년들은 이와 같은 방식으로 특정 디지털 대기업에 대한 의존도를 낮춰 디지털 독점 현상에 대처하고 있다. 여기에서도 고객인 청소년들이 특정 SNS 플랫폼에 의존하는 것이 아니라 거꾸로 SNS 플랫폼이 청소년들을 끌어들이기 위해 부단한 노력을 기울여야 한다는 점에서 주객전도 현상이 일어난다. 아이들은 무엇이 최고인지 정확히 알고 있고, 어떤 대안들이 있는지 훤히 꿰뚫고 있기 때문이다.

이 방법은 SNS 플랫폼이 프라이버시를 침해하는 현상에 대처하기에도 최적이다. 예를 들어 페이스북의 특정 기능 때문에 불편함을 느껴도 어른들은 페이스북을 끊은 뒤 다른 플랫폼을 설치하지 않고, 대부분 그대로 페이스북을 이용한다. 반면 청소년은 스냅챗이 마음에 들지 않는 일을 벌이면 떼를 지어 이동한다. 과장을 보태자면 매달 한 번씩 그때 유행하는 SNS 앱으로 갈아탄다고 보면 된다. 청소년들은 아주 영리하고도 합리적인 대탈출을 통해 진보하고 있다.

정보의 홍수와 프라이버시

소셜미디어가 세상을 지배하기 시작하면서부터 너무 많은 새소식들에 나이 든 이들은 압도당하고 있다. 페이스북의 시작페이지는 '뉴스피드'로 이루어져 있고, 트위터에도 어디선가 터진 각종 대형 사건이 거의 실시간으로 올라온다. 속보를 둘러싸고 스마트폰과 소셜미디어라는 무기를 내세운 전쟁이 곳곳에서 벌어지고 있다. 그 전쟁의 무대는 어느새 전통매체로까지 확장됐다. 신문과 TV도 숨 막힐 정도로 많은 뉴스를 앞다투어 보도한다. 모두가 20세기와는 비교할 수 없는 정보의 홍수에 빠져 있다. 소셜미디어나 전통매체가 아닌 기타 생활 분야에서도 사람들은 늘 각종 뉴스, 뉴스와 관련된 배경지식, 온갖 정보에 파묻혀 있다. 특별한 뉴스나 스캔들을 유포하는 이들도 많다. 하지만 청소년들은 그 흐름에 비교적 효과적으로 대처해왔고, 다양한 행동 방식으로 그 흐름에 맞섰다. 어른들이 배워야 점이다.

2008년 미디어연구가인 클레이 서키Clay Shirky는 "정보가 넘쳐난다는 것은 없다. 단지 필터링에 실패했을 뿐"이라고 주장했다. 틀린 말은 아니지만, 이미 그 정보의 바다에 빠져 있는 이들에게 도움은 되지 않는다. 버락 오바마Barack Obama가 처음으로 대선에 출마했던 2008년, 미국의 마케팅컨설턴트인 제인 버킹엄Jane Buckingham은 어느 칼리지에 재학 중인 청년의 강렬한 발언을 인용했다. 미디어를 대하는 태도에 관한 설문조사에서 그 청년은 "정말 중요한 뉴스라면 어떻게든 나도 접하게 될 것"이라고 말했다. 버킹엄의 제자이기도 했던 그 청년은 소셜미디어가 인기를 끌기 시작한 무렵부터 어떻게 하면 디지털 세계가 쏟아내는 정보에 효과적으로 대처할 수 있는지를 잘 이해했다. 그는 기본적으로 남들과 상황을 대하는 태도가 달랐다. '행여나 내가 중요한 무언가를 놓치고 있는 것은 아닐까?'라는 두려움을 '중요한 뉴스라면 어떻게든 모든 사람에게 전달될걸!'로 대체한 것이다.

물론 이 방법은 일종의 미봉책으로 바라봐야 할 필요가 있다. 정보의 홍수에서 헤엄쳐 나올 수는 있어도 중대한 정책이나 시대의 흐름을 놓칠 위험이 있기 때문이다. 비교적 나이가 많은 사람 중에는 대형 사건이 아니더라도 어떤 소식이든 무조건 듣고 싶어 하는 이들이 꽤 많다. 사실 정말 중요한 뉴스는 직접 검색해서 확인하면 된다. 이것이 청소년들이 취하고 있는 전략이다.

젊은 층 사이에서 유행처럼 번지고 있는 또 다른 현상 역시 정보의 홍수에 대처하는 방편으로 해석할 수 있다. 거리를 지나다가 스마트폰을 귀와 입 사이에 비스듬하게 대고 있는 것을 흔하게 목격해봤을 것이다. 바로 여기에서 세대 간 격차를 엿볼 수 있다. 유무선 일반전화나 피처폰으로 통화하던 이들은 수화기나 휴대전화를 귀와 입 사이에 대는 습관을 자연스럽게 몸에 익혔다. 하지만 스마트폰에 이어폰을 꽂기 시작하면서 상황이 달라졌다. 젊은 세대들은 휴대전화를 얼굴 바로 앞에 갖다 댄다. SNS 앱에 녹음 기능을 바탕으로 한 음성메시지 기능이 추가되면서 그러한 현상은 더더욱 자주 관찰되고 있다.

통화하는 것과 음성메시지로 소통하는 것에는 큰 차이가 있다. 누군가와 통화를 할 때는 상대방의 말에 바로 응답해야 하지만 음성메시지는 오가는 말 사이에 공백이 존재한다. 녹음을 시작할 때와 녹음을 끝낼 때, 음성메시지를 전송할 때 휴대전화 화면을 연거푸 누르는 약간의 불편을 감수해야 한다는 점도 다르다. 그 때문에 젊은 세대들이 휴대전화를 얼굴 바로 앞에 들고 있는 것이다. 아직도 많은 이들이 디지털 기기로 누군가와 의사소통할 때 텍스트 기반의 채팅을 선호하지만, 전 세계 수많은 청소년은 음성메시지 기능을 더 애용한다.

얼핏 생각하기에는 녹음 기능이 더 번거로울 것 같지만 현실은 정반대다. 오히려 해방감을 안겨준다. 음성메시지라는 이 새로운 문화 기술은 텍스트 메시지를 대체하는 기술이 아니라 통화의 단점을 보완하고, 바쁜 중에 잠깐 수다를 떨게 해주는 기술이다. 음성메시지는 말의 뉘앙스와 행간이 포함되어 있어서 더욱 간결하고 정확하게, 친화적이고 내밀하게 느껴진다. 적어도 급히 입력하느라 오타투성이인 텍스트 메시지나 어른들이 늘 사용하는 최대 5개의 이모티콘이 포함된 텍스트 메시지보다는 전달력이 훨씬 더 높다. 게다가 음성메시지는 통화와는 달리 상대방의 말에 즉각 반응할 필요가 없다. 언제 어디에서든 시간 날 때, 마음 내킬 때 확인하면 된다. 결론적으로 스마트폰을 귀와 입 사이에 비스듬히 갖다 대는 대신 얼굴 바로 앞에 들고 있는 행위 역시 과도한 정보로부터 자신을 보호하는 하나의 전략인 것이다.

청소년들은 밀려드는 뉴스를 줄줄이 꿰뚫고 있어야 한다는 압박으로부터 탈출하고 있고, 통화 대신 음성메시지라는 방법을 채택함으로써 즉각 반응에 대한 의무감에서도 해방되고 있다. 나아가 프라이버시를 매우 소중히 여기는 그들은 게시물 자동 삭제 기능을 선호한다. 점점 더 많은 청소년이 채팅이나 메신저 플랫폼으로 옮겨가면서 많은 이들이 들여다볼 수 있는 페이스북은 어른들의 전유물이 되어간다. 젊은 세대는 불특정 다수가 접근할 수 있고 누구나 내 게시물을 들여다볼 수 있는 사이트를 거부한다. 스냅챗과 왓츠앱이 청소년 사이에서 인기를 끌고 있는 것도 그 때문이다.

또한 청소년들은 자신이 올린 게시물이 자동 삭제되는 플랫폼을 좋아한다. 스냅챗은 업로드한 사진과 게시글, 동영상이 단시간에 삭제되는 서비스 덕분에 성장할 수 있었다. 지금은 많은 플랫폼이 도입한 '스토리' 기능을 가장 먼저 선보인 것도 스냅챗이었다. 스토리 기능으로 생성한 사진과 동영상, 텍스트는 대개 24시간 후에 자동으로 삭제된다. 프라이버시 보호와 게시물 자동 삭제 기능, 나와 관계없는 이들은 내 게시물을 볼 수 없게 하는 기능 등은 매우 유용하다. 이를 통해 사생활을 보호할 수 있을 뿐 아니라 바깥세상에서 벌어지는 일 중에서 원하는 정보를 보다 쉽게 취사선택할 수 있기 때문이다. 젊은 층은 인터넷 사용 습관을 조금 바꿔 목적에 맞게 소셜미디어를 활용하는 환경을 창출해냈다. 주어진 환경에 순응하거나 항복하는 대신 자신들의 요구를 가장 잘 충족시켜주는 플랫폼으로 갈아타는 방법을 개척한 것이다.

청소년, 세상을
바꿔나가다

─────────

청소년들이 달성한 가장 위대한 업적은 기후변화에 관한 대응책을 찾아냈다는 것이다. 청소년들보다 자신의 삶을 변화시킬 준비가 되어 있는 연령층은 없다. 환경 전문가들은 서구 사회가 삶의 방식을 광범위하게 재정비하고, 나아가 수많은 국가도 이 흐름에 동참해야만 기후변화에 대처할 수 있다고 입을 모은다. 나이가 어릴수록 자기 삶을 재정비하기 쉽다. 아직 인생을 좌우할 만큼 큰 결정을 내리지 않은 상태기 때문이다. 요즘 청소년들은 거시적 변화가 아닌 일상 속 작은 변화에도 예전보다 더 적극적이다. 지난 몇 년 사이 기후변화라는 리얼리티 쇼크가 공론화되면서 그들을 포함한 많은 대중이 사안의 시급성을 깨달았다. 기후변동이 진행되는 속도는 가히 충격적이다. 이로 인한 피해를 고스란히 감당해야 하는 젊은 층은 특히 더 큰 충격에 휩싸였다. 현재 초중등학교에 재학 중인 학생들은 웬만하면 90번째 생일을 맞이 하겠지만 지금과 같은 속도로 위기가 확산한다면 그 기간마저 장담할 수 없다.

최근 몇 년 각종 언론은 충격적인 미래 시나리오를 써 내려갔다. 그 시대를 살아야 하는 청소년들 입장에서는 많은 생각이 들었을 것이다. 나부터 생활 습관을 바꿔야겠다는 결심이 섰을 수도 있다. 디지털 네트워크가 이 부분에 큰 도움을 줬다. 인터넷에서 어떤 행동 양식이 바람직한지에 관한 정보를 얻을 수 있기 때문이다. 기후변화와 관련된 각종 배경지식도 쉽게 확인할 수 있다. 청소년은 세상을 변화시키는 동시에 자신의 태도도 바꾸기로 결심했다. 2017년 어느 연구소가 브란덴부르크 주에 사는 청소년들의 가치관 변화를 조사했다. 그 결과, 응답자의 약 75%가 '건강한 삶이 가장 의미 있다'고 답했다. 청소년들이 비단 환경으로 인해 위협받을 자신의 건강만 염려해서 그런 대답을 한 것은 아니다. 그들은 '계속 이렇게 살다가는 스스로 우리를 해치게 될 것'이라는 구호 아래 개인의 안녕과 지구의 미래를 서로 연결된 것으로 간주하고, 그 안에서 각자의 마음가짐과 태도를 바꿀 것을 다짐하고 있다.

2019년 3월 베를린사회운동연구소IPB는 보다 적극적으로 정치에 참여하고 새로이 깨달은 바를 구체적 행동으로 옮기기 위해 전 세계 청소년들이 모여 조직한 '미래를 위한 금요일'을 대상으로 최초로 학술 설문조사를 실시하고 논문을 발표했다. 응답자 중 소비 습관을 바꾸겠다고 대답한 이가 81%, 특정 물건을 아예 구입하지 않겠다는 응답자가 71%에 달했다. 논문 공동 저자 중한 학자는 "단순히 일회성 이벤트가 아니다. 참가자들은 매우 진지하다. 자신의 라이프스타일 전반을 바꿀 용의가 있고, 지금 바로 여기에서부터 자신들의 미래를 위해 행동하고자 한다"고 요즘 청소년들의 태도를 평가했다.

이러한 움직임에 자동차 업계는 직격탄을 맞았다. 밀레니얼 세대와 그 뒤를 잇는 Z세대가 놀라우리만치 자동차에 무관심하기 때문이다. 2019년 4월 《월스트리트저널》은 "운전이요? 일없어요!"라고 말하는 청소년을 다룬 분석 기사를 보도했다. 미국 젊은이 중 면허를 딸 수 있는 나이가 되자마자 자동차운전면허를 따는 이의 수가 1980년에 비해 절반으로 쪼그라들었다. 독일 젊은 남성 중 자동차에 관심이 있다는 사람의 수도 지난 15년 사이 44%였던 2000년에 비해 2016년 약 30%로 줄었다. 자동차가 부의 상징이던 시절이 지나갔기 때문인지, 탈물질주의 풍조가 강해졌기 때문인지, 지구 환경을 걱정해서인지, 이유는 확실치 않지만 그 모든 것이 복합되어 나온 결과일 것이다.

원인이 어디에 있는지 뚜렷이 알고 있다면 자신의 생활 습관도 의도적으로 바꿀 수 있다. 이 시대 청소년들은 놀랍게도 매우 은밀한 생활 영역, 즉 식습관 분야에서부터 행동에 착수했다. 참가자의 수치를 보면 아직은 전 세계적 트렌드라고 할 수는 없지만 육류 섭취 중단이나 동물성 식자재를 완전히 끊는 비거니즘을 실천하는 이들의 수가 늘어나고 있는 것은 사실이다. 스칸디나비아 국가들의 장관으로 구성된 위원회가 2018년 초 스웨덴 청소년의 30%가 건강상의 이유 혹은 환경보호 차원에서 꾸준히 혹은 자주 완전한 채식주의를 실천하고 있다는 연구 결과를 발표했다. 데이터 분석회사인 글로벌데이터 역시 2018년 미국 내에 육류 섭취 포기를 확실히 주도하고 있는 그룹이 있다고 주장하며 "밀레니얼 세대가 식물성 식자재로의 전환을 주도하고 있다. 해당 세대는 원산지와 동물의 안위, 환경에 미칠 영향 등을 가장 꼼꼼히 따진 뒤 구매 결정을 내리는 세대이기도 하다"라고 발표했다. 청소년들은 이렇게 기후변화에 대처하고 있다. 전문가들도 입을 모아 말했고 나도 동의하듯 이러한 실천만이 기후 비상 상황에 대처할 수 있는 유일한 방법이다. 인간 삶 깊은 곳까지 미칠 영향을 생각하며 지금 당장 행동에 변화를 줘야 한다.

그레타, 엠마, 알라와 함께 바꿔나가는 세상

미래를 위한 금요일 캠페인을 시작한 스웨덴 출신 2003년생 그레타 툰베리만큼 급진적 환경운동을 상징하는 인물이 또 있을까? 미래를 위한 금요일은 어쩌다 보니 탄생한 모임이 아니다. 지금은 몇몇 단체의 지원을 받고 있지만, 성인이 주도한 캠페인의 부산물도 아니다. 스웨덴에서부터 남아프리카공화국, 뉴질랜드까지 퍼져나간 이 환경운동은 두 가지 변화에 의해 탄생했다. 첫째, 청소년들의 정치참여가 눈에 띄게 늘어났다. 둘째, 소셜미디어 플랫폼들이 마치 몽유병자처럼 떠돌며 전 세계를 장악했다.

그 덕분에 1980년 이후 태어난 Y세대와 밀레니얼 세대, 그리고 1999년 이후 출생한 Z세대들이 변화를 주도할 수 있었다.

2014년 클라우스 후렐만Klaus Hurrelmann과 에릭 알브레히트Erik Albrecht는 공저《숨은 혁명가들Die heimlichen Revolutionäre: Wie die Generation Y unsere Welt verändert》에서 그러한 현상 뒤에 숨은 사회학적 근거를 추론했다. 요즘 젊은 세대들은 9·11테러나 금융위기 등 전 세계를 강타한 재난이나 위기와 함께 성장했고, 이에 따라 불안에 대처하는 능력도 발달했다. 또한 많은 이들의 예상과는 달리 정치에도 관심이 매우 많다. 여기에서 말하는 정치는 우리가 흔히 알고 있는 정당정치가 아니라 윤리 의식이나 소비 행태, 라이프스타일과 관련된 정치를 뜻한다. 그들에게 소셜미디어는 인격을 연마하는 학교로 작용했고, 여가는 세상을 배우는 일종의 훈련장 역할을 했다.

그 가운데 기후변화라는 복병이 갑자기 등장했다. 하지만 청소년은 이미 게임이나 온라인 문화, 음악 공유 등을 통해 자신들만의 의사소통 체계를 구축했고, 그 안에서 수많은 훈련 과정을 겪었다. 디지털매체와 소셜미디어는 카일리 제너의 립스틱을 구입할 때도 필요하지만 기후변화라는 뜻밖의 적에 맞서기 위한 대규모 집회를 조직할 때도 유용하다. 소셜미디어를 통해 라이프스타일과 참여의식을 결합할 수도 있다. 스웨덴 출신의 1992년생 에벨리나 우터달Evelina Utterdahl이 그 사실을 입증했다. 우터달은 여행 블로그라서 비행기를 탈 일이 많았다. 그간 엄청난 양의 탄소 발자국을 남긴 것이다. 지금도 그는 여행 블로거로 활동하고 있지만 그때와 다르게 지금은 비행기를 타는 대신 기차, 배 혹은 도보로만 이동하고 있다. 스웨덴에서 이란까지 열차로만 이동한 적도 있다. 우터달은 완전한 채식주의자이면서 플라스틱 폐기물을 거의 배출하지 않고 생활한다. 그는 소셜미디어 인플루언서이기도 하지만 구독자들을 이용한 돈벌이에만 관심이 있는 사람은 아니다. 우터달은 더 나은 사회를 만들겠다는 자신의 신념을 대중에게 널리 퍼뜨리는 데 총력을 기울인다. 이와 같이 모범적인 확대재생산자들이 소셜미디어에서 활동하며 세상을 바꾸기 위한 노력에 젊은 층을 불러 모으고 있다. 젊은 층은 스마트폰 속 소셜미디어를 이용해 여가를 즐기고, 친구를 찾고, 모임을 조직한다. 디지털 기기에 관한 열광은 젊은 층의 집단 행동이 지닌 효과를 극대화하는 자양분이다.

2012년 유럽의회가 위조방지무역협정ACTA을 체결하려던 당시 온라인에 저항의 불꽃이 피어올랐다. 유튜버들이 거리 시위를 벌이자고 호소하면서 저항의 불길이 거세졌고, 결국 해당 협정은 부결됐다. 2019년 3월 독일에서 일어난 시위도 그와 상황이 비슷했다. EU가 저작권법을 개정하려 하자 수십만 명이 집결했다. 그중 청소년 비중이 컸다. 시위대는 저작권법 개정안이 온라인상의 자유를 침해한다며 저항했다.

미래를 위한 금요일은 주로 왓츠앱 단체 채팅방을 통해 의견을 교환하고 시위를 조직했다. 나아가 각종 플랫폼에 해시태그를 단 게시물들을 올리며 자신들의 관심사를 이슈화했다. 지지자들은 미래를 위한 금요일의 활동을 설명하고 관심을 호소하는 유튜브 동영상과 인스타그램 스토리를 업로드했고, 그 결과 기존 미디어에서도 미래를 위한 금요일 회원들의 활동과 집회에 눈길을 돌리기 시작했다. 미래를 위한 금요일보다 좀 더 단호한 입장을 취하고 있는 영국의 기후변화 운동단체 '멸종 반란 ExtinctionRebellion, XR'도 이와 유사한 활동들을 펼치고 있다. 해당 단체 소속 몇몇 아이들과 청소년들은 디지털 매스컴 장비를 거의 전문가 수준으로 조작할 수 있다고 한다. 이를 통해 멸종 반란은 자신들의 활동이 전통매체에 미칠 영향까지 영리하게 예측하면서 목소리를 드높이고 있다.

경고를 받아들이는
자세

1990년대에 비해 최근 청년들, 그중에서도 특히 젊은 여성들이 사회 곳곳에서 두각을 드러내고 있다. 이는 우연히 나타난 현상이 아니다. 전 세계 젊은 층은 온라인을 통해 연대하고 있고, 세상을 바꾸기 위한 모임을 조직 중이다. 좋아서가 아니라 앞으로 그 속에서 살아가야 할 날이 많이 남아 있기 때문에 어쩔 수 없이 그러한 운동을 벌이는 것이다.

요즘 청소년들이 무한한 잠재력을 지니고 있는 데는 이유가 있다. 지금 젊은 세대는 그 이전 세대와는 전혀 다른 특징을 지녔다. 그들은 각종 피드백을 통해 대중과 소통하는 방법을 어릴 때부터 습득했다. 오늘날 청소년들은 소셜미디어와 함께 성장하고 대중과 소통하며 자란다. 카메라 앞에서 평균 100시간 이상을 말해본 적이 있다는 청소년도 있다. 자신이 올린 동영상에 대한 타인의 반응을 보며 사회와 소통하는 것이다.

온라인에서 주어지는 각종 피드백은 새로운 종류의 사고방식을 탄생시켰다. 소셜미디어는 제대로 활용하기만 하면 새로운 깨달음의 원천이 될 수 있다. 특정 정보에 관해 다양한 의견이 제기되고, 관련 링크와 진실도 전해주기 때문이다. 거꾸로 대중에게 자신의 의견을 피력하려는 노력을 통해 논점을 정확히 제시하는 방법, 누구나 이해하기 쉬운 말로 표현하는 방법도 익힐 수 있다. 이미 100건의 인스타그램 스토리를 업로드하고 그에 따른 반응을 관찰한 사람이라면 어떤 콘텐츠가 성공하고 어떤 콘텐츠가 실패할 것인지에 관한 감각이 어느 정도 발달했을 것이다. 오해가 얼마나 쉽게 발생하고, 똑같은 단어를 사람마다 얼마나 다르게 이해하는지도 깨달았을 것이다. 21세기에 성장한 이들은 모두가 미디어 활용 분야의 전문가다. 소셜미디어와 피드백을 통해 자신이 표현하고자 하는 바를 잘 연출하고, 언제, 어디에, 어떻게 업로드하면 최대의 효율을 달성할 수 있고, 최다 고객 혹은 구독자를 확보할 수 있는지를 익혔기 때문이다.

미국 플로리다 파크랜드의 마조리 스톤먼 더글러스 고등학교에서 일어난 총기 난사 사건에서 살아남은 아이들은 똑같은 일이 다시는 되풀이되지 않기를 바라는 마음에서 '우리의 목숨을 위한 행진March for Our Lives'이라는 이름으로 집회를 조직했다. 총기 규제 강화를 외치는 그 모임의 선두에는 1999년생인 엠마 곤잘레스Emma Gonzalez가 서 있었다. 앞장서서 집회를 주동할 의도는 없었던 엠마가 필요성을 느끼고 그날 연단에 올랐다. 희생된 학우들의 이름을 부르고 살해범이 총기를 난사했던 6분 20초의 시간만큼 침묵한 그 인상 깊은 연설은 소셜미디어뿐 아니라 기존 미디어의 주목을 끌기에 충분했다.

적극적으로 정치에 참여해 노벨평화상을 수상한 청소년도 탄생했다. 그 주인공인 파키스탄 출신의 1997년생 말랄라 유사프자이Malala Yousafzai와 이라크 소수민족인 야지디족Yazidis 출신의 1993년생 나디아 무라드Nadia Murad는 여성과 아동의 인권 및 이슬람 폭력에 저항한 공로를 인정받아 노벨평화상을 받았다.

2019년 4월 아프리카 수단에서는 대규모 시위가 이어지면서 30년 가까이 독재를 자행한 우마르 알바시르Umar Al-Bashir 정권이 무너졌다. 시위는 그로부터 몇 달 전 노조들에 의해 시작됐지만, 수단의 위기 상황을 국제적으로 알린 계기는 한 편의 동영상이었다. 동영상 속에서 1997년생 여대생 알라 살라Alaa Salah가 자동차 지붕 위에 선 채로 군중들과 함께 운동가요를 불렀다. 이 동영상은 왓츠앱과 트위터 등을 통해 수백만 번 공유됐다. 그 순간을 기록한 사진도 유명하다. 사진 속에서 알라 살라는 수단의 전통 의상인 흰색 돕thobe을 입고 알라를 둘러싼 수백 명의 여성이 현장에서 직접 찍은 사진과 동영상을 전 세계로 전송한다. 당시 시위대의 70%가 분노한 젊은 여성이었다. 독재자 알바시르의 이슬람식 폭정에 가장 시달린 이들이었다. 수단 여성들의 머릿속에는 저항 정신과 자율에 대한 갈망이 깊이 자리 잡고 있었다. 시위에 참가한 여성들은 한때 로마제국의 속국이었던 누비아의 독립을 위해 투쟁한 여왕들을 기리는 의미에서 자신들을 '칸다카Kandaka'라 불렀다. '칸다카'들은 소셜미디어를 통해 모임을 결성하고 시위를 조직한다. 그리고 '여성이 있어야 할 곳은 바로 혁명의 장소'라는 구호를 외치는 모습이나 자유 쟁취를 위해 함께 노래하는 모습을 찍은 동영상을 SNS에 올린다. 군부 쿠데타가 독재 정권이 무너진 그 자리를 노리고 있는 지금 칸다카는 수단의 유일한 희망이다. 2019년 여름까지도 정부의 무자비한 진압으로 100명 이상의 민간인이 목숨을 잃었다.

지금까지 살펴본 사례 속 청소년들은 풍부한 경험과 깊은 학문의 소유자임을 자처하는 어른들보다 더 용감하고 똑똑하게 지속가능한 방식으로 투쟁했다. 자유와 정의를 향한 수단 여성들의 투쟁이나 기후변화에 반대하는 청소년들의 시위는 모두 리얼리티 쇼크에 대한 필연적 반응이다. 온라인에서 조직을 결성하고 오프라인에서 행동하는 이들의 목소리에 온 세계가 귀 기울여야 한다. 지금까지 이 책에서 다뤄온 각종 리얼리티 쇼크로 인해 무너져내리고 있는 세상의 지평선에 유일하게 남아 있는 등대가 그 청년들의 목소리이기 때문이다.

복잡하게 돌아가는 세상에서 희망의 끈을 놓아버린 이들, 냉소주의에 빠진 이들이라면 더더욱 요즘 청소년들이 세상에 맞서는 방법과 업로드하는 콘텐츠, 그리고 제시하는 목표들을 더 주의 깊게 살펴보기 바란다. 대부분 국가에 사회문제와 관련된 청년 집단이 조직되어 있을 것이다. 청소년들도 이 책에서 다룬 모든 주제에 관해 함께 머리를 맞대고 고민 중이다. 어른들이 감히 상상조차 하지 못할 정도의 열정과 에너지를 쏟으며 자기 자신은 물론 나머지 세대를 위해서도 투쟁하고 있다. 어쩌다가 실패하거나 싸움에서 지더라도 그들은 포기하지 않는다. 다시 굳건히 일어나 꿋꿋이 싸우고 또 싸운다. 요즘 청년들은 끈기와 고집, 그리고 그 어떤 세대보다 더 긴 호흡을 지니고 있다. 희망의 샘물을 길어야 할 곳이 바로 그곳이다.

청년층의 주장이 늘 옳고 모두가 무조건 따라야 한다는 뜻이 아니라 그들의 목소리를 진지하게 들어야 한다는 의미다. 아직 미성숙한 이들의 목소리라고 폄하하거나 외면하는 태도는 결국 자기 밥그릇만 지키겠다는 이기주의에 불과하다. 혹은 나이 많은 사람이 결국 더 많은 것을 알고 있다는 식의 낡은 고집이다. 지금 우리 앞에 놓인 리얼리티 쇼크에 어떻게 대응하느냐에 우리의 미래가 달려 있다. 기후변화로 인한 리얼리티 쇼크는 그중에서도 특히 더 시급히 해결해야 할 과제다. 미국 전 대통령 버락 오바마는 퇴임 당시 민주주의를 위협하는 최대 요소는 민주주의를 당연히 주어지는 것으로 여기는 태도라고 경고했다. 그간 인류가 이룩한 복지나 문명, 심지어 우리가 살고 있는 지구에도 똑같은 경고를 적용할 수 있다. 하지만 오늘날 청소년들이 그 경고를 정확히 이해하고 체화했다는 것을 보여주고 있기 때문에 미래를 긍정적으로 바라보고자 한다.

2019년 4월 그레타 툰베리는 런던에서 개최된 어느 집회에서 "지구와 우리 자신, 우리의 미래, 우리 아이와 손자녀들의 미래를 위한 투쟁을 결코 중단하지 않겠다"고 말했다. 이는 현재 상황을 묘사한 말이 아니다. 그레타의 말은 미래에 대한 도전이자 앞으로 더 많은 일을 해나가겠다는 다짐이었다. 책 한 권을 끝내기에 이보다 훌륭한 문장은 없을 듯하다.

옮긴이 강희진

한국외국어대학교 통역번역대학원 한독과를 졸업했다. 현재 프리랜서 번역자이자 각종 국제행사의 통역자로 활동하고 있다. 옮긴 책으로 《통계의 거짓말》, 《아름답지 않을 권리》, 《화장실 철학자》, 《집중하는 힘》, 《날씨가 만든 그날의 세계사》, 《감정 테러리스트》, 《혼자가 편한 사람들》, 《나는 괜찮지 않다》, 《결정장애 세대》, 《십대들의 폭로》 등이 있다.

리얼리티 쇼크
혼돈의 세계에서 살아남는 법

초판 1쇄 발행 2020년 3월 5일

지은이 사샤 로보
옮긴이 강희진
펴낸이 성의현
펴낸곳 미래의창

편집주간 김성옥
편집부장 박정철
책임편집 한미리
디자인 공미향·박고은
마케팅 연상희·황현욱·김지훈·이보경

등록 제10-1962호(2000년 5월 3일)
주소 서울시 마포구 잔다리로 62-1 미래의창빌딩(서교동 376-15, 5층)
전화 02-338-5175 **팩스** 02-338-5140
ISBN 978-89-5989-638-7 03300

※ 책값은 뒤표지에 있습니다. 잘못된 책은 서점에서 바꿔 드립니다.

이 도서의 국립중앙도서관 출판예정도서목록(CIP)은 서지정보유통지원시스템 홈페이지(http://seoji.nl.go.kr)와 국가자료공동목록시스템(http://www.nl.go.kr/kolisnet)에서 이용하실 수 있습니다.(CIP제어번호: CIP2020005642)

미래의창은 여러분의 소중한 원고를 기다리고 있습니다. 원고 투고는 미래의창 블로그와 이메일을 이용해주세요. 책을 통해 여러분의 소중한 생각을 많은 사람들과 나누시기 바랍니다.
블로그 miraebookjoa.blog.me **이메일** mbookjoa@naver.com